Prüfungsvorbereitung für IT-Berufe

Manfred Wünsche

Prüfungsvorbereitung für IT-Berufe

Die wirklich wichtigen Prüfungsinhalte, nach Lernfeldern sortiert – Übungsaufgaben mit kommentierten Lösungen

6., aktualisierte Auflage

 Springer Vieweg

Manfred Wünsche
Berlin
Deutschland

ISBN 978-3-658-04413-8   978-3-658-04414-5 (eBook)
DOI 10.1007/978-3-658-04414-5

Die Deutsche Nationalbibliothek verzeichnet diese Publikation in der Deutschen Nationalbibliografie; detaillierte bibliografische Daten sind im Internet über http://dnb.d-nb.de abrufbar.

Springer Vieweg
© Springer Fachmedien Wiesbaden 2005, 2006, 2008, 2009, 2012, 2014
Gedruckt auf säurefreiem und chlorfrei gebleichtem Papier

Springer Vieweg ist eine Marke von Springer DE. Springer DE ist Teil der Fachverlagsgruppe Springer Sci-
ence+Business Media
www.springer-vieweg.de

Vorwort

Im Jahr 1997 wurden vom Bundesinstitut für Berufsbildung (www.bibb.de) die vier neuen IT-Berufsbilder *Fachinformatiker/-in, IT-Systemkaufmann/-frau, IT-Systemelektroniker/- -in* sowie *Informatikkaufmann/-frau* definiert. Gleichzeitig entwickelte die Industrie- und Handelskammer ein neues Prüfungskonzept: die *Ganzheitlichkeit*. Dies bedeutet vor allem *praxisorientierte, fallbezogene Prüfungsaufgaben*, die kaufmännische und technische Fragestellungen integrieren sollen.

Das vorliegende Buch liefert Ihnen wichtige Hinweise zur Vorbereitung auf die IHK-Abschlussprüfung in den genannten IT-Berufen.

Ein Buch für vier verschiedene Berufsbilder? Das ist deshalb möglich, weil der größte Teil des Lernstoffs für alle vier Berufe gleich ist. Dies ergibt sich aus einem Vergleich der *Rahmenlehrpläne des BiBB*. Auf die Unterschiede wird an den entsprechenden Stellen eingegangen.

Wichtig für eine *effiziente Prüfungsvorbereitung* ist, den umfangreichen Lernstoff auf das einzugrenzen, was wirklich gefragt werden kann. Dieses Buch enthält die *wichtigsten Themengebiete* mit *Übungsaufgaben im Stil der Originalprüfung*.

Ferner erhalten Sie weiterführende *Recherche-Tipps* und Hinweise für eine „*strategische*" *Herangehensweise* an die schriftliche und vor allem auch an die mündliche Prüfung.

Meinen zahlreichen Schülerinnen und Schülern der letzten Jahre bin ich zu Dank verpflichtet, weil sie mich durch ihre Fragen, ihre Verständnisprobleme und ihren Lerneifer mit der Nase auf die Probleme gestoßen haben, auf die es ankommt. Die guten Prüfungserfolge bestätigen mein Prüfungsvorbereitungskonzept, das Ihnen nun in der *sechsten, aktualisierten Auflage* vorliegt, ergänzt um lernunterstützende Querverweise auf mein Buch BWL für IT-Berufe und unterstützt durch einen *Online-Service* mit weiteren Aufgaben und Lerninhalten unter *www.bueffelcoach.de*.

Als weitere Unterstützung für Ihre Prüfungsvorbereitung biete ich Ihnen an, den Lernstoff mittels der innovativen Karteikarten-Lernsoftware BRAINYOO zu vertiefen. Die über 800 Fragen können Sie am PC oder unterwegs auf dem Smartphone bzw. Tablet bearbeiten. Sie finden die Fragen bei www.brainyoo.de unter: Shop, IT/Informatik. Über den Gutscheincode OLXWDUBH7ECZ erhalten Sie als Käufer dieses Buches einen interessanten Rabatt auf den Kaufpreis.

So wünsche ich Ihnen beim Lesen und Lernen viel Erfolg und Spaß – Lernen soll auch Spaß machen –, gute Recherche-Erfolge und vor allem eine erfolgreiche Prüfung und einen guten Berufseinstieg oder auch Wiedereinstieg, denn mancher Umschüler findet hier auch seinen Weg zum Erfolg.

Berlin, im August 2014   Manfred Wünsche

Einleitung

Grundlage jeder Berufsausbildung, also auch für die vier IT-Berufe, sind die offiziellen, von der Kultusministerkonferenz (KMK) herausgegebenen Rahmenlehrpläne. Übergreifendes Ziel der Ausbildung ist es, *selbstständiges* und verantwortungsbewusstes *Denken und Handeln* zu vermitteln, d. h. „Handlungskompetenz", vor allem aber *Fachkompetenz*, das ist die Fähigkeit, auf der Grundlage fachlichen Wissens und Könnens Aufgaben und Probleme *zielorientiert, sachgerecht, methodengeleitet* und selbstständig zu lösen sowie das Ergebnis zu beurteilen. Es geht also nicht nur darum, theoretisches Wissen zu erwerben, sondern dieses auch *in der Praxis* problemorientiert einzusetzen und die Ergebnisse zu beurteilen.

Handlungskompetenz

Dementsprechend geht es in der IHK-Abschlussprüfung weniger um das Wiedergeben von „gepauktem" Wissen, sondern um *praktisches Problemlösen* anhand von fallbezogenen Aufgabenstellungen. Ausgangspunkt jeder der drei Prüfungsklausuren ist eine vorgegebene *Ausgangsituation*, auf die sich alle Fragen beziehen (sollen). Und auch in der mündlichen Prüfung, der betrieblichen Projektarbeit, sollen Sie Ihre praxisbezogene Problemlösefähigkeit beweisen. Das dazu notwendige Fachwissen ist in insgesamt *elf Lernfelder* aufgeteilt, die sich zum einen auf *Informations- und Telekommunikationstechnologien*, zum anderen auf das *kaufmännische Wissen um Geschäftsprozesse* beziehen.

Die vier IT-Berufe

Diese elf Lernfelder, die Sie in der Abbildung auf der nächsten Seite aufgelistet finden, sind *für alle vier Berufsbilder gleich aufgebaut*, unterscheiden sich aber darin, wie detailliert das im jeweiligen Beruf zu erwerbende Wissen ausgestaltet ist. Die Unterschiede in den Berufsbildern orientieren sich an den verschiedenen Einsatzgebieten in der Praxis:

IT-Systemelektroniker sollen bei Betreibern von Netzen und Anbietern von Hardware-Systemen technische Kenntnisse zur Einrichtung von Informations- und Kommunikationssystemen erwerben, aber diese auch in der Kundenberatung und im Vertrieb „an den Mann bringen" können.

Fachinformatiker der Fachrichtung *Systemintegration* sollen vor allem in Systemhäusern IT-Infrastruktur planen und konfigurieren, aber auch betreuen und dazu Beratungen durchführen können.

Fachinformatiker der Fachrichtung *Anwendungsentwicklung* sollen in Software-Häusern, aber auch bei Anwendern, bei der Einführung und dem Einsatz von Software beratend tätig sein, aber auch selbst über Kenntnisse in der Software-Entwicklung und Programmierung verfügen.

IT-Systemkaufleute sollen bei den Anbietern von IT-Systemen den Vertrieb übernehmen können, d. h. Kunden beraten, und dabei müssen im Hintergrund genügend technische Kenntnisse vorhanden sein, im Vordergrund steht der Verkauf.

IT-Kaufleute (*Informatikkaufleute*) sollen bei Anwendern aus allen Branchen (Industrie, Handel, Banken, Versicherungen, etc.) den Gegenpol bilden, d. h. auf Basis ihrer Branchenkenntnisse die richtige Auswahl aus dem Angebot von Hard- und Software treffen können.

Die vier (bzw. fünf) Berufsbilder hängen also sehr eng zusammen, und damit ist das gesamte Prüfungswissen zumindest im Ansatz für alle gleich. Folgende Abbildung zeigt Ihnen zur ersten Orientierung einen Überblick über die elf Lernfelder:

Übersicht Lernfelder

Lernfeld 1	Der Betrieb und sein Umfeld
Lernfeld 2	Geschäftsprozesse und betriebliche Organisation
Lernfeld 3	Informationsquellen und Arbeitsmethoden
Lernfeld 4	Einfache IT-Systeme
Lernfeld 5	Fachliches Englisch
Lernfeld 6	Entwickeln und Bereitstellen von Anwendungssystemen
Lernfeld 7	Vernetzte IT-Systeme
Lernfeld 8	Markt- und Kundenbeziehungen
Lernfeld 9	Öffentliche Netze und Dienste
Lernfeld 10	Betreuen von IT-Systemen
Lernfeld 11	Rechnungswesen und Controlling

Zu jedem der elf Lernfelder erhalten Sie in den folgenden *elf Kapiteln* Hinweise darauf, welche *Lerninhalte* darin prinzipiell vorgesehen sind und welche tatsächlich *in der Prüfung* gefragt werden.

Aufbau des Buchs

Grundsätzlich sind die Lernfelder für alle vier IT-Berufe gleich, inhaltlich gibt es aber verschiedene Schwerpunkte, die in den einzelnen Kapiteln aufgeschlüsselt werden. Vor allem aber finden Sie dort zahlreiche Hinweise, welche Fragestellungen prüfungsrelevant sind und wie in der IHK-Prüfung danach gefragt wird. Dies wird anhand von *beispielhaften*

Prüfungsaufgaben mit kommentierten Musterlösungen vertieft. Dazu erhalten Sie weiterführende *Recherchehinweise*.

Prüfungsablauf

Im Schlusskapitel werden detaillierte Hinweise zur Prüfung, die sich aus einem schriftlichen und einem mündlichen Teil zusammensetzt, gegeben. Auch auf die *Bewertung* der einzelnen *Prüfungsteile* durch die IHK-Korrektoren wird eingegangen. Solche Kenntnis hilft, „strategisch" an die Prüfungsleistung heranzugehen. Deshalb finden Sie dort auch Hinweise zum „*Klausurmanagement*" und ein Ablaufschema für die Vorbereitung auf die *mündliche Prüfung*, insbesondere zur betrieblichen Projektarbeit.

Prüfungsrelevanz

Beachten Sie, dass in den Prüfungsaufgaben der schriftlichen Prüfung keine Unterscheidung der Lernfelder vorgenommen wird; oft genug werden in den Aufgaben auch Inhalte aus verschiedenen Lernfeldern kombiniert. Hinweise dazu erhalten Sie jeweils im ersten Abschnitt jedes Kapitels, der die Prüfungsrelevanz des Lernfelds darstellt. Vor allem erhalten Sie dort Hinweise, *welche Themen für die Prüfung besonders wichtig sind* bzw. bisher besonders häufig gefragt wurden.

Rahmenlehrpläne

Im zweiten Abschnitt jedes der folgenden elf Kapitel finden Sie die *Inhalte des Rahmenlehrplans* für das jeweilige Lernfeld, die für alle vier Berufsbilder gleich sind. Die Unterschiede in den einzelnen Berufsbildern, sofern es überhaupt solche Unterschiede gibt, finden Sie jeweils am Ende des Kapitels in der *Vertiefung*, mit weiteren Recherchehinweisen.

Begriffe und Musteraufgaben

In den jeweils darauffolgenden Abschnitten werden die wichtigsten Begriffe erläutert und anhand von Musteraufgaben im Stil der Original-Prüfungsaufgaben trainiert. Den Musteraufgaben folgt die Lösung so, wie Sie sie in der Prüfung erbringen sollten. Diese Lösung ist dann anschließend kommentiert, vor allem in Bezug darauf, was bei der jeweiligen Aufgabe besonders zu beachten war und wie eine ähnliche Aufgabe lauten könnte. Daran anschließend sind weitere Recherchehinweise zur Vertiefung gegeben.

Lernstrategien

Das Fundament Ihres Prüfungswissens sind die *Fachbegriffe*, die in den nachfolgenden Kapiteln genannt sind, mit den dazugehörigen *Definitionen*. Zum Teil müssen Sie diese Definitionen in der Prüfung wiedergeben, zum Teil auch inhaltlich anwenden können. Achten Sie darauf, kurze und einfache Definitionen zu lernen, die Sie sich auch merken können. Und versuchen Sie, die Definitionen inhaltlich zu verstehen. Eine Definition gibt zum Begriff das an, was für das Verständnis des Begriffs wichtig ist.

Vokabeln lernen

Achten Sie bei allem, was Sie fachspezifisch lesen, auf Begriffe! *Der Begriffsapparat ist das Vokabular der Fachsprache.* Schauen Sie das gesamte erhaltene Unterrichtsmaterial nach Begriffen und Definitionen durch und legen Sie sich zu den Themen *Vokabelhefte* (z. B. in der Tabellenkalkulation) an. Auch in Computer-Fachzeitschriften und bei der Internet-Recherche finden Sie viele Fachbegriffe und zugehörige Definitionen. *Und Sie lesen doch die c't?!* [www.heise.de]

Unter *www.brainyoo.de* finden Sie digitale Lernkarteikarten zu den elf Lernfeldern und dazu eine plattformunabhänge Lernsoftware, mit der Sie sich bequem auch unterwegs auf die Prüfungen vorbereiten können.

Internet-Recherche

Bei der Internet-Recherche findet man oft ungenaue oder zu wissenschaftlich-theoretische Darstellungen. Wählen Sie *Inhalte* aus, *die Ihnen zugänglich sind*, und prüfen Sie vor allem technische Angaben in mehreren Quellen. Für den Einstieg in die Recherche empfiehlt sich ein erster Blick in die freie Enzyklopädie *Wikipedia* [http://de.wikipedia.org], deren Artikel viele kaufmännische und IT-Themen gut erläutern.

IT-Handbuch

Schlagen Sie alle Begriffe, die Ihnen begegnen, auch in Ihrem IT-Handbuch, dass Sie in der Prüfung benutzen dürfen, nach. Sie werden nicht alles darin finden, erlangen so aber einen *Überblick über die Inhalte*, auf die Sie in der Prüfung zurückgreifen können und die Sie daher nicht vollständig im Gedächtnis speichern müssen.

Bisherige Prüfungen

Ganz wichtig für die Prüfungsvorbereitung ist, die Prüfungen der letzten Jahre anzuschauen und durchzuarbeiten. Achten Sie hierbei auch auf die gefragten Begriffe und den Aufbau der einzelnen Handlungsschritte. Lösen Sie die Aufgaben zunächst selbst, so gut es eben geht, *bevor* Sie sich die Lösungen anschauen. Dann ist der *Lerneffekt* wesentlich größer. Dies gilt auch für die Musteraufgaben in den nachfolgenden Kapiteln. So können Sie ein Gefühl für die Art der Fragestellungen in der Prüfung erwerben.

Praxiswissen

Stellen Sie sich bei allem, was Sie in Ihrer Ausbildungspraxis durchführen, die Frage: „Wie kann ich beschreiben, was ich hier gerade tue?" *Dokumentieren* Sie Ihre Vorgehensweise, erstellen Sie eine *Ist-Analyse* (Problemstellung) und eine *Soll-Konzeption* (Was soll erreicht werden?), machen Sie eine schriftliche *Durchführungsplanung* und notieren Sie das *Ergebnis* Ihres Bemühens.

Zeitmanagement

Ziehen Sie vom Datum Ihrer schriftlichen Prüfung eine oder zwei Wochen ab und teilen Sie die von heute an bis dahin verbleibende Zeit durch elf. Soviel Zeit haben Sie im

Durchschnitt, um jedes Lernfeld zu erarbeiten bzw. zu vertiefen! Legen Sie sich für die heiße Phase, die letzten ein bis zwei Wochen, *gute und knappe Lernunterlagen* bereit, um dann alles Wichtige noch einmal durchgehen zu können. Für den letzten Tag nehmen Sie sich die Themen vor, die Sie sich bis dahin nicht merken konnten.

Recherche-Empfehlungen

Eine umfassende Darstellung der für die Prüfung wichtigen *kaufmännischen Inhalte* mit vielen Praxisbeispielen finden Sie in meinem Buch *BWL für IT-Berufe*, Springer-Vieweg-Verlag, auf dessen vertiefende Kapitel im Folgenden an den jeweiligen Stellen verwiesen wird, um Ihre Recherche-Arbeit zu unterstützen.

Eine schnelle und umfassende Vorbereitung auf die WiSo-Prüfung mit vielen erläuterten Musteraufgaben bietet mein Buch *Wirtschafts- und Sozialkunde, Prüfungstraining für kaufmännische und kaufmannsnahe Berufe, Springer-Gabler-Verlag.* Im Online-Service finden Sie weitere WiSo-Übungsaufgaben:

[www.bueffelcoach.de/IHK-WiSo]

Alle in dieser Neuauflage angegebenen Hyperlinks auf externe Websites finden Sie unter:

[www.bueffelcoach.de/IHK-IT-Berufe]

Die digitalen Lernkarteikarten finden Sie unter:

[www.brainyoo.de/shop]

Inhaltsverzeichnis

Das Aufgabenverzeichnis

Verzeichnis der Übersichten

Zusammenfassung

Das Wichtigste: In Betrieben kundenorientiert Entscheidungen vorbereiten

Die Inhalte des ersten Lernfelds sind für alle vier Berufe identisch. Betrachten Sie es als die Grundlegung des kompletten kaufmännischen Wissens, das Sie erwerben müssen. Es gibt viele Definitionen für den Begriff *Betrieb*, wichtig ist, dass dort kundenorientiert *Entscheidungen* getroffen werden, meist mit dem Ziel der *Gewinnmaximierung*. Jeder Betrieb ist eingebettet in ein *Umfeld*, das diese Entscheidungen beeinflusst. Wichtig für Sie ist vor allem das *technologische* Umfeld, denn das betrifft einen wesentlichen Teil Ihrer Ausbildung. Aber auch das *rechtliche* (juristische) Umfeld, d. h. die gesetzlichen Regelungen, und das *Marktumfeld*, d. h. die Beziehungen zu *Lieferanten* und *Kunden*, gehören dazu. Und damit müssen Sie auch ein Grundverständnis volkswirtschaftlicher Zusammenhänge erwerben. Die *Volkswirtschaftslehre* beschäftigt sich mit der Wirtschaft als Ganzem, dem Eingreifen des *Staates* in diese Wirtschaft und mit dem Verhalten der einzelnen Wirtschaftssubjekte, der *Konsumenten* und *Produzenten*.

1.1 Prüfungsrelevanz des Lernfelds

Das Lernfeld 1 enthält zunächst einmal die gesamten *Grundlagen des kaufmännischen Teils* der schriftlichen Prüfung. Ohne ein grundlegendes Verständnis, welche Gebiete und Inhalte „kaufmännisches Wissen" umfasst, ist die Ausbildung nicht zu bewältigen. Es gibt aber nur einen Prüfungsteil, in dem die Lerninhalte aus Lernfeld 1 konkret abgefragt werden, und das ist die *Wirtschafts- und Sozialkunde-Prüfung*.

Betrachten Sie daher Lernfeld 1 als eine Art Fundament für die gesamte Ausbildung. Das *kaufmännische Wissen* wird vertieft in den *Lernfeldern 2, 3, 8 und 11*, das *technische Wissen* in den *Lernfeldern 4, 5, 6, 7 und 10*, wobei Sie auch dort immer wieder kaufmän-

© Springer Fachmedien Wiesbaden 2014
M. Wünsche, *Prüfungsvorbereitung für IT-Berufe*,
DOI 10.1007/978-3-658-04414-5_1

nisch relevante Inhalte finden werden, weil ja die Technik „nur" einen Einflussfaktor für betriebliche Entscheidungen darstellt. Ihre Ausbildung ist zu einem erheblichen Teil eine *kaufmännische Ausbildung*, und das gilt bei aller technischen Vertiefung auch für den Fachinformatiker und den IT-Systemelektroniker.

Recherche-Empfehlung

Werfen Sie einen Blick in ein *Lehrbuch zur Einführung in die Betriebswirtschaftslehre*, welche Themen dort behandelt werden. Oder auch ein Besuch auf einer *Website* eines der vielen Universitäts- und Fachhochschul-Lehrstühle für Betriebswirtschaftslehre ist hier interessant. Stellen Sie sich gedanklich dabei vor, selbst *Eigentümer eines Betriebs* zu sein, z. B. tragen Sie in sich den Gedanken, nach der Prüfung eine Existenzgründung zu wagen. Welche der angegebenen Themen interessieren Sie dafür? Versuchen Sie dabei, *praxisorientiert* zu *denken*, denn die Prüfungsfragen sind praxisorientiert.

Eine weitere Möglichkeit, sich das Basiswissen und Grundverständnis der kaufmännischen Denkweise anzueignen, ist der Besuch der *Websites von IT-Unternehmen*. Meist finden Sie unter „Wir über uns" oder im Firmenprofil viel kaufmännisches Fachvokabular. Achten Sie beim Lesen auf die Beschreibung von „*Zielen*" und „*Strategien*". Besuchen Sie die Website des Branchenverbandes www.bitkom.de. Ebenso finden Sie beim Bundeswirtschaftsministerium (www.bmwi.de) einiges an Informationen zur IT-Branche.

1.2   Übersicht Lernfeldinhalte

Die folgende Abbildung zeigt die im Rahmenlehrplan festgelegten Inhalte des Lernfelds (Tab. 1.1):

Es ist eine etwas willkürlich zusammengestellte Ansammlung von Themen, die sehr stark volkswirtschaftlich geprägt ist. Die *Volkswirtschaftslehre* ist die Lehre davon, wie ein Volk wirtschaftet. Und das Volk besteht aus *Nachfragern* und *Anbietern* und aus dem *Staat*, der Gesetze und Normen festlegt und durch Zwangsmaßnahmen, z. B. Steuern, in die Wirtschaft eingreift.

Tab. 1.1 Übersicht Rahmenlehrplan zu Lernfeld 1

Stellung eines Betriebs in Wirtschaft und Gesellschaft		
Ziele und Aufgaben	Produktionsfaktoren und Faktorkombination	Arbeitsteilung in der Wirtschaft
Marktstrukturen und ihre Auswirkungen		
Marktarten und Marktformen	Anbieter- und Nachfragerverhalten	Preisbildung
Kooperation und Konzentration		
Grundzüge staatlicher Wettbewerbspolitik		

> **Recherche-Empfehlung**
>
> Schauen Sie sich das Inhaltsverzeichnis eines *Lehrbuchs zur Einführung in die Volks-*
> *wirtschaftslehre* an und besuchen Sie die *Website* eines Lehrstuhls für Volkswirtschafts-
> lehre, um zu verstehen, mit welchen *Themen* sich die Volkswirte grundsätzlich beschäf-
> tigen. Wichtig ist hierbei, dass Sie sich von der Fülle an Begriffen und Informationen
> nicht erschlagen lassen. Was Sie wirklich für die Prüfung wissen müssen, erfahren Sie
> im Folgenden.

1.3 Juristische Kenntnisse

Es lassen sich drei Bereiche abgrenzen, zu denen von Ihnen juristische Grundlagenkenntnisse erwartet werden. Das sind zunächst Kenntnisse über die *Grundlagen unseres Rechts-*
systems überhaupt (siehe 1.3.1), wobei Fragen zum *Grundgesetz* selbst bisher nicht vorgekommen sind. Schauen Sie sich im Grundgesetz aber kurz die *Grundrechte* an: Wichtig
ist hier die *Tarifautonomie*, der *Jugendschutz*, der *Schutz von Ehe und Familie* und das
Eigentum. Fragen zum Unterschied zwischen Marktwirtschaft (mit Privateigentum) und
Planwirtschaft (mit Kollektiveigentum) sind wohl nicht mehr zu erwarten. Fragen zum
Aufbau unserer *Gerichtsbarkeit* sind sehr selten, der Unterschied zwischen *Privatrecht*,
öffentlichem Recht und *Strafrecht* als den drei Säulen unseres Rechtssystems sollte Ihnen
aber geläufig sein.

Der zweite Bereich ist der *Kaufvertrag* (siehe 1.3.2), sein Zustandekommen und seine
Störungen. Fragen hierzu richten sich vor allem auf die praktische Situation, wie und ob
ein Kaufvertrag zustande gekommen ist, und welche rechtlichen Möglichkeiten es gibt,
wenn eine der Vertragsparteien seine Verpflichtungen aus dem Vertrag nicht erfüllt.

Der dritte Bereich ist das *Arbeitsrecht* (siehe 1.3.3): Dies beginnt mit dem Zustandekommen und den Inhalten eines *Arbeitsvertrags*, und endet mit der *Kündigung*; und es
gibt immer wieder Fragen zu den verschiedensten *Schutzgesetzen*: Jugendarbeitsschutzgesetz, Mutterschutzgesetz, etc. Sie können nicht all diese Gesetze kennen und das brauchen
Sie auch nicht. Eine einfache Lösungsregel für Aufgaben zu den Schutzgesetzen ist sich
zu fragen, wer in der dargestellten Situation der *Schwächere* ist und wie weit der Gesetzgeber hier Schutzmechanismen in seine Gesetze eingebaut haben könnte. Meist finden Sie
aufgrund dieser Überlegungen schnell die richtige Lösung. Zu den Schutzgesetzen gehört
auch das *Betriebsverfassungsgesetz*: Hier ist für Sie besonders wichtig, die Rechte des *Be-*
triebsrats und den Begriff der *Betriebsversammlung* zu kennen.

Paragrafenwissen wird von Ihnen nicht erwartet. Eine Lernhilfe mit den wichtigsten
Begriffen finden Sie unter:

[www.bueffelcoach.de/IHK-IT-Berufe/LF01_WiSo_Recht.PDF]

1.3.1 Allgemeine Rechtsgrundlagen

Die *Rechtsfähigkeit* ist die Fähigkeit, Träger von Rechten und Pflichten zu sein. Sie beginnt bei *natürlichen Personen* mit Vollendung der Geburt, bei *juristischen Personen*, d. h. Unternehmen, mit der Eintragung in das Handelsregister. Auf die Rechtsfähigkeit baut die *Geschäftsfähigkeit* auf, und während zur Rechtsfähigkeit keine Fragen kommen, sollten Sie den Unterschied zwischen „geschäftsunfähig" (bis 7 Jahre), „beschränkt geschäftsfähig" (bis 18 Jahre) und „voll geschäftsfähig" kennen.

Ein *Vertrag* ergibt sich aus *Antrag* und *Annahme*, das sind zwei übereinstimmende Willenserklärungen. Man unterscheidet das Verpflichtungsgeschäft und das Erfüllungsgeschäft, das ist eine künstliche Trennung (Abstraktionsprinzip), die im BGB aus juristischen Gründen so vorgenommen wurde. Im *Verpflichtungsgeschäft* verpflichtet sich jede der beiden Vertragsparteien, seine Leistung zu erbringen, das *Erfüllungsgeschäft* ist dann die Erfüllung der Verpflichtung durch Erbringen der Leistung.

Aufgabe Vertragsarten

Ordnen Sie vier der genannten Vertragsarten den Sachverhalten zu.

	Vertragsarten	Sachverhalte
1.	Darlehnsvertrag	Herr Meier von der IT-Solutions GmbH stellt sein Fahrzeug auf einem gebührenpflichtigen Parkplatz ab, um einen Kunden zu besuchen
2.	Dienstvertrag	Die Hausfrau Erwine Müller borgt sich von ihrer Nachbarin sechs Eier, um einen Kuchen zu backen. Am nächsten Tag, nach ihrem Einkauf, gibt sie der Nachbarin sechs Eier zurück
3.	Kaufvertrag	
4.	Leihvertrag	
5.	Mietvertrag	
6.	Pachtvertrag	An einem werkseigenen Fahrzeug des Fuhrparks lassen Sie die fällige Hauptuntersuchung durchführen
7.	Werkvertrag	
		Im Großraumbüro der Verwaltung wird eine neu erworbene Klimaanlage von einer Spezialfirma installiert

Lösung: 5, 1, 2, 7

Bearbeitungshinweise

Es handelt sich bei der vorstehenden Aufgabe um eine typische Aufgabe zum Thema Vertragsarten, wie sie in der WiSo-Prüfung auf Sie zukommen kann. Bei dem Parkplatz handelt es sich um einen *Mietvertrag* (Pachtvertrag ist mit „Fruchtgenuss"!), das mit den Eiern ist kein Leihvertrag, sondern ein *Darlehensvertrag*, sonst müsste Erwine dieselben Eier zurückgeben, was ja nicht geht. Beim Werkvertrag wird der Erfolg geschuldet (hier also die Plakette), beim *Dienstvertrag* nicht. Die Installation der Klimaanlage stellt daher einen *Werkvertrag* dar, nach Abschluss der Installation ist zu erwarten, dass sie funktioniert.

Tab. 1.2 Übersicht Nichtigkeit und Anfechtbarkeit

Nichtigkeit	Anfechtbarkeit
Geschäfte Geschäftsunfähiger (Kind, Betrunkener, geistig Verwirrter)	Inhaltsirrtum: falsch gewählte Worte
Verstoß gegen gesetzliches Verbot oder gute Sitten	Erklärungsirrtum: versprechen, verschreiben, vergreifen
Scherz- und Scheingeschäfte	Eigenschaftsirrtum: falsche Vorstellungen von der Sache
Verstoß gegen Formvorschrift	Arglistige Täuschung und widerrechtliche Drohung

Weitere Themen sind die Nichtigkeit und die Anfechtbarkeit von Verträgen. Wenn Sie sich merken, dass *Nichtigkeit* bedeutet, dass der Vertrag *von Anfang an ungültig* ist, und *Anfechtbarkeit*, dass er erst *rückwirkend ungültig* wird, können Sie dazu gegebene Aufgaben gut lösen (Tab. 1.2).

1.3.2 Der Kaufvertrag und seine Störungen

Aufgaben zum Kaufvertrag richten sich vor allem auf sein Zustandekommen (Was ist der *Antrag*, was die *Annahme?*), seltener die *Arten* des Kaufvertrags, und auf seine *Störungen* (Lieferungsverzug, Zahlungsverzug, Annahmeverzug und Mängelrüge). [BWL für IT-Berufe 2.3.3]

Aufgabe Kaufvertrag

Als Mitarbeiter/in in der Einkaufsabteilung der IT Solutions GmbH haben Sie an einen Hersteller für IT-Equipment und Bürozubehör eine detaillierte Anfrage zur Lieferung von 20 Serverschränken gestellt. Nach einer Woche erhalten Sie ein ausführliches verbindliches Angebot. Am nächsten Tag bestellen Sie zunächst nur einen Schrank und stellen die Bestellung von 19 weiteren Schränken in Aussicht, wenn die Lieferung Ihren Erwartungen entspricht.

a. Wann ist ein rechtsgültiger Kaufvertrag zustande gekommen?

1. Nach Eingang der ersten Bestellung beim Lieferanten
2. Bei Lieferung des Serverschranks
3. Nach Eingang des verbindlichen Angebots des Lieferanten aufgrund Ihrer Anfrage
4. Nach endgültiger Bestellung der restlichen 19 Schränke
5. Nach der Prüfung des Schranks auf Tauglichkeit

b. Um welche Art des Kaufvertrags handelt es sich?

1. Kauf nach Probe
2. Kauf auf Probe
3. Kauf auf Abruf
4. Kauf zur Probe

Lösung und Bearbeitungshinweise

Das detaillierte Angebot des Lieferanten ist der *Antrag*, und die erste Bestellung ist die *Annahme*. Das heißt, in Aufgabenteil a) ist *Aussage 1* richtig. Prüfen Sie jeweils, wann die verbindliche Aussage gemacht wird.

Die richtige Antwort auf b) ist der *„Kauf zur Probe"* (4). Es wird zunächst eine kleine Menge bestellt, um sie probieren zu können. Beim *„Kauf nach Probe"* lässt man sich zunächst ein Muster zuschicken und entscheidet dann erst über die Bestellung. Der *„Kauf auf Probe"* beinhaltet ein Rückgaberecht bei Nichtgefallen. Beim *„Kauf auf Abruf"* wird die gesamte Menge bestellt, aber erst nach Bedarf abgerufen. Sicherlich keine so leichte Aufgabe!

Eine mögliche Erweiterung oder Variation einer solchen Aufgabe kann das Thema *Eigentumsvorbehalt* sein. Wenn Sie in der Prüfungsaufgabe ein oder mehrere Angebote abgedruckt haben, achten Sie darauf, ob die Formulierung *„Ware bleibt bis zur vollständigen Bezahlung unser Eigentum"* darauf zu finden ist. Wenn dies der Fall ist, kommt es meist auch in einer Fragestellung darauf an, diesen Umstand zu beachten. Bei Eigentumsvorbehalt geht das Eigentum erst bei (Absendung der) Bezahlung auf den Käufer über.

Dieses Thema leitet über zu den *Kaufvertragsstörungen*, das sind drei mögliche *Verzüge* (es wird nicht oder nicht rechtzeitig geleistet) und die *Mängelrüge*. Generell gilt hierbei: Ein Anspruch auf *Schadenersatz* besteht immer nur dann, wenn auch tatsächlich ein bezifferbarer Schaden entstanden ist (Tab. 1.3).

Tab. 1.3 Übersicht Kaufvertragsstörungen

Lieferungsverzug	Der Liefertermin wird nicht eingehalten. Mahnung (nicht nötig bei Fixkauf), Nachfristsetzung, dann vom Kaufvertrag zurücktreten, evtl. Schadenersatz wegen Nichterfüllung
Zahlungsverzug	Der Käufer zahlt nicht wie vereinbart. Eintritt 30 Tage nach Fälligkeit, Rücktritt vom Vertrag, evtl. Schadenersatz wegen Nichterfüllung, Zinsen, Einleitung des gerichtlichen Mahnverfahrens
Annahmeverzug	Der Käufer nimmt die Ware bei Lieferung nicht an. Gefahrenübergang auf den Käufer, Klage auf Abnahme, Selbsthilfeverkauf, Pflicht zur Einlagerung
Mangelhafte Lieferung	Mangel in Art, Menge oder Qualität Rüge unverzüglich (nach Entdeckung), Ersatzlieferung, Minderung, Rücktritt vom Vertrag, evtl. Schadenersatz

Recherche-Empfehlung

Recherchieren Sie alle vorstehend dargestellten Begriffe und schauen Sie sich in alten WiSo-Prüfungen die entsprechenden Aufgaben zum Thema Kaufvertrag an.

Das Thema Kaufvertrag kann statt dem Lernfeld 1 auch dem Lernfeld 8 (Markt- und Kundenbeziehungen, siehe Kapitel 8) zugeordnet werden, und daher kann es auch sein, dass eine Unteraufgabe in einer der beiden ganzheitlichen Klausuren das Thema Kaufvertrag und Kaufvertragsstörungen enthält. Recherchieren Sie dazu diese Themen in Ihrem IT-Handbuch. Riskieren Sie durchaus auch einmal einen Blick ins Bürgerliche Gesetzbuch (BGB), dort insbesondere § 433 und § 439.

1.3.3 Individuelles und kollektives Arbeitsrecht

Aufgaben zum Arbeitsrecht stellen ein sehr großes Gebiet dar, aber es lässt sich für die WiSo-Prüfung auf folgende Themen eingrenzen:

Zunächst *Form und Inhalt des Ausbildungs- bzw. Arbeitsvertrags*: Der Ausbildungsvertrag bedarf der Schriftform. Ein Arbeitsvertrag kann zwar auch mündlich geschlossen werden, aber dann fehlt der Beweis, und solche Spitzfindigkeiten werden nicht gefragt.

Zu den Inhalten schauen Sie in Ihren eigenen Ausbildungsvertrag. Gerne wird auch gefragt, welche Fragen beim Einstellungsgespräch nicht wahrheitsgemäß beantwortet werden müssen, hier ist vor allem die Frage nach dem Kinderwunsch an Frauen ein gutes Beispiel. [BWL für IT-Berufe 2.3.5]

Recherche-Empfehlung

Weitere Aufgaben richten sich auf die diversen *Schutzgesetze*, meist in Zusammenhang mit der *Kündigung*. Lesen Sie dazu zunächst *§ 622 BGB* (der in der Prüfung zur Aufgabenstellung mit abgedruckt wird): Beachten Sie dabei, dass § 622 (1) die Kündigungsfrist des Arbeitnehmers und § 622 (2) die Kündigungsfristen des Arbeitgebers nennt, und dort rechnen Sie bitte erst ab dem 25. Lebensjahr (siehe Satz 2 unter der Aufzählung!).

Dann kommen immer wieder Aufgaben zu besonderen Schutzgesetzen: vor allem *Unfallverhütungsvorschriften*, *Arbeitszeitgesetz*, *Jugendarbeitsschutzgesetz* (nicht mit dem Jugendschutzgesetz zu verwechseln!), *Mutterschutzgesetz*, Schutz von Schwerbehinderten (seltener), meist in Zusammenhang mit „bösen" Maßnahmen des Arbeitgebers, z. B. einer Kündigung. Man kann diese Gesetze nicht alle kennen, deshalb sind die Fragen immer darauf gerichtet, ob Sie erkennen, wer hier der Schwächere ist und wie weit der Schutz

Tab. 1.4 Übersicht Rechte des Betriebsrats

Mitbestimmung	Mitwirkung	Information
Arbeitszeit, Urlaubsplan, Unfallverhütung, Lohngestaltung, Organisatorisches	Stilllegung, Verlegung, Einstellungen, Versetzungen, Arbeitsmethoden, Sozialplan, Anhörung bei Kündigung	Produktions- und Absatzlage, Investitionen, Personalplanung (ab 100 Mitarbeiter: Wirtschaftsausschuss)

geht. Betriebsratsmitglieder unterliegen auch dem besonderen Kündigungsschutz. Wenn Sie sich in alten WiSo-Prüfungen die Aufgaben dazu vergleichend anschauen, werden Sie feststellen, dass hier immer wieder sehr ähnlich gefragt wird.

In Bezug auf das kollektive Arbeitsrecht müssen Sie zwischen der *betrieblichen* und der *überbetrieblichen* Ebene unterscheiden. Auf der betrieblichen Ebene ist das wichtigste Organ der *Betriebsrat*. Er hat folgende Rechte (Tab. 1.4):

Auf der betrieblichen Ebene gibt es dann noch die *Betriebsvereinbarung*, die aber nur Regelungen enthalten darf, die gegenüber dem Tarifvertrag eine Verbesserung enthalten. Beispiele sind Erfolgsbeteiligungsmodelle oder Gleitzeit. Welche Betriebsvereinbarungen gibt es in Ihrem Ausbildungsbetrieb? Fragen Sie beim Betriebsrat nach!

Die *überbetriebliche Ebene* betrifft die *Tarifverhandlungen* zwischen Arbeitgeberverbänden und Gewerkschaften. Recherchieren Sie den Ablauf von Tarifverhandlungen und die Inhalte von Mantel- und Gehaltstarifverträgen.

1.4 Volkswirtschaftliche Kenntnisse

Aufgaben zur Volkswirtschaftslehre tauchen ausschließlich in der WiSo-Prüfung auf. Sie lassen sich in drei große Bereiche gliedern: Zum einen die *volkswirtschaftlichen Grundlagen* (siehe 1.4.1), darin geht es um das Wirtschaften in einer Marktwirtschaft allgemein; als besonders schwierig werden dabei die Fragen zu Angebot und Nachfrage empfunden, wenn Sie aber einmal das Lösungsprinzip verstanden haben, kommen Sie mit solchen Aufgaben klar. Dann *Volkswirtschaftliche Gesamtrechnung* und *Zahlungsbilanz* (siehe 1.4.2). Hier müssen Sie sich die nachfolgend dargestellten Begriffs- und Berechnungsschemata einprägen. Und schließlich der große Bereich der *Wirtschaftspolitik*, das Eingreifen des Staates in den Wirtschaftsprozess (siehe 1.4.3); hierzu gehört auch die Geldpolitik der Europäischen Zentralbank. Eine Lernhilfe mit den wichtigsten Begriffen finden Sie unter:
    [www.bueffelcoach.de/IHK-IT-Berufe/LF01_WiSo_VWL.PDF]

1.4.1 Volkswirtschaftliche Grundlagen

In einer Marktwirtschaft erfolgt die Verteilung der Güter und Produktionsfaktoren über *Märkte* und dort über den *Preismechanismus*. Der Preis hat deshalb verschiedene Funktionen, die auch gerne abgefragt werden. Die wichtigste Funktion des Preises ist die *Lenkungsfunktion*, er lenkt die Produktionsfaktoren in die effizienteste Verwendung. [BWL für IT-Berufe 2.1]

Marktwirtschaft
Das waren jetzt schon einige wichtige Begriffe, die wir im Einzelnen klären müssen. Gelegentlich kommt eine Frage zum Unterschied zwischen freier Marktwirtschaft und sozialer Marktwirtschaft: Bei der *sozialen Marktwirtschaft* greift der Staat in das Wirtschaftsgeschehen ein, um die Bürger zu schützen und durch eine Einkommensumverteilung auch denjenigen Bürgern Einkommen zu verschaffen, die aufgrund von Alter (Kinder und Rentner), Krankheit oder anderer Gründe (z. B. Arbeitslosigkeit) nicht in der Lage sind, sich den Lebensunterhalt über ein Markteinkommen zu sichern.

Bedürfnis, Bedarf, Gut
Ein *Gut* ist ein Mittel zur Bedürfnisbefriedigung. Sie finden in vielen Lehrbüchern die Abgrenzung verschiedener Güterarten, das wird aber nicht gefragt! Dass ein *Bedürfnis* „ein Gefühl des Mangels ist, verbunden mit dem Wunsch, diesen Mangel zu beseitigen" und *Bedarf* den „mit Kaufkraft verbundenen Bedürfnissen" entspricht, dazu eine Aufgabe zu formulieren, ist auch eher schwierig.

Zu den Gütern kommt gelegentlich noch die Frage zur Unterscheidung von *Substitutionsgütern* (Ersatzgütern, z. B. Fisch und Fleisch) und *Komplementärgütern* (Ergänzungsgütern, z. B. Autos und Benzin):

Substitutionsgut
Wenn der Preis von Fisch steigt, wie verändert sich dann die Nachfrage nach Fleisch? Sie nimmt zu, weil Fisch durch Fleisch ersetzt (substituiert) wird.

Komplementärgut
Wenn der Preis für Autos steigt, wie verändert sich dann die Nachfrage nach Benzin? Sie nimmt ab, denn wenn weniger Autos gekauft werden, wird auch weniger Benzin gekauft.

Ökonomisches Prinzip
Sehr beliebt ist die Frage nach dem „Ökonomischen Prinzip", und unterscheiden Sie direkt die beiden Ausprägungen *Maximalprinzip* (mit gegebenen Mitteln ein Ziel maximal erreichen) und *Minimalprinzip* (ein gegebenes Ziel mit minimalem Mitteleinsatz erreichen). Dazu zwei Aufgaben:

Aufgabe Maximalprinzip

Die Drivefast GmbH will die Herstellung von Festplatten neu in das Produktionsprogramm aufnehmen. Bei den dann erforderlichen Maßnahmen soll das ökonomische Prinzip beachtet werden. Prüfen Sie, welche Maßnahme dem Maximalprinzip entspricht!

1. Der Leiter der Abteilung Einkauf hat den Auftrag, die für die Produktion von 10.000 Festplatten notwendigen Materialien so kostengünstig wie möglich zu beschaffen.
2. Zur Markteinführung werden 40.000 € bereit gestellt. Die Werbeabteilung erarbeitet ein Konzept zum effektivsten Einsatz dieser Mittel.
3. Die Erweiterung der Produktpalette soll mit zusätzlichen Arbeitskräften realisiert werden.
4. Für den Versand der Festplatten an die Großhändler wird der kostengünstigste Transport gewählt.
5. Der Preis der Festplatten wird so kalkuliert, dass er niedriger ist als bei vergleichbaren Produkte aller Konkurrenten.

Lösung und Bearbeitungshinweise

Die richtige Lösung ist etwas versteckt, weshalb Sie hier die *Lösungsmethode* der *Negativauswahl* sehr gut üben können: „So kostengünstig wie möglich" (1) ist Minimalprinzip, genauso der „kostengünstigste Transport" (4). Bei den „zusätzlichen Arbeitskräften" (3) und auch bei der Preiskalkulation (5) haben Sie keine Anhaltspunkte für Maximierung oder Minimierung. *Aussage* (2) bleibt als einzige übrig und ist auch richtig, weil wir mit einem gegebenen Werbebudget (= gegebene Mittel) möglichst hohe Verkaufszahlen erreichen wollen (= Zielmaximierung).

AufgabeMinimalprinzip

Beim PC-Gehäusehersteller Boxmann KG werden täglich rund 1000 PC-Gehäuse aus Aluminium gefertigt. Welche betriebliche Zielsetzung entspricht dem Minimalprinzip?

1. Mit einem möglichst geringen Aluminiumeinsatz soll eine bestimmte Menge von PC-Gehäusen gefertigt werden.
2. Mit einem minimalen Aluminiumeinsatz soll eine maximale Menge von PC-Gehäusen gefertigt werden.
3. Mit einem hohen Aluminiumeinsatz soll eine maximale Menge von PC-Gehäusen gefertigt werden.
4. Mit jeder Produktionssteigerung soll ein erhöhter Gewinn erzielt werden.
5. Mit jeder Produktionssteigerung soll ein erhöhter Umsatz erzielt werden.

Lösung und Bearbeitungshinweise

Haben Sie erkannt, dass *Aussage* (1) der Volltreffer war? Eine bestimmte Menge ist ein gegebenes Ziel, und dies soll mit minimalem Mitteleinsatz (hier ist das Mittel Aluminium) erreicht werden. Prüfen Sie aber grundsätzlich immer auch die anderen Aussagen, um ganz sicher zu gehen, dass Sie die richtige Lösung gefunden haben. Aussage (2) klingt doch auch gut! Ist aber falsch, weil man von Ihnen erwartet, dass Sie „minimal" und „maximal" streng trennen, beide dürfen nicht zusammen in einer Aussage auftauchen! Aussage (3) ist unklar: was heißt hier „hohen"? Und ebenso in den Aussagen (4) und (5) der „erhöhte"?

Markt

Da in einer Marktwirtschaft alle Wirtschaftssubjekte (Unternehmen und Haushalte) stets nach dem ökonomischen Prinzip handeln, gilt die Marktwirtschaft als besonders effizient. Die Wirtschaftssubjekte treffen sich als Anbieter von und Nachfrager nach Produktionsfaktoren und Gütern auf den jeweiligen Märkten. Der *Markt* ist daher der ökonomische Ort des Tausches. Von den vielfältigen *Marktformen*, die Sie in vielen Lehrbüchern finden, wird nur ein Schema gefragt, leider das unangenehmste, das *Marktformenschema* (Tab. 1.5):

Zunächst achten Sie immer darauf, wo die Anbieter und wo die Nachfrager stehen, also ob in der *Kopfzeile oder* in der *Vorspalte*, das wird hin und wieder gerne vertauscht. Wenn Sie sich dann noch merken, dass griechisch „einer" = *Mono*, „wenige" = *Oligo* und „viele" = *Poly* ist, und bei der Namensfindung immer von der kleineren Seite ausgehen (Beispiel: Ein Anbieter = Angebotsmonopol, wenige Nachfrager = beschränkt), können Sie solche Aufgaben gut lösen.

Vollkommener Markt

Eine weitere sehr theoretische Frage ist die nach dem *vollkommenen Markt*. Dies ist ein idealtypisches Modell eines Marktes, den es in der Realität nicht gibt. Die Aufgabe ist aber meist so angelegt, dass Sie die Lösung relativ einfach finden können.
1. Keinerlei Beschränkung beim *Marktzutritt*
2. Keine *Präferenzen* (Vorzüge) für Anbieter und Nachfrager

Tab. 1.5 Marktformenschema

Markt-situationen		Nachfrager		
		einer	wenige	viele
Anbieter	einer	zweiseitiges Monopol	beschränktes Angebots-Monopol	Angebots-Monopol
	wenige	beschränktes Nachfrage-Monopol	zweiseitiges Oligopol	Angebots-Oligopol
	viele	Nachfrage-Monopol	Nachfrage-Oligopol	Polypol

3. Anbieter und Nachfrager haben einen vollen *Marktüberblick*.

4. Die auf dem Markt angebotenen Güter sind *gleichartig*.

5. Sehr hohe *Reaktionsgeschwindigkeit* auf Veränderungen

Zu diesen Bedingungen ist dann eine weitere Aussage genannt, die nicht dazu gehört, z. B.: „Die auf dem Markt angebotenen Güter werden alle abgesetzt.", aber das wäre ja zu schön, um wahr zu sein, also falsch!

Damit kommen wir zum „heißesten" Thema in diesem Bereich: Angebot und Nachfrage!

Aufgabe Angebot und Nachfrage

Benennen Sie die Ziffern in der nachfolgenden Grafik!

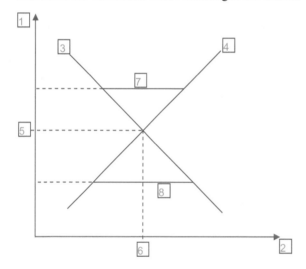

Diese Art der Aufgabe, dass Sie eine Grafik mit Ziffern gegeben haben und diese Ziffern vorgegebenen Begriffen zuordnen müssen, können Sie gut eintrainieren, wenn Sie sich das Schema zunächst ohne Benennung auf ein Blatt abzeichnen und dann aus dem Gedächtnis die Begriffe zuordnen (Tab. 1.6).

Bei (7) und (8) fragen Sie sich: *Wer hat die Macht?* Ist das Angebot größer als die Nachfrage, können sich die Nachfrager aussuchen, bei wem sie kaufen, daher haben sie die Macht (Käufermarkt). Ist das Angebot kleiner als die Nachfrager, können sich die Anbieter aussuchen, an wen sie verkaufen (Verkäufermarkt).

Tab. 1.6 Preis-Mengen-Diagramm

1. Preis 2. Menge	Man spricht von einem Preis-Mengen-Diagramm: Der Preis bestimmt die Menge.
3. Nachfrage	Die Nachfragekurve hat einen fallenden Verlauf, d. h. je höher der Preis, umso geringer die nachgefragte Menge. Je steiler die Nachfragekurve, umso unelastischer ist die Nachfrage.
4. Angebot	Die Angebotskurve hat einen steigenden Verlauf, je höher der Preis, umso höher die angebotene Menge, dies entspricht nicht so sehr der Realität.
5. Gleich- gewichts- preis 6. Gleich- gewichts- menge	Dies ist die Situation, die sich bei frei funktionierendem Preismechanismus automatisch einstellt. Alle Nachfrager und alle Anbieter, die zum Gleichgewichtspreis Geschäfte abschließen wollen, kommen zum Zuge und erhalten bzw. verkaufen die geplante Menge. Man spricht auch von Markträumung.
7. Käufermarkt	= Angebotsüberschuss = Nachfragelücke
8. Verkäufer- markt	= Nachfrageüberschuss = Angebotslücke

Aufgabe Verschiebung der Nachfragekurve

Die auf der folgenden Seite abgebildete Grafik zeigt, dass auf dem Markt für Mainboards mit SATA −6G-Ports eine Veränderung des Nachfrageverhaltens von N1 nach N2 stattgefunden hat.

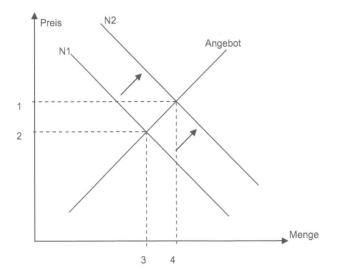

a.   Ermitteln Sie den ursprünglichen Gleichgewichtspreis vor der Verschiebung der Nachfragekurve!

b.   Ermitteln Sie die Gleichgewichtsmenge nach der Verschiebung der Nachfragekurve!

c.   Beurteilen Sie, worauf die Verschiebung der Nachfragekurve zurückgeführt werden könnte!

1. Wegen Erhöhung der Einkommensteuer ist das verfügbare Einkommen der privaten Haushalte gesunken.

2. Die Zunahme von Single-Haushalten führt zur Nachfragesteigerung.

3. Wegen der allmählichen Sättigung des Marktes hat sich das Nachfrageverhalten in der dargestellten Form verändert.

4. Wegen zunehmender Exporte hat sich das Angebot verringert.

5. Wegen zunehmender Importe hat sich die Nachfrage verringert.

6. Die Erhöhung der Sparquote der privaten Haushalte führt zur Nachfragesteigerung.

Lösung und Bearbeitungshinweise

Achten Sie zunächst immer genau auf die *Richtung der Verschiebung*, sie wird durch Pfeile deutlich gekennzeichnet. Haben Sie bei a) und b) genau gelesen? Es kam auf die Worte „*Preis*" und „*vor*" sowie „*Menge*" und „*nach*" an. Bei a) ist (2) richtig, bei b) ist es die (4). Variationen sind hier denkbar und kommen auch vor.

Für c) prüfen Sie die folgenden vier Kriterien, mit denen Sie jede Aufgabe dieser Art lösen können (Tab. 1.7).

Tab. 1.7 Verschiebung von Angebots- und Nachfragekurve

Verschiebung der Nachfragekurve nach	
rechts oben =	Erhöhung des Einkommens oder Zunahme der Präferenzen (Vorlieben)
links unten =	Senkung des Einkommens oder Abnahme der Präferenzen (Vorlieben)
Verschiebung der Angebotskurve nach	
links oben =	Zunahme der Produktionskosten oder Abnahme des Wettbewerbs (= weniger Anbieter auf dem Markt)
rechts unten =	Abnahme der Produktionskosten oder Zunahme des Wettbewerbs (z.B. durch ostasiatische Billiganbieter)

Prüfen Sie nun anhand dieser Kriterien die fünf gegebenen Aussagen, und wählen Sie die *Methode der Negativauswahl*:

1. Dass das Einkommen gesunken ist, kann nicht sein, da sich sonst die Nachfragekurve nach links unten verschoben hätte.
2. Klingt nicht sehr plausibel, aber immerhin Nachfragesteigerung stimmt. Könnte richtig sein!
3. Eine Sättigung des Marktes bedeutet eher, dass die Nachfrage zurückgeht, hier steigt sie aber.
4. Eine Verschiebung der Angebotskurve liegt nicht vor, kann also nicht richtig sein.
5. Eine Verringerung der Nachfrage liegt nun nicht gerade vor.
6. Die Sparquote ist der Anteil des Einkommens, der gespart wird. Ihre Erhöhung bedeutet, dass weniger Geld zum Konsum und damit zur Nachfrage zur Verfügung steht, also kann die Nachfrage nicht gestiegen sein.

Es bleibt also nur die *Aussage* (2) als „plausibelste" übrig, und die ist auch richtig. Üben Sie solche Aufgaben anhand der oben genannten Kriterien! Verschiebungen der Angebotskurve kommen übrigens sehr selten in Aufgaben vor, aber überlegen Sie, wie sich eine Steuererhöhung oder eine Subvention auswirkt!

Eine Verschiebung der Angebotskurve nach links oben kann auch durch die Bildung eines *Kartells* hervorgerufen werden.

Recherche-Empfehlung

Recherchieren Sie die *Kartellverbote* sowie die Begriffe *Konzern* und *Fusion*, evtl. auch noch die *Rechtsformen* von Unternehmen. [BWL für IT-Berufe 2.2.3 und 2.3.4]

Damit kommen wir zu einer weiteren „Ziffern"-Aufgabe, dem Wirtschaftskreislauf. Wenn Sie z. B. im Internet nach grafischen Darstellungen des Wirtschaftskreislaufs suchen, werden Ihnen mitunter sehr komplexe Gebilde begegnen. Für die WiSo-Prüfung brauchen Sie nur ein ganz einfaches Modell zu beherrschen.

Aufgabe Wirtschaftskreislauf
Benennen Sie die Ziffern in der folgenden Grafik!

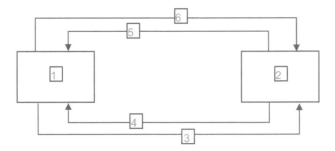

(1) sind die *Unternehmen* und (2) die *Haushalte*. Die Unternehmen liefern an die Haushalte *Konsumgüter* (3), die Haushalte tätigen dafür *Konsumausgaben* (4). Die Haushalte liefern an die Unternehmen *Produktionsfaktoren* (5), und zwar Arbeit, Boden und Kapital (nicht zu verwechseln mit den betriebswirtschaftlichen Produktionsfaktoren!) und erhalten dafür *Faktorentgelte* (6), das sind Lohn, (Boden-) Rente und Zins.

Recherche-Empfehlung

Recherchieren Sie die *betriebswirtschaftlichen Produktionsfaktoren*. Z. B. ist eine Festplatte, die ein Hersteller in einen PC einbaut, eher ein Werkstoff; wenn auf ihr in einem Dienstleistungsbetrieb betriebliche Daten gespeichert werden, ist sie Betriebsmittel.

Überlegen Sie sich auch, wie Sie den einfachen Wirtschaftskreislauf um Staat und Ausland erweitern könnten. Dies leitet gut zum nächsten Thema über.

1.4.2   Volkswirtschaftliche Gesamtrechnung und Zahlungsbilanz

Das *Bruttoinlandsprodukt* (BIP) ist der Wert aller Güter und Dienstleistungen, die in einem Jahr in einem Land (im *Inland*) erwirtschaftet worden sind.

Das *Bruttonationaleinkommen* (BNE, früher Bruttosozialprodukt) ist der Wert aller Güter und Dienstleistungen, die in einem Jahr von den *Inländern* erwirtschaftet worden sind.

Haben Sie den Unterschied bemerkt? Wenn Sie vom BIP die *Inlandseinkommen der Ausländer* (IA), z. B. die Einkünfte ausländischer Grenzpendler, abziehen und die *Auslandseinkommen der Inländer* (AI), z. B. Einkünfte einer deutschen Eiskunstläuferin in USA, hinzuziehen, dann erhalten Sie das BNE.

$$BIP - IA + AI = BNE$$

Statt ($-IA+AI$) spricht man vom *Saldo der Primäreinkommen aus der übrigen Welt* (früher: Saldo der Erwerbs- und Vermögenseinkommen).

Wenn Sie vom BNE die Abschreibungen und die *Produktions- und Importabgaben* (früher: indirekte Steuern) abziehen und die *Subventionen* hinzurechnen, erhalten Sie das *Volkseinkommen*.

Bruttonationaleinkommen (BNE)	
./.	Abschreibungen
./.	Produktions- und Importabgaben
+	Subventionen
=	Volkseinkommen

Das *BIP* dient eigentlich als Maß für den *Wohlstand* einer Gesellschaft und spielt auch bei der Wirtschaftspolitik (siehe unten!) als Maßstab eine wichtige Rolle, insbesondere für das Wachstumsziel. Darin sind z. B. auch Unfall- und Krankheitskosten sowie Kosten der Beseitigung von Umweltschäden enthalten, aber jede private Leistung, z. B. das Waschen, Kochen, Putzen einer Hausfrau (oder eines Hausmanns) werden nicht erfasst.

Das BIP kann verwendet werden für Konsum, Investitionen und Staatsverbrauch sowie dem Außenbeitrag. Der *Außenbeitrag* stellt die Differenz aus Exporten und Importen dar.

Exporte und Importe gehören in der Zahlungsbilanz zur *Leistungsbilanz*. Ferner gibt es die *Kapitalbilanz*, sie erfasst Kapitalexporte und Kapitalimporte.

Man spricht von einer *aktiven Zahlungsbilanz* (Zahlungsbilanzüberschuss), wenn die Zahlungsmittelzuflüsse aus Güterexporten und Kapitalimporten größer sind als die Zahlungsmittelabflüsse aus Güterimporten und Kapitalexporten.

Man spricht von einer *passiven Zahlungsbilanz* (Zahlungsbilanzdefizit), wenn die Zahlungsmittelzuflüsse aus Güterexporten und Kapitalimporten kleiner sind als die Zahlungsmittelabflüsse aus Güterimporten und Kapitalexporten.

Recherche-Empfehlung

Das ist alles, was Sie zur Volkswirtschaftlichen Gesamtrechnung (VGR) und zur Zahlungsbilanz wissen müssen. Auf der Website der Deutschen Bundesbank (www.deutsche-bundesbank.de) finden Sie aktuelle Monatsberichte und darin aktuelle Zahlen zu allen oben genannten Begriffen, auch weitere Statistiken, z. B. zu Staatsverschuldung und Steueraufkommen.

Aufgabe VGR

Sie haben die folgenden Zahlen der Volkswirtschaftlichen Gesamtrechnung gegeben. Ermitteln Sie das Bruttoinlandsprodukt und das Volkseinkommen (alle Angaben in Mrd. Euro)!

Privater Konsum	240	Auslandseinkommen der Inländer	25
Brutto-Investitionen	270	Inlandseinkommen der Ausländer	15
Staatsausgaben	130	Abschreibungen	200
Exporte	50	Produktion- und Importabgaben	70
Importe	30	Subventionen	30

Lösung:
Bruttoinlandsprodukt $= 240 + 270 + 130 + 50 - 30 = 660$.
Volkseinkommen $= 660 - 15 + 25 - 200 - 70 + 30 = 430$.

Bearbeitungshinweise

In der WiSo-Prüfung kommt keine solch umfangreiche Aufgabe, aber verschiedene Teilaspekte daraus können durchaus gefragt werden. Vollziehen Sie die Lösung anhand der oben genannten Berechnungswege nach und üben Sie, indem Sie sich weitere Aufgaben ausdenken und diese hin und her rechnen!

Eine mögliche Erweiterung oder Variation einer Aufgabe wie der vorstehenden ist, dass Sie die Abgabenquote und die Staatsquote ausrechnen sollen. Die *Abgabenquote* ist der Anteil der Steuern und Sozialbeiträge am Bruttoinlandsprodukt, und die *Staatsquote* ist der Anteil der Staatsausgaben am Bruttoinlandsprodukt.

Ferner gibt es die *Lohnquote*, das ist der Anteil der Einkommen aus unselbstständiger Arbeit am Volkseinkommen, und die *Sparquote* als Anteil des Sparvolumens der Haushalte am Volkseinkommen. Für eine Berechnung finden Sie in den Aufgaben die notwendigen Zahlen vor. Es können aber dazu auch Textaussagen kommen, wie z. B.: Durch eine Zunahme an Existenzgründungen ist die Lohnquote gesunken. Oder: Im wirtschaftlichen Aufschwung sinkt die Sparquote, da mehr konsumiert wird. Beide Aussagen sind richtig!

Aufgabe Abgabenquote und Staatsquote

Sie erhalten zusätzlich zu den oben gemachten Zahlenangaben die Information, dass die gesamten Steuern und Sozialbeiträge des betrachteten Jahres 220 Mrd. € betragen. Ermitteln Sie anhand der Ihnen gegebenen Zahlen die Abgabenquote und die Staatsquote!

Lösung:

Die Abgabenquote beträgt 33,33 % und die Staatsquote 19,7 %.

Sie haben in der WiSo-Prüfung eine passende Anzahl an Kästchen für Ihre Lösung vorgegeben; runden Sie kaufmännisch. Wenn Ihr Berechnungsergebnis nicht in die Kästchen passt, haben Sie sich verrechnet!

[www.grin.com/de/e-book/171403/begriffe-und-konten-der-volkswirtschaftlichen-gesamtrechnung]

1.4.3 Wirtschaftspolitik

In der *Sozialen Marktwirtschaft* greift der Staat mitunter massiv in das Wirtschaftsgeschehen ein. Wir müssen hier nun der Frage nachgehen, warum er dies tut und mit welchen Mitteln. Es gibt dazu drei Themengebiete, mit denen wir uns auseinandersetzen müssen: [BWL für IT-Berufe 2.2]

Wettbewerbspolitik

Wichtig für das Funktionieren des Preismechanismus ist, dass keiner der Marktteilnehmer in die Lage gerät, Marktmacht missbräuchlich auszuüben. Deshalb gibt es das Kartellgesetz und daraufhin das *Kartellamt*, das eine Missbrauchsaufsicht führt. Besuchen Sie die Website des Bundeskartellamts, dort finden Sie aktuelle Fälle (www.bundeskartellamt.de). Die allgemeine Regel ist, dass jedwedes *Missbrauchen von Marktmacht* verboten ist. Mit dieser Regel können Sie alle Aufgaben zum Thema Wettbewerbspolitik lösen.

Stabilitätsgesetz

Das zweite Gebiet ist die Stabilitäts- oder Konjunkturpolitik: Als *Konjunktur* bezeichnet man die zyklische Schwankung der Wirtschaftstätigkeit. Zunächst erwartet man von Ihnen die Kenntnis der vier Phasen des *Konjunkturzyklus*: Aufschwung, Boom (Hochkonjunktur), Abschwung (Rezession) und Depression.

Der Staat versucht, steuernd auf diese Schwankung einzuwirken, dazu wurde 1967 das *Stabilitätsgesetz* verabschiedet, dass vier stabilitätspolitische Ziele enthält, das *„Magische Viereck"*. In der Prüfung taucht es als „Magisches Sechseck" auf, die Ziele sind (Tab. 1.8):

Die letzten beiden Ziele haben mit der Konjunkturpolitik nichts zu tun, werden aber im Zusammenhang mit den „magischen Zielen" genannt. Magisch heißen diese Ziele deshalb, weil es schier unmöglich ist, alle Ziele gleichzeitig zu verfolgen, es ergeben sich Zielkonflikte.

Europäische Zentralbank

Das dritte Themengebiet staatlicher Wirtschaftspolitik klang in den Zielen des magischen Sechsecks bereits an. Hin und wieder gibt es eine Aufgabe zum *Instrumentarium der Europäischen Zentralbank*. Sie müssen wissen, dass die EZB politisch unabhängig ist und auch gegen die nationalen Regierungen ihre Politik verfolgen kann, die sich vor allem auf die *Preisniveaustabilität* und das *Zahlungsbilanzgleichgewicht* richtet.

1. Aufgabe Konjunkturpolitik

Die Bundesregierung plant, die degressiven Abschreibungssätze zu erhöhen. Wie wird sich diese Maßnahme auf das Verhalten der Wirtschaftssubjekte auswirken?

1. Die Unternehmer werden weniger investieren, weil sich die Möglichkeiten zum Steuersparen verschlechtert haben.
2. Die Unternehmer werden vermehrt andere Formen der Abschreibung wählen, um die steuerliche Benachteiligung durch diese Maßnahme auszugleichen.
3. Diese Maßnahme wird wegen des Steuerspareffekts die Investitionstätigkeit anregen.
4. Die Investitionstätigkeit wird durch diese Maßnahme nicht beeinflusst, weil insgesamt mehr gespart wird.
5. Die Investitionstätigkeit wird durch diese Maßnahme nicht beeinflusst, weil insgesamt mehr konsumiert wird.

Lösung und Bearbeitungshinweise

Machen Sie sich zunächst keine Gedanken um das Wörtchen „degressiv"! Der Schlüssel zur Lösung der Aufgabe ist, dass eine Erhöhung der Abschreibungssätze niedrigere Gewinne und damit *geringere Steuerbelastungen* bewirkt; dies ist ein *Anreiz* für die Unternehmen, mehr zu investieren. Prüfen Sie daraufhin alle Aussagen durch, die einzig sinnvolle ist die (3)!

Tab. 1.8 Stabilitätsgesetz

1.   Hoher Beschäftigungsstand
Das Ziel, eine möglichst geringe Anzahl von Arbeitslosen zu erhalten, kann mit Hilfe von nachfrageorientierter oder angebotsorientierter Wirtschaftspolitik angestrebt werden: **Nachfrageorientierung:** Der Staat ersetzt fehlende private Nachfrage auf den Märkten, bis diese wieder anspringt. **Angebotsorientierung:** Der Staat schafft durch Abbau staatlicher Beschränkungen mehr Freiheit für die Unternehmen.
2.   Preisniveaustabilität
Stabile Preise sind wichtig, damit der Preismechanismus seine Lenkungsfunktion gut ausüben kann. Über die *Steuerung der Geldmenge* versucht die Europäische Zentralbank, das allgemeine Preisniveau stabil zu halten. Sie verändert dazu die *Zinssätze*, zu denen Geschäftsbanken sich bei ihr Liquidität verschaffen können. Ist die gesamtwirtschaftliche Nachfrage größer als das Angebot, bremst die Zentralbank die Inflationstendenz, indem sie die Geldmenge verknappt. Dazu erhöht sie die Zinsen. Ist die gesamtwirtschaftliche Nachfrage kleiner als das Angebot, dreht sie den Geldhahn auf, d. h. sie senkt die Zinsen.
3.   Stetiges und angemessenes Wirtschaftswachstum
Hinter dem Wachstumsziel steckt das *Wohlstandsziel*, denn ein großer Güterreichtum bedeutet nach allgemeiner Auffassung ein hohes Wohlstandsniveau für die Gesellschaft. Die *Maßgröße* für das Wachstum ist die Zunahme des Bruttonationaleinkommens oder des *Bruttoinlandsprodukts*.
4.   Außenwirtschaftliches Gleichgewicht
Ist die *Zahlungsbilanz* über längere Zeit *„passiv"* (siehe oben!), dann führt dies zu einem mitunter gefährlichen Abfluss von Devisen, d. h. ausländischen Zahlungsmitteln, die benötigt werden, um Waren zu importieren und Auslandsschulden zu bedienen. Aber auch eine *„aktive"* Zahlungsbilanz hat so ihre Gefahren, denn ein übermäßiger Zahlungsmittelzufluss aus dem Ausland nährt die inländische Inflation. Ferner wirken sich beide Probleme auf die Stabilität des Euro aus. Deshalb ist es das Ziel, die Zahlungsbilanz *ausgeglichen* zu halten.

Tab. 1.8 (Fortsetzung)

5. Umweltschutz
Seit den 70er Jahren schon ist die *Umweltverschmutzung* und die *Ausbeutung der Ressourcen* der Erde ein Thema, das mehr und mehr Einfluss auf staatliches Handeln gewonnen hat. Denken Sie in Bezug auf Maßnahmen des Staates an das *TCO-Prüfsiegel* oder den grünen Punkt, das Immissionsschutzgesetz, etc.
6. Gerechte Einkommensverteilung
Es ist das „soziale" an unserer Marktwirtschaft, dass es eine *staatliche Umverteilung* zugunsten wirtschaftlich Benachteiligter gibt. Maßnahmen sind Kindergeld, die Sozialversicherung und der progressive Einkommensteuertarif, der bewirkt, dass je höher das Einkommen ist, umso höher auch der Anteil an abzuführender Einkommensteuer.

2. Aufgabe Konjunkturpolitik

Im Rahmen der staatlichen Wirtschaftspolitik soll in einer Phase der Hochkonjunktur (Boom) versucht werden, die Konjunkturentwicklung zu dämpfen. Welche zwei staatlichen Maßnahmen sind geeignet, dieses Ziel zu erreichen?

1. Erhöhung der degressiven Abschreibungsmöglichkeiten
2. Senkung der staatlichen Ausgaben
3. Erhöhung der Einkommensteuersätze
4. Gewährung von Investitionszulagen
5. Verminderung der Körperschaftsteuersätze
6. Aufnahme zusätzlicher staatlicher Kredite

Lösung und Bearbeitungshinweise

Schauen Sie sich zu dieser Aufgabe noch einmal die Verwendungsrechnung des Bruttoinlandsprodukts (siehe oben!) an: Die *Staatsausgaben* (2) sind ein Teil des BIPs, werden sie gesenkt, wird die Wirtschaft gebremst. Und höhere *Steuern* (3) ziehen Geld aus der privaten Wirtschaft und bremsen damit ebenso. Überprüfen Sie aber auch die anderen Aussagen, führen sie zu einer Belebung der Wirtschaft? Argumentieren Sie, weshalb!

Aufgabe Einkommensverteilung

Die Bundesregierung plant Maßnahmen zur Absicherung sozial schwacher Mitbürger. Stellen Sie fest, welche der folgenden Maßnahmen dieser Zielsetzung dient und im Rahmen der sozialen Marktwirtschaft realisierbar ist!

1. Einführung eines Höchstlohns für Nachtarbeiter
2. Erhöhung des Kindergeldes
3. Preisstopp für Benzin für Berufspendler

4. Erhöhung des Mehrwertsteuersatzes auf 26 %

5. Abschaffung des Kinderfreibetrags bei der Einkommensteuer

Lösung und Bearbeitungshinweise

Hier ist, wie oben bei den Schutzgesetzen, der Ausgangspunkt Ihrer Überlegungen, wer die sozial Schwachen sind: Das sind die kinderreichen Familien mit geringem Einkommen! Also kann nur *Aussage* (2) richtig sein. Nachtarbeiter und Berufspendler sind nicht an sich bereits benachteiligt, und die Maßnahmen (4) und (5) belasten die sozial Schwachen eher als andere Bürger.

Aufgabe Geldpolitik

Die Europäische Zentralbank (EZB) erhöht die Leitzinssätze. Prüfen Sie, welches Ziel die EZB damit verfolgt!

1. Die Förderung der Kreditaufnahme der privaten Haushalte

2. Eine Erhöhung der nachfragewirksamen Geldmenge

3. Eine Abwertung des Euros zur Belebung der Exportwirtschaft

4. Eine Stabilisierung des Preisniveaus

5. Eine Vermeidung von Kursschwankungen am Aktienmarkt

Lösung und Bearbeitungshinweise

Eine Erhöhung der Zinsen macht es für die Kreditinstitute teurer, sich bei der EZB *Liquidität* zu verschaffen, weshalb deren Kredite an die Unternehmen und Haushalte teurer werden. Das hat einen dämpfenden Effekt auf die wirtschaftliche Aktivität, dient also dem Ziel der *Inflationsbekämpfung* (Preisniveaustabilität). *Aussage* (4) ist richtig.

Auf die *Aktienmärkte* nimmt die EZB nicht direkt Einfluss, und Kursschwankungen an den Aktienmärkten sind ein guter Indikator für die wirtschaftliche Lage. Auf den Euro versucht die EZB allerdings steuernd einzuwirken, allerdings erreicht sie eine *Abwertung* nicht über eine Variation des Zinses, sondern indem sie *Devisen* (z. B. Dollar) am Devisenmarkt kauft und damit Euro verkauft. Eine Abwertung hat eine Verstärkung der Inflation zur Folge, da Waren aus dem Eurogebiet für ausländische Nachfrager günstiger werden.

Aufgabe Zahlungsbilanz

Ein anhaltendes Zahlungsbilanzdefizit soll beseitigt oder zumindest abgeschwächt werden. Prüfen Sie, welche staatliche Maßnahme hierzu geeignet ist!

1. Aufhebung von Importkontingenten

2. Einführung von Importkontingenten

3. Senkung von Importzöllen

4. Streichung von Ausfallbürgschaften für Exporte

5. Abschaffung von Steuererleichterungen

Lösung und Bearbeitungshinweise

Gehen Sie an eine solche Aufgabe mit der Überlegung heran, dass ein Defizit der Zahlungsbilanz bedeutet, die *Importe* sind höher als die *Exporte*. Alle Maßnahmen, die die Importe beschränken und die Exporte fördern, sind daher geeignet.

Importkontingente beschränken die Importe, (2) ist die richtige Lösung. Ausfallbürgschaften und Steuererleichterungen fördern die Exportwirtschaft; sie abzuschaffen, verschlimmert demnach das Defizit der Zahlungsbilanz.

[www.grin.com/de/e-book/171628/unterrichtsskript-volkswirtschaftslehre]

Geschäftsprozesse und betriebliche Organisation

Zusammenfassung

Das Wichtigste: Geschäftsprozesse kennen und analysieren können

Der Begriff „Geschäftsprozess" ist einer der bedeutendsten Begriffe in Ihrer Ausbildung überhaupt. Die *Geschäftsprozesse* in einem Unternehmen zu *kennen* und zu *verstehen*, ist mit die wichtigste Voraussetzung für wirtschaftlichen *Erfolg* des Unternehmens. Wer seine Geschäftsprozesse kennt, weiß auch, wie er seinen Betrieb organisiert, und zwar so organisiert, dass alle Geschäftsprozesse *zielorientiert*, d. h. erfolgreich, ablaufen.

2.1 Prüfungsrelevanz des Lernfelds

Hier ergibt sich der erste Unterschied zwischen den verschiedenen Berufsbildern. Für *Fachinformatiker* und *IT-Systemelektroniker* sind hier „nur" *Grundlagenkenntnisse* erforderlich, von IT-Systemkaufleuten und IT-Kaufleuten wird eine tiefergehende Kenntnis organisatorischer Abläufe im Unternehmen erwartet (siehe 2.5). [BWL für IT-Berufe 2.5]

Sowohl das Thema „Geschäftsprozesse" als auch das Thema „Organisation" sind für den kaufmännischen Prüfungsteil der schriftlichen Prüfung besonders wichtig. Sie sollten in der Lage sein, ein einfaches *Organigramm* zu zeichnen oder ein vorgegebenes zu interpretieren. Dies bedeutet auch, dass Sie sich in den Möglichkeiten der *Aufbauorganisation* auskennen. Ferner sollten Sie *Geschäftsprozesse*, d. h. Vorgänge im Unternehmen, beschreiben können und die Vorgehensweise zur *Verbesserung* und *Kontrolle* von Geschäftsprozessen gedanklich beherrschen. Und gerade für die Gestaltung und Implementierung von Hard- und Software, für die Administration von Netzwerken und Zuweisung differenzierter Benutzerprofile, aber auch für die Entwicklung von IT-Produkten haben grund-

© Springer Fachmedien Wiesbaden 2014
M. Wünsche, *Prüfungsvorbereitung für IT-Berufe,*
DOI 10.1007/978-3-658-04414-5_2

legende organisatorische Kenntnisse eine entscheidende Bedeutung. Daher werden in den Prüfungen immer wieder praxisorientierte Aufgaben zu diesem Thema gestellt.

2.2 Übersicht Lernfeldinhalte

Die folgende Abbildung zeigt die im Rahmenlehrplan für Fachinformatiker und IT-Systemelektroniker festgelegten Inhalte des Lernfelds. Weiter unten (siehe 2.5) finden Sie den in der Gliederung identischen, nur inhaltlich detaillierter ausgestalteten Rahmenlehrplan für IT-Systemkaufleute und IT-Kaufleute (Tab. 2.1).

Die Übersicht zeigt, wie sehr Wert darauf gelegt wird, dass Sie die grundlegenden Vorgänge in einem Betrieb kennen und beschreiben können. Hier können Sie sich schon den Begriff der „*Wertschöpfungskette*" einprägen! Die Rohstoffe und Vorprodukte werden von den Lieferanten geliefert, im Betrieb wird durch Kombination dieser Faktoren ein Produkt hergestellt, i. d. R. mit einer Wertsteigerung verbunden. Das erstellte Produkt ist mehr wert als die Summe der dazu verwendeten Vorprodukte und der in seine Herstellung eingesetzten Arbeitsleistung. Deshalb spricht man von Wertschöpfung. Das Produkt wird an den Kunden ausgeliefert. Um all diese Vorgänge oder Prozesse effizient durchführen zu können, braucht das Unternehmen eine durchdachte Organisation.

2.3 Grundbegriffe Organisation

Als *Organisation* wird zum einen die *Struktur* eines Unternehmens bezeichnet, seine Gliederung in verschiedene Bereiche sowie festgelegte allgemeine Regeln, damit das arbeitsteilige Vorgehen und Zusammenwirken verschiedener Personen und Unternehmensbereiche möglichst erfolgreich funktioniert.

Als Organisation wird aber auch die *Tätigkeit* des Organisierens, also die Gestaltung der Unternehmensstruktur, bezeichnet. In diesem Sinne wird in der kaufmännischen Ausbildung von Organisation gesprochen. Es werden dabei zunächst die Aufbauorganisation und die Ablauforganisation unterschieden:

Tab. 2.1 Übersicht Rahmenlehrplan zu Lernfeld 2

Analyse von Geschäftsprozessen		
Geschäftsprozesse gestalten		
prozessorientierte Ablauforganisation	prozessgebundene betriebliche Grundfunktionen	prozessunabhängige betriebliche Querschnittsfunktionen
Geschäftsprozesse kontrollieren: Erfolgsindikatoren		

Aufbauorganisation

Aufbauorganisation ist Schaffung einer hierarchischen Struktur durch Zuordnung von *Aufgaben*, *Kompetenzen* und *Verantwortung* zu einer *Stelle*.

Stelle

Die Stelle ist die *kleinste organisatorische Einheit*, charakterisiert durch *Aufgaben*, *Aufgabenträger* und *Sachmittel*. Sie wird gebildet durch Aufgabenanalyse und Aufgabensynthese. *Aufgabenanalyse* bedeutet, dass zunächst alle für den Unternehmenserfolg wichtigen Tätigkeiten (= Aufgaben = Funktionen) erfasst und aufgegliedert werden (Analyse = griechisch für Zerlegung). In einem zweiten Schritt wird versucht, diese vielfältigen Teilaufgaben sinnvoll zu *Bündeln* zusammenzustellen, die den einzelnen dafür zu bildenden Stellen zugeordnet werden können. Dies ist dann die *Aufgabensynthese* (Synthese = griechisch für Zusammenbau).

Sind jeder Stelle *Aufgabenbündel*, d. h. verschiedene von dem Stelleninhaber zu leistende Tätigkeiten, zugeordnet worden, muss ein geeigneter Stelleninhaber gefunden werden, der diese Stelle innehaben kann. Vergleichen Sie hierzu die *Stellenbeschreibungen* in Zeitungsanzeigen und auf Internet-Portalen. Der Bewerber muss ein bestimmtes *Fähigkeitenprofil* aufweisen, um die Stelle bekleiden zu können. Ferner werden ihm *Entscheidungskompetenz* und *Verantwortung* zugewiesen, d. h. er darf die für seine Aufgaben notwendigen Entscheidungen treffen, muss jedoch auch für Fehlentscheidungen gerade stehen.

Instanz

Eine Instanz ist eine *Stelle mit Leitungsbefugnis*, angefangen beim Vorarbeiter bis hin zum obersten Management. Eine schwierige Entscheidung in der Organisation ist, wie die *Leitungsstruktur*, die Struktur der Weisungsbeziehungen, im Unternehmen ausgestaltet werden soll. Als *Leitungsbreite* bezeichnet man die Anzahl der untergeordneten Stellen pro Instanz, als *Leitungstiefe* die Anzahl der Hierarchieebenen in einem Unternehmen.

Für die *Struktur der Weisungsbeziehungen* gibt es die folgenden Gestaltungsmöglichkeiten:

Ein-Linien-System

Im Ein-Linien-System hat jeder Mitarbeiter immer nur *einen direkten Vorgesetzten*. Das ist das klassische Organisationsmodell, nachteilig sind hier längere „*Instanzenwege*" und eventuell eine *Überlastung der Vorgesetzten*, wenn alles über ihre Schreibtische laufen muss (vgl. dazu auch die Hierarchieformen weiter unten!).

Mehr-Linien-System

Das Mehr-Linien-System bedeutet, es gibt Mitarbeiter, die zwei oder *mehrere Vorgesetzte* haben. Dies ist häufig anzutreffen bei *IT-Support-Abteilungen*. Hier hat der Mitarbeiter gelegentlich mit dem Problem zu kämpfen, dass von beiden Vorgesetzten Anforderungen eingehen, die sehr dringend und sofort zu erledigen sind, wodurch eine *Überlastung des untergeordneten Mitarbeiters* eintreten kann.

Stab-Linien-System

Im Stab-Linien-System werden den Instanzen *Stäbe* zugeordnet, das sind Personen (Assistenten) oder ganze Abteilungen, die ausschließlich *Beratungs- und Entscheidungsvorbereitungsaufgaben* haben. Hier besteht die Gefahr, dass der Vorgesetzte selbst den Überblick verliert und sich Entscheidungen diktieren lässt. *Rechnungswesen/Controlling* und die *Personal-Abteilung* sind typische Stabsabteilungen.

Projekt

Als Projekt wird die *zeitlich begrenzte Zusammenarbeit* von Stelleninhabern unterschiedlicher Teilbereiche bezeichnet, um *besondere Probleme* zu lösen. Das Thema *Projektmanagement* wird detaillierter in Lernfeld 3 behandelt. Die betriebliche Projektarbeit für Ihre mündliche Prüfung bezieht sich auf dieses Organisationsmodell.

Ablauforganisation

Bei der Ablauforganisation geht es darum, die Abläufe im Unternehmen so zu gestalten, dass alle Arbeitsgänge lückenlos aufeinander abgestimmt sind. Dazu ist es insbesondere erforderlich, die *Schnittstellen* zwischen den einzelnen Stellen und Abteilungen gut zu *definieren* und die *Kompetenzen* klar *abzugrenzen*.

Abteilung

Eine Abteilung besteht aus einer *Instanz* (dem Abteilungsleiter) *und mehreren weiteren Stellen*. Andere Stellenmehrheiten sind: Arbeitsgruppen, Workshops, Ausschüsse, Teams, Konferenzen.

Bei der Abteilungsbildung ist zunächst zu entscheiden, wie das gesamte Unternehmen strukturiert sein soll. Man beginnt dabei mit der zweiten Hierarchieebene von oben, also direkt nach der Geschäftsleitung Es gibt dazu *drei Grundmodelle*: die funktionale, die Sparten- und die Matrixorganisation.

Funktionale Organisation

Die Funktionale Organisation ist eine *verrichtungsorientierte Einlinienorganisation* mit einer Tendenz zur *Entscheidungszentralisation*. Folgendes *Organigramm* zeigt den Aufbau der ersten und zweiten Hierarchieebene:

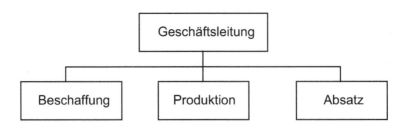

In der Funktionalorganisation gelten *ungeteilte Weisungskompetenzen*, d. h. Weisungen werden jeweils nur von einem Vorgesetzten erteilt (*Einheit der Auftragserteilung*). Zwischen den Funktionen existieren zahlreiche produkt- und marktbezogene Abhängigkeiten, daraus ergeben sich vielfältige Koordinationsaufgaben. Die Unternehmensspitze muss in starkem Maße eingreifen, um eine Abstimmung der Teilprobleme und -ziele vorzunehmen (Tendenz zur Zentralisation).

Folgende Tabelle gibt einen Überblick über mögliche Funktionen, die bei der funktionalen Organisation berücksichtigt werden können (Tab. 2.2).

Die *Leistungsfunktionen* kann man auch als *Grundfunktionen*, die *Leitungs- und Verwaltungsfunktionen* als *Querschnittsfunktionen* bezeichnen. Die Darstellungen der Funktionen sind jedoch nicht einheitlich definiert, weichen also in verschiedenen Lehrbüchern voneinander ab.

Sparten-Organisation

Bei größeren Unternehmen wird vor die funktionale Ebene eine weitere Hierarchie-Ebene eingeschoben. Man spricht von der divisionalen oder *objektorientierten Einlinienorganisation* mit einer Tendenz zur Entscheidungsdezentralisation. Folgendes *Organigramm* zeigt den Aufbau der ersten und zweiten Hierarchieebene:

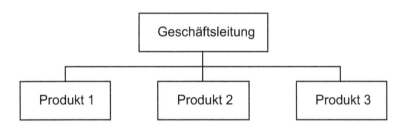

Statt der Produkte können hier auch Produktgruppen, Regionen, oder Kundengruppen gewählt werden. Sparten werden auch als *Divisions* oder *Geschäftsbereiche* bezeichnet.

Tab. 2.2 Übersicht Funktionen

Leitungsfunktionen					
Planung	Steuerung		Überwachung		Marketing
Leistungsfunktionen					
Beschaffung	Transport	Fertigung	Lagerung	Absatz	Forschung und Entwicklung
Verwaltungsfunktionen					
Rechnungswesen	Personal		EDV		allgemeine Verwaltung

Meist sind ihnen nur die *Kernfunktionen* (Produktion und Absatz) untergeordnet, und die anderen Funktionen sind als *Zentralbereiche* organisiert.

Die *Spartenleiter* haben meist eine hohe Dispositionsfreiheit, das kann bis zum *Profit Center* gehen, d. h. die Spartenleiter haben gegenüber der Geschäftsleitung nur noch Gewinnverantwortung.

Matrix-Organisation

Die Matrixorganisation ist ein *Mehr-Linien-System*, eine Kombination aus Funktionaler und Spartenorganisation, sie ist in der Praxis nur äußerst selten anzutreffen. Die Mitarbeiter müssen sich mit einem *Funktionsmanager* und einem *Produkt- oder Regionenmanager* auseinandersetzen. Dies kann zu Konflikten führen, die aber auch eine positive, effizienzsteigernde Wirkung haben können.

Hierarchie

Ein weiteres Entscheidungsproblem in der Gestaltung des Unternehmens ist, wie viel *Entscheidungsfreiheit* den Mitarbeiten auf den verschiedenen Hierarchie-Ebenen gewährt werden soll. Man unterscheidet eher *zentralistische* und eher *dezentralistische* Hierarchien. *Delegation* bedeutet, Entscheidungen vom Vorgesetzten auf Mitarbeiter zu verlagern. *Partizipation* bedeutet, dass der Vorgesetzte die Mitarbeiter an der Entscheidung beteiligt.

Führungsstil

Dazu passt der Begriff „*Führungsstil*": Es gibt hier eine Vielzahl von Möglichkeiten und Begriffen, die sich im Bereich vom *patriarchalischen* Führungsstil (Führung durch Anweisung und Kontrolle bzw. Befehl und Gehorsam) bis zum *kooperativen* Führungsstil (Probleme ausdiskutieren und gemeinsam lösen) bewegen.

Recherche-Empfehlungen

Das war nun bis hierher eine Vielzahl von Begriffen, abgegrenzt auf das, was zum Verständnis von Organisation und für die Prüfung in diesem Bereich wichtig ist. Recherchieren Sie die Begriffe in Ihrem IT-Handbuch, in Lehrbüchern und im Internet und vollziehen Sie nach, wie Ihr Ausbildungsbetrieb organisiert ist.

Welcher Führungsstil herrscht vor? Haben Sie Arbeitsplatzbeschreibungen? Von wie vielen Vorgesetzten nehmen Sie Weisungen entgegen? Wie viele Hierarchie-Ebenen gibt es?

Sie finden auch im Internet *Organigramme* von Unternehmen, die oft sehr komplex sind. Versuchen Sie, anhand der zweiten Hierarchie-Ebene die Grundstruktur der jeweiligen Organisation zu ermitteln. Recherchieren Sie den Begriff „*Funktionshierarchiebaum*" in Ihrem IT-Handbuch und im Internet!

Tab. 2.3 Phasen
Geschäftsprozessoptimierung

1. Prozess visualisieren
2. Prozess analysieren
3. Prozessverbesserung planen
4. Prozessverbesserung durchführen
5. Prozessverbesserung kontrollieren

2.4 Geschäftsprozesse

Praxisbeispiel

Ein Kunde ruft im Unternehmen an. Nach einigen Minuten Verharrens in der Warteschleife gelangt er in die Telefonzentrale. Hier erklärt er zum ersten Mal sein Problem. Er wird zur Verkaufsabteilung durchgestellt. Dort ist die zuständige Person gerade nicht anwesend. Der Kunde versucht, einem anderen Mitarbeiter sein Problem ein zweites Mal zu schildern. Dieser fragt zunächst detaillierter nach, fühlt sich dann aber nicht kompetent und verbindet weiter zur Geschäftsleitung. Hier ergeben sich Rückfragen mit der Einkaufsabteilung, usw.

Prozessorientierung

Prozessorientierung bedeutet die *Abkehr vom Abteilungsdenken* hin zur abteilungsübergreifenden Zusammenarbeit, denn an jeder Schnittstelle zwischen den Abteilungen kommt es zwangsläufig sowohl zu *Zeit-* als auch zu *Informationsverlusten*. Erfolg hat ein Unternehmen, wenn es kundenorientiert handelt, und *Kundenorientierung* ist Prozessorientierung, so dass es nur noch *eine Kunden-Schnittstelle* gibt, an die sich der Kunde wenden kann und die alles weitere für ihn klärt und regelt.

Für die *Umstellung* der Organisation des Unternehmens auf eine Prozessorganisation muss zunächst analysiert werden, welche Abfolgen von Tätigkeiten (= *Prozesse*) innerhalb des Unternehmens erforderlich sind, damit an die Kunden Produkte geliefert bzw. Dienstleistungen für sie erbracht werden können.

Prozessorientierung ist also eine Denkweise, bei der das gesamte betriebliche Handeln als Kombination von Prozessen bzw. Prozessketten betrachtet wird. Ziel der Prozessorientierung ist die *Steigerung der Qualität und Produktivität* im Unternehmen durch ständige Verbesserung der Prozesse unter Einbeziehung von Kunden und Mitarbeitern.

Die *Vorgehensweise* bei der Verbesserung der Geschäftsprozesse lässt sich in folgende *Phasen* einteilen (Tab. 2.3):

Lernhinweis

Prägen Sie sich dieses Phasenkonzept für die Prüfung gut ein. Sie brauchen es als *Denkansatz für jede Geschäftsprozessaufgabe*. Die Aufgaben in der Prüfung richten sich vor allem auf die erste Phase: die grafische Darstellung von Geschäftsprozessen mittels „*Ereignisgesteuerter Prozesskette*" (bzw. Vorgangskettendiagramm, das ist dasselbe), wobei die Aufgaben für IT-Systemkaufleute und IT-Kaufleute komplexer sind als für Fachinformatiker und IT-Systemelektroniker.

Gelegentlich kommt als zweite Aufgabe hinzu, dass Sie *Vorschläge zur Verbesserung* der vorher dargestellten Geschäftsprozesse machen sollen. Hier können Sie mit Ihrem gesundem Menschenverstand arbeiten. Prüfungsziel ist dabei herauszufinden, ob Sie das Prinzip der Geschäftsprozessverbesserung verstanden haben, und jeder einigermaßen sinnvolle Lösungsvorschlag wird als richtig angesehen. Eine „lernbare" Musterlösung gibt es für solche Fragen nicht.

Prozess visualisieren

Als erster Schritt der Geschäftsprozessoptimierung wird eine sogenannte *Prozesslandschaft* erstellt. Das ist eine grobe Übersichtsdarstellung, in der alle Unternehmensprozesse, eingeteilt in Management-Prozesse, Geschäftsprozesse und Supportprozesse, dargestellt werden. *Schlüsselprozesse* sind dabei diejenigen Prozesse, die besonders wichtig für den Unternehmenserfolg sind. Folgende Abbildung zeigt eine erste Grobunterteilung (Tab. 2.4):

Wertkette

Im nächsten Schritt kann eine weitere Aufgliederung der Prozesse in Teilprozesse mittels einer Wertketten-Darstellung erfolgen:

Je nach Komplexität der einzelnen Prozessschritte kann hier eine *weitere Unterteilung in Teilschritte* vorgenommen werden. Die detaillierteste, aber für die weitere Analyse und Verbesserung erforderliche grafische Darstellung erfolgt mittels der *Ereignisgesteuerten Prozesskette*, und die ist prüfungsrelevant.

Ereignisgesteuerte Prozesskette

Es wird von Ihnen erwartet, dass Sie die folgenden *fünf Symbole* richtig anwenden können. Wundern Sie sich aber nicht, wenn Sie im Internet oder in Musterlösungen zu alten Prüfungen „Ungenauigkeiten" dazu finden. Manchmal finden Sie die Symbole untereinander in Spalten angeordnet, oder „wild" verteilt, gelegentlich auch als *Vorgangskettendiagramm* bezeichnet. Wichtig für Ihre Prüfungsleistung ist, die Symbole sinnvoll mit Bezug zur Aufgabenstellung darzustellen.

Organisationseinheit

Wenn Sie in der Aufgabenstellung die Information lesen, welche *Abteilung* oder *Arbeitsgruppe* für eine Aufgabe zuständig ist oder angesprochen wird, dann zeichnen Sie ein *Oval* und schreiben die entsprechende Bezeichnung hinein. Der senkrechte Strich auf der

Tab. 2.4 Übersicht Prozesse

Prozess-Typ	Prozesse
Management-Prozesse	Planung Unternehmenssteuerung Controlling Organisation Personalentwicklung Marketing
Geschäftsprozesse	Anfragebearbeitung Vertragsabschluss Projektabwicklung Lieferung Kundenservice und Wartung
Support-Prozesse	Beschaffung EDV Lagerhaltung Personalverwaltung Buchhaltung

linken Seite ist nicht unbedingt erforderlich. Zwei Striche kennzeichnen eine *externe Einheit*, z. B. einen *Lieferanten* oder *Kunden*.

Ereignis und Funktion

Die beiden wichtigsten Symbole, deren Unterscheidung auch die meisten Schwierigkeiten bereitet, sind *Ereignis* und *Funktion*. Stellen Sie hier immer die Frage: Ist etwas geschehen (= Ereignis) oder handelt es sich um eine Tätigkeit (= Funktion)? Ein *Ereignis* ist *zeitpunktbezogen*, eine *Funktion* ist *zeitraumbezogen*. Und achten Sie beim Funktionssymbol auf die runden Ecken!

Daten

Das *Datensymbol* dient dazu, die für die jeweilige Tätigkeit (Funktion) benötigten oder dabei sich ergebenden Daten aufzunehmen. Es wird als einfaches Rechteck dargestellt. Machen Sie sich nicht zu viele Gedanken, was Sie hier hineinschreiben. Wenn es um einen Kunden geht, schreiben Sie „*Kundendaten*", wenn ein Antrag gestellt wird, „*Antragsdaten*".

```
┌──────────────────┐
│                  │
│       Daten      │
│                  │
└──────────────────┘
```

Verknüpfung

Schließlich gibt es noch die *Verknüpfungsoperatoren*, die Sie benötigen, wenn Sie eine Verzweigung oder Abfrage grafisch darstellen wollen. Fast ausschließlich wird hier das *XOR-Symbol* gebraucht, z. B. um bei den beiden möglichen Ereignissen: „Test erfolgreich" und „Test gescheitert" die beiden weiteren Vorgehensweisen (= Funktionen) darstellen zu können.

UND	Das Symbol im Kreis entspricht dem mathematischen Zeichen für UND. Es wird verwendet, wenn *beide* nachfolgenden Funktionen notwendig sind.
ODER	Das Symbol im Kreis entspricht dem mathematischen Zeichen für ODER. Es wird verwendet, wenn *eine der beiden oder beide* der nachfolgenden Funktionen notwendig sind.
EXKLUSIV-ODER XOR	Dieses Symbol wird verwendet, wenn es zwei sich *gegenseitig ausschließende* Ereignisse gibt, auf die dann verschiedene Tätigkeiten (Funktionen) folgen müssen. Es wird oft mit dem anderen ODER-Zeichen verwechselt.

Verbinden Sie die Symbole mit *Pfeilen*! Grundsätzlich sollte die *Pfeilrichtung* der Richtung des Informationsflusses entsprechen, aber das ist kein Erfolgskriterium für Ihre Prüfungsleistung. Das wichtigste Erfordernis für die Prüfung ist, die Ereignisse und Funktionen richtig zu benennen!

Aufgabe Ereignisgesteuerte Prozesskette

In Ihrem Unternehmen soll im Rahmen einer Geschäftsprozessoptimierung der Teilprozess Mahnwesen analysiert werden. In der Abteilung Rechnungswesen erfahren Sie, dass an festgelegten Tagen eine Überprüfung der offenen Posten anhand der Datei Offene Posten erfolgt. Bei den offenen Posten, bei denen das Zahlungsziel noch nicht überschritten ist, erfolgt keine weitere Bearbeitung. Ist bei einem der Posten das Zahlungsziel überschritten, wird eine Mahnung erstellt und in die Datei eingetragen, dass eine Mahnung versendet wurde.

Erstellen Sie für die weitere Analyse das Ereignisgesteuerte Prozesskettendiagramm für das Mahnwesen!

Lösung:

Lösung:

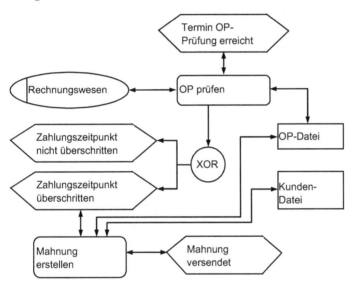

Bearbeitungshinweise

Die Falle bei dieser Aufgabe, weil nicht in der Aufgabenstellung genannt, ist die *Kunden-Datei*, denn um die Mahnung erstellen und versenden zu können, brauchen Sie die Kundendaten.

Wenn Ihnen eine ähnliche Darstellung gelungen ist, vor allem wenn Sie die Symbole richtig verwendet haben, ist die Prüfungsleistung erbracht. Da eine solche Aufgabe wie alle Zeichen-Aufgaben schnell viel Zeit verbraucht, achten Sie hierbei besonders auf Ihr Zeitmanagement.

Prozess analysieren

Zwecks Analyse des Geschäftsprozesses wird ein *Prozessverantwortlicher* (process leader) bestimmt, der ein *Prozessteam* zusammenstellt, am besten aus Mitarbeitern all derjenigen Abteilungen, die an diesem Geschäftsprozess beteiligt sind.

Prozessverbesserung planen, durchführen, kontrollieren

Gemeinsam wird nun überlegt, wie der Prozess zu verbessern ist. Ein Problem dabei ist es, die *Prozess-Verbesserung* zu *implementieren*, d. h. den Übergang von der alten zur neuen Vorgehensweise zu bewältigen. Wenn Sie einmal eine *Server-Migration* miterlebt haben, wissen Sie, wie schwierig so etwas sein kann. Daher muss der Umsetzung eine genaue und detaillierte Planung vorausgehen, z. B. mit Hilfe des Instruments der *Netzplantechnik* (siehe Lernfeld 3). Nachdem die Umsetzung erfolgt ist, muss anhand einer *Erfolgskontrolle* festgestellt werden, welche besonderen Probleme aufgetreten sind. Dies ist vor allem deshalb wichtig, damit zukünftige Geschäftsprozessverbesserungen besser geplant werden können.

Dokumentation und Präsentation

Ganz wichtig ist, dass alle Schritte ausführlich *dokumentiert* und anschließend den Vorgesetzten *präsentiert* werden. Nur durch die Dokumentation können spätere Vorhaben effizienter und schneller geplant und durchgeführt, die Erfahrungen aus früheren Projekten genutzt werden. Wenn es irgend passt, bringen Sie die Begriffe „*Dokumentation*" und „*Präsentation*" in Ihre Antworten in der Prüfung ein!

Recherche-Empfehlung

Recherchieren Sie im Internet nach *Darstellungen von Ereignisgesteuerten Prozessketten* (EPK). Sie werden sehr komplexe Beispiele finden, die so umfangreich in der Prüfung nicht gefragt werden können. Aber eine Analyse schult Ihren Blick dafür.

Versuchen Sie außerdem, selber einfache EPK zu erstellen, von verschiedenen Vorgängen, mit denen Sie in der Praxis zu tun haben. Das können auch Beispiele aus dem privaten Bereich sein, wichtig ist das *Training der Symbole*.

Interessante Beispiele für fehlerhafte Geschäftsprozesse finden sich regelmäßig im c't-Magazin in der Rubrik „Vorsicht Kunde".

2.5 Vertiefende Hinweise für IT-Systemkaufleute und IT-Kaufleute

Der Rahmenlehrplan für IT-Systemkaufleute und IT-Kaufleute zu Lernfeld 2 ist etwas umfangreicher ausgestaltet (siehe nächste Seite), entspricht aber in der Struktur dem Rahmenlehrplan für Fachinformatiker und IT-Systemelektroniker.

Es werden von Ihnen *tiefergehende Kenntnisse der betrieblichen Prozesse* erwartet, in der Prüfung äußert sich dies meist in etwas komplexeren Ereignisgesteuerten Prozessketten *mit stärkerem kaufmännischen Bezug*. Sie werden solche Aufgaben in der ersten der beiden Klausuren, der Fachqualifikation antreffen.

Die *Beziehungen* zwischen *Lieferanten* und dem Unternehmen und insbesondere zwischen dem *Unternehmen* und *Kunden* werden in Lernfeld 8 behandelt. Dort finden Sie

Tab. 2.5 Rahmenlehrplan für IT-Systemkaufleute und IT-Kaufleute

Analyse von Leistungs-, Geld- und Informationsflüssen			
zwischen Lieferanten und Unternehmen	innerhalb des Unternehmens	zwischen Unternehmen und seinen Kunden	
Gestaltung von Geschäftsprozessen			
prozess-orientierte Ablauf-organi-sation	prozessgebundene betriebliche Grund-funktionen, z. B. Marketing und Vertrieb Beschaffung Lagerhaltung Leistungserstellung	prozessunabhängige betriebliche Quer-schnittsfunktionen Informations-wirtschaft Finanzwirtschaft Personalwirtschaft	Formen der Aufbau-organi-sation
Kontrolle von Geschäftsprozessen			
Erfolgsfaktoren		Prozesskosten	

auch das Thema *Marketing und Vertrieb*. Die *Prozesskostenrechnung* sowie *Buchhaltung und Rechnungswesen* gehören in Lernfeld 11 (Tab. 2.5).

Recherche-Empfehlungen

Für das Beschaffungswesen recherchieren Sie das *Bestellpunktsystem* und das *Bestell-rhythmussystem*. Im Bereich Lagerhaltung sollten Sie sich vor allem die verschiedenen *Lagerkennziffern* anschauen. Unterscheiden Sie ferner zwischen verschiedenen *Ferti-gungstypen*: Massen-, Serien-, Sorten- und Einzelfertigung sowie Werkstattfertigung und Fließfertigung.

Beschäftigen Sie sich ferner mit den Grundlagen der *Finanzwirtschaft*, d. h. Inves-titionsbeurteilung und Finanzierungsarten (Innen- und Außenfinanzierung, Eigen- und Fremdfinanzierung, Kreditsicherheiten). In der *Personalwirtschaft* sind vor allem die Personalbedarfsanalyse, Personalbedarfs- und Einsatzplanung, Modelle der Personal-entwicklung und Vergütungs- und Erfolgsbeteiligungssysteme wichtig.

Bedenken Sie bei dieser Begriffsflut jedoch immer, dass in der Prüfung *Grundla-genkenntnisse* gefordert sind. Zeitraum und Umfang der Ausbildung setzen enge Gren-zen in Bezug auf die Frage, wie tief die Prüfungsaufgaben in den Lernstoff hineingehen können.

[www.grin.com/de/e-book/171622/unterrichtsskript-betriebswirtschaftslehre]

Informationsquellen und Arbeitsmethoden

3

Zusammenfassung

Das Wichtigste: Arbeitsaufträge analysieren, Informationen beschaffen, Entscheidungen vorbereiten

Sind Sie in der Lage, einen *Arbeitsauftrag* zu analysieren, *Informationsquellen* zweckgemäß auszuwählen, zu erschließen und gezielt zu nutzen? Können Sie also z. B. den Arbeitsauftrag „Beschaffen und installieren Sie einen geeigneten Drucker!" systematisch durchführen, dazu im Internet recherchieren, die Installationsanleitung lesen und das Gerät einrichten? Sie organisieren Ihre eigene Arbeit bewusst, wenden *Arbeitstechniken* an und arbeiten effizient und kooperativ zusammen! Sie bedienen sich der dem aktuellen Stand entsprechenden Medien, vergleichen Informationsangebote und beurteilen deren *Informationsgehalt* und ihre *Wirtschaftlichkeit*.

Sind Sie in der Lage, Informationen sach- und adressatengerecht aufzubereiten und zu *präsentieren*? Sie organisieren die Informationsbeschaffung selbst und aktualisieren kontinuierlich Ihren jeweiligen Informationsstand. Wie gut beherrschen Sie Textverarbeitung und Präsentationssoftware?

Das sind die Themen, um die es in diesem Lernfeld geht. Information ist *Produktionsfaktor* und *Wettbewerbsfaktor*. Die wichtigste Informationsquelle ist das *Internet*, und gerade aufgrund der chaotischen Informationsfülle im Internet ist die Fähigkeit zur Informationsaufbereitung und -auswertung besonders wichtig.

3.1 Prüfungsrelevanz des Lernfelds

Die Inhalte dieses Lernfelds sind für alle vier Berufe identisch. Hauptsächlich werden die hier relevanten Themen in der mündlichen Prüfung anhand Ihrer *betrieblichen Projektarbeit* beurteilt, aber es gibt auch in den schriftlichen Prüfungen gelegentlich Fragen hier-

© Springer Fachmedien Wiesbaden 2014
M. Wünsche, *Prüfungsvorbereitung für IT-Berufe*,
DOI 10.1007/978-3-658-04414-5_3

Tab. 3.1 Übersicht Rahmenlehrplan zu Lernfeld 3

Arbeitstechniken			
Selbstorganisation der Arbeit		Teamarbeit	
Arbeits- aufträge	Arbeits- pläne	Kommunikations- regeln	Kreativitäts- techniken
Informationsbeschaffung und -verwertung			
Informations- quellen	Eignung von Informationsquellen	Verarbeitung und Aufbereitung von Informationen	
Weitergabe von aufbereiteten Informationen			
Adressatengerechte Präsentationsformen		Dokumente und Dateien	

zu. Dabei lässt sich unterscheiden in eher einfache Fragen zur *Informationsbeschaffung* oder zur *Teamarbeit*, die in andere Aufgaben mit eingebaut werden und die Sie mit Praxiserfahrung und gesundem Menschenverstand gut beantworten können. Es werden aber auch eigenständige Aufgaben mit bestimmten *Arbeitsmethoden* gestellt.

3.2 Übersicht Lernfeldinhalte

Die folgende Abbildung zeigt die im Rahmenlehrplan festgelegten Inhalte des Lernfelds (Tab. 3.1).

Das Gebiet *Arbeitstechniken* umfasst die Selbstorganisation der Arbeit und die Teamarbeit. Bei der *Selbstorganisation der Arbeit* geht es um die Auftragsplanung und -durchführung, das ist sehr praxisbezogen und wird wohl in jedem Betrieb anders gehandhabt. Beim Thema *Teamarbeit* geht es in Prüfungsfragen immer nur darum, die Vorteile der Teamarbeit zu nennen.

Recherche-Empfehlung

Überlegen Sie, wie Sie an einen Ihnen erteilten *Arbeitsauftrag* herangehen. Welche Unterlagen erhalten Sie? Führen Sie *Gesprächsprotokolle*? Welche *Dokumentationen* erstellen Sie? Wie bereiten Sie eine *Präsentation* vor? Zum Thema *Teamarbeit* recherchieren Sie die Vorteile in Ihrem IT-Handbuch! Wenn Sie zu „Team" nichts finden, schauen Sie unter „Arbeitsgruppe".

Die weiteren Themen des Rahmenlehrplans hängen logisch zusammen: Zuerst ermitteln Sie mögliche *Informationsquellen*, dann prüfen Sie diese auf ihre Eignung. Eine wichtige Regel ist, *immer mehrere Quellen* heranzuziehen, damit Sie in Bezug auf die Richtigkeit der Angaben sicher sein können. Dann „schöpfen" Sie die Infor-

mationen aus den Quellen und bereiten sie auf, um sie „*adressatengerecht*" weiterzugeben: mündlich durch eine *Präsentation*, schriftlich in Form von Dokumenten oder
Dokumentationen oder elektronisch als Dateien, also auf USB-Stick, CD-ROM, DVD,
über ein internes Netzwerk (Intranet), per E-Mail oder über das Internet, z. B. auf die
Website oder in die Cloud.

Im Folgenden werden die für die schriftliche Prüfung relevanten Aufgabenthemen vorgestellt und an Beispielaufgaben erläutert. Wichtig ist zunächst das gesamte Gebiet des
Projektmanagements (inklusive Lastenheft und Pflichtenheft), das Sie auch für Ihre betriebliche Projektarbeit grundlegend beherrschen sollten. Dann gibt es Prüfungsfragen
zu *Planungs- und Entscheidungsverfahren*: Nutzwertanalyse, Entscheidungstabelle und
Netzplantechnik. Zum Schluss erhalten Sie einen Überblick über das Thema *Dokumentation und Präsentation*. Dies sind für die Prüfung insbesondere deshalb wichtige Themen,
weil sich die betriebliche Praxis oft keine Zeit dafür nimmt.

3.3 Projektmanagement

Der Anwendungsbereich des Projektmanagements ist sehr vielfältig, das kann von der
Entwicklung einer Software, über eine *Server-Migration* bis hin zur *Umstrukturierung des
gesamten Unternehmens* reichen.

Als *Projekt* wird die zeitlich begrenzte *Zusammenarbeit* von Stelleninhabern unterschiedlicher Teilbereiche bezeichnet, um *besondere Probleme* zu lösen. Projekte sind *zeitlich begrenzt* und haben meist einen definierten Anfangs- und Endtermin.

Lastenheft und Pflichtenheft

Die wichtigsten Instrumente der Projektplanung sind das Lastenheft und das Pflichtenheft.
Die Begriffe werden in der Praxis allerdings nicht einheitlich verwandt und oft miteinander
verwechselt. Bei einem *fremdvergebenen Projekt* erstellt der Auftraggeber ein *Lastenheft*,
das Bestandteil der Ausschreibung ist. Der potentielle Auftragnehmer erstellt daraufhin
ein *Pflichtenheft*, das als *Angebot* dem Auftraggeber eingereicht wird. Das Pflichtenheft
kann also als detaillierter und umsetzungsbezogener ausgestaltetes Lastenheft begriffen
werden. Aus den verschiedenen eingereichten Pflichtenheften wird mittels *Nutzwertanalyse* (siehe unten!) das optimale ausgewählt. Es ist dann *Bestandteil des Vertrags* und kann
bei späteren Problemen als *Beweismittel* herangezogen werden.

Die zeitliche Planung eines Projekts kann mittels *Netzplantechnik* vorgenommen werden, dies empfiehlt sich vor allem bei komplexeren Projekten mit vielen gegenseitigen
Abhängigkeiten. Die *Netzpläne* gehören wie alle anderen Dokumentationen *in das Pflichtenheft* mit hinein.

Tab. 3.2 Phasen Projektmanagement

Ist-Analyse
Soll-Konzeption
Durchführungsplanung
Durchführung
Ergebnis

Recherche-Empfehlung

Erkundigen Sie sich in Ihrem Ausbildungsbetrieb nach Lastenheften und Pflichtenheften und recherchieren Sie die Begriffe in Ihrem IT-Handbuch und im Internet.

Als grundlegendes Schema für die Vorgehensweise bei der Projektplanung können Sie nachstehendes *Grobkonzept* anwenden, auch für Ihre betriebliche Projektarbeit (Tab. 3.2):

Ist-Analyse
Zunächst wird die *Problemstellung*, die zu dem Projekt geführt hat, schriftlich erfasst und die *Ist-Situation* analysiert, z. B. vorhandene Rechner-Ausstattung oder gegebene Organisationsstruktur, derzeitige Ausgestaltung eines zu verbessernden Geschäftsprozesses. Hilfreich ist hierbei die Anwendung grafischer Methoden, wie z. B. die *Ereignisgesteuerte Prozesskette.*

Auf die Ist-Analyse sollte ausreichend Zeit verwandt werden, denn eine detaillierte Analyse der gegebenen Situation erleichtert zum einen die *Festlegung der Ziele*, zum anderen die *Durchführung* des Projekts erheblich. In der Praxis kommt es gerade aufgrund einer nicht ausreichend genau durchgeführten Ist-Analyse bei der Durchführung zu Problemen, die Zeit und Geld kosten.

Soll-Konzeption
In der Soll-Konzeption werden die *Ziele des Projekts* festgelegt und wie diese Ziele erreicht werden sollen, z. B. welche Leistungsmerkmale die neuen Rechner haben sollen oder welche Verbesserungen in der Organisation erreicht werden sollen. In dieser Phase kann auch mittels betriebswirtschaftlicher Analysemethoden wie z. B. *Kosten-Nutzen-Analyse* die Sinnhaftigkeit bestimmter Ziele überprüft werden.

Die Soll-Konzeption dient nach Abschluss des Projekts als Instrument für die *Erfolgskontrolle*, d. h. ob die gesetzten Ziele erreicht worden sind und, wenn nicht, woran dies gelegen hat.

Wird das Projekt *fremdvergeben*, kann die *Angebotsauswahl* mit in die Soll-Konzeption aufgenommen oder als eigener Gliederungspunkt behandelt werden.

Durchführungsplanung
Hier werden die einzelnen *Maßnahmen zur Zielerreichung* und die genaue Vorgehensweise inklusive *Zeitplanung*, *Kapazitätsplanung* und *Kostenplanung* festgelegt. Bei selbst

durchgeführten Projekten fällt die Durchführungsplanung naturgemäß umfangreicher aus als bei Fremdvergabe. Wichtig ist, dass alle von dem Projekt betroffenen Abteilungen und Mitarbeiter von den sie betreffenden Maßnahmen in Kenntnis gesetzt werden.

Durchführung

Die Durchführung der geplanten Maßnahmen erfolgt, soweit möglich, *anhand der Planungsunterlagen*. In der Praxis gelingt dies fast nie, denn das große Problem der Planung ist, dass unvorhergesehene Ereignisse oder Schwierigkeiten nicht geplant werden können. Wichtig ist daher bei der Durchführung eine möglichst genaue schriftliche Dokumentation aller Vorgänge und Ereignisse, damit nach Abschluss der Durchführung genügend Informationen zur Bewertung des Projekts und zur Verbesserung der Planung zukünftiger Vorhaben vorliegen.

Ergebnis

Ein *Soll-Ist-Vergleich* anhand der Soll-Konzeption zeigt, ob die angestrebten Ziele erreicht worden sind. Das Ergebnis muss *dokumentiert und* den Entscheidungsträgern *präsentiert* werden. Es kommt zwangsläufig zu *Soll-Ist-Abweichungen*, deren Analyse wichtige *Informationen* für zukünftige Planungen liefert, aber auch *Rechtfertigungsgründe* für das Scheitern eines Projekts bieten. Das Ergebnis sollte auch die Formulierung von *Zukunftsperspektiven* oder bei Teilprojekten die Erläuterung der *Schnittstellen* zu anderen Projekten enthalten.

Lernhinweis

Prägen Sie sich das vorstehende *Grobschema des Projektmanagements* ein und wenden Sie es auf Ihre betriebliche Projektarbeit an. Betrachten Sie das Schema aber nicht als unumstößlich, sondern als Denkanstoß, und passen Sie es Ihren Erfordernissen an. Recherchieren Sie, wie in Ihrem Ausbildungsbetrieb Projekte gehandhabt werden, und vergleichen Sie diese Vorgehensweise mit dem hier gegebenen Schema.

3.4 Planungs- und Entscheidungsmethoden

Drei wesentliche, auch in der Praxis angewandte Planungs- und Entscheidungsmethoden sind die *Nutzwertanalyse*, die *Entscheidungstabelle* und die *Netzplantechnik*.

3.4.1 Nutzwertanalyse

Die Nutzwertanalyse ist ein Entscheidungsinstrument, das dazu dient, *mehrere Alternativen in Bezug auf mehrere Ziele* zu *bewerten*, um die geeignetste Alternative auszuwählen. Ein gutes Beispiel ist die *Auswahl einer Software*, die bestimmten Anforderungen entsprechen soll. Die Anforderungen finden Sie in der *Sollkonzeption* (siehe oben!). Die Nutzwertanalyse darf nicht mit der Kosten-Nutzen-Analyse verwechselt werden, die für nur eine Alternative die Kosten der Implementierung den sich daraus ergebenden Vorteilen gegenüberstellt und eher der Frage nachgeht, ob sich die Implementierung lohnt oder nicht.

Die Nutzwertanalyse wird in Form einer *Tabelle* dargestellt: In der *Vorspalte* werden die *Alternativen* aufgeführt, in der *Kopfzeile* die zu erreichenden *Ziele*, mit einer *Gewichtung*. Die Bewertung der Alternativen in Bezug auf die Erreichung der einzelnen Ziele erfolgt entweder mit einem *Punkte-System* oder mit einem *Noten-System*. Hier zeigt sich auch wieder der Unterschied zur Kosten-Nutzen-Analyse: Während dort mit Euro-Beträgen gearbeitet werden kann, wird bei der Nutzwertanalyse nur eine *Rangreihe* (z. B. teuerste bis preiswerteste Alternative) vorgenommen. Die mit den Zielgewichten multiplizierten Punkte bzw. Noten werden für jede Alternative aufaddiert und ergeben den *Nutzwert*, der in die letzte Spalte eingetragen wird. Die Alternative mit dem besten Nutzwert (bei Punkten dem höchsten, bei Noten dem niedrigsten) wird *zur Entscheidung vorgeschlagen*.

Es ergeben sich bei Anwendung der Nutzwertanalyse *zwei grundlegende Probleme*: zum einen die Festlegung der *Zielgewichte*, zum anderen die exakte *Bewertung* der Alternativen in Bezug auf die einzelnen Ziele. Man könnte hierbei von *Willkür* sprechen, aber zumindest ist so die Entscheidungsfindung nachvollziehbar.

Recherche-Empfehlung

Recherchieren Sie im Internet die Nutzwertanalyse und vergleichen Sie die Tabellen, die Sie finden, mit der vorstehenden Darstellung. Überprüfen Sie vor allem, ob Noten oder Punkte vergeben wurden und wie weit jeweils der Noten- bzw. Punktespiegel reicht. Die Anzahl der Noten bzw. Punkte ist meist auf die Anzahl der Alternativen beschränkt, also z. B. bei drei Alternativen die Noten „sehr gut" (1) bis „befriedigend" (3).

Versuchen Sie, das Instrument der Nutzwertanalyse in Ihre betriebliche Projektarbeit mit einzubauen, wenn Sie eine Auswahlentscheidung vorzunehmen haben. [BWL für IT-Berufe 1.3.2]

3.4.2   Entscheidungstabelle

Ein weiteres Instrument zur Entscheidungsfindung ist die Entscheidungstabelle. Sie dient vor allem dazu, die verschiedenen *Alternativen* und Handlungsmöglichkeiten *überschaubar darzustellen*. Statt einer Entscheidungstabelle können Sie auch ein *Struktogramm* oder einen *Programmablaufplan* verwenden (siehe Lernfeld 6).

Aufgabe Entscheidungstabelle

Um im Rahmen des Qualitätsmanagements auf Kundenbeschwerden systematischer einzugehen, sollen Sie für die Kundenberater ein Entscheidungsinstrument vorbereiten. Dazu wurden die folgenden Regeln festgelegt:

Ist der Kunde sehr verärgert, soll ihm sofort Ersatz angeboten werden. Wenn der Kunde aber nicht sehr ärgerlich ist, ist zunächst zu prüfen, ob die Beschwerde berechtigt ist. Wenn ja, soll ihm Ersatz angeboten werden. Wenn nicht, muss die Beschwerde abgewiesen werden. Ist Ersatzleistung nicht sofort möglich, soll sie versprochen werden.

Erstellen Sie zu dem dargestellten Problem eine Entscheidungstabelle.

Lösung:

B1	Kunde verärgert	J	J	N	N	N
B2	Beschwerde berechtigt			J	J	N
B3	Ersatz sofort möglich	J	N	J	N	
R1	Beschwerde ablehnen					x
R2	Ersatzleistung anbieten	x		x		
R3	Ersatzleistung versprechen		x		x	

Bearbeitungshinweise

Die oberen drei Zeilen zeigen die möglichen *Bedingungen (B)*, die sich ergeben können. Bei drei Bedingungen haben Sie grundsätzlich acht Kombinationsmöglichkeiten in Bezug auf die Frage: Bedingung erfüllt (J = JA) oder nicht erfüllt (N = Nein). Aus den verschiedenen möglichen Kombinationen ergeben sich dann die *„Regeln" (R)*, d. h. die abzuleitenden Tätigkeiten.

Die größte Schwierigkeit bei solchen Aufgaben ist, aus den Textformulierungen den richtigen Ansatz abzuleiten. Hier sind z. B. die verschiedenen Stufen der „Ärgerlichkeit" in „verärgert" oder „nicht verärgert" zu begrenzen.

Hilfreich ist es, sich zur Lösung *auf „Konzeptpapier"* zunächst alle *acht Alternativen* aufzuzeichnen. Es werden in Prüfungsaufgaben *immer drei Bedingungen* gegeben. Mit zwei Bedingungen ist die Aufgabe zu einfach, mit vier zu komplex! Sie können dann sehen, welche der Kombinationen nicht in Frage kommen. Es ist aber nicht mit großem Punktverlust verbunden, wenn Sie in Ihre Lösung alle acht Möglichkeiten aufnehmen.

Recherche-Empfehlung

Recherchieren Sie weitere Entscheidungstabellen im Internet. Ferner recherchieren Sie die Begriffe *Qualitätsmanagement* und *Kundenzufriedenheit*, dies sind Begriffe, die in Kombination mit einer solchen Aufgabe gerne gefragt werden. Beim Qualitätsmanagement schauen Sie sich die *ISO 900x* an, Sie werden dabei bemerken, dass ein Hauptkriterium dieser Qualitätszertifizierung ist, inwieweit das Unternehmen „*schriftliche Dokumentationen*" durchführt bzw. vorliegen hat.

3.4.3 Netzplantechnik

Netzplantechnik ist ein *Planungsverfahren*, das in der Praxis bei größeren Projekten häufig eingesetzt wird. Dabei wird zunächst eine *Zeitplanung*, dann eine *Kapazitäts- und Kostenplanung* durchgeführt. In der Praxis werden in der Entwurfsphase *mehrere Netzpläne* erstellt, z. B. mit entsprechender *Projektmanagement-Software* sind Variationen und Alternativrechnungen leicht durchführbar. Es wird dann der optimale Netzplan ausgewählt. Für die Prüfung kommen als Aufgabenstellung allenfalls die ersten Schritte maximal bis zur *Zeichnung* des Netzplans und der Angabe des kritischen Pfads in Frage.

Vorgehensweise Netzplantechnik
Der erste Schritt ist die Aufstellung der *Tätigkeitsliste*, diese Tätigkeiten werden dann in eine *Reihenfolge* bzw. Struktur gebracht, in dem für jede Tätigkeit *Vorgänger und Nachfolger* bestimmt werden. Eine Unterscheidung in Ende-Anfangs-, Anfangs-Ende-, Ende-Ende- und Anfangs-Anfangs-Beziehungen ist für die Prüfung nicht erforderlich. Es liegt immer der einfachste Fall, die *Ende-Anfangs-Beziehung* vor, d. h. wenn die vorausgehende Tätigkeit beendet ist, kann die nachfolgende Tätigkeit beginnen.

Dann kommt das Zeichnen des Netzplans. Hierbei wird zwischen *CPM* und dem *MPM* unterschieden. In der Prüfung ist das anzuwendende Verfahren vorgegeben, mit einem Schema, wie die einzelnen *Knoten des Netzplans* ausgestaltet sein sollen. Bei einer einfacheren Aufgabe müssen Sie den MPM selbst entwerfen, bei komplexeren Aufgaben haben Sie die grafische Darstellung vorgegeben, und müssen nur zeigen, dass Sie die darin leergelassenen Felder richtig ausfüllen können.

Es gibt auch Aufgaben, die nur bis zur Ermittlung der Tätigkeitsstruktur anhand von gegebenen Informationen reichen.

Aufgabe Netzplantechnik
Für das Personalentwicklungsmanagement soll in Ihrem Unternehmen eine Weiterbildungsdatenbankanwendung realisiert werden. Sie werden beauftragt, die erforderlichen Aktivitäten in Form eines Netzplans darzustellen. Hierzu haben Sie bereits die folgende Vorgangsliste erstellt:

Vorgang	Bezeichnung	Dauer	Vorgänger	Nachfolger	FAZ	FEZ	SAZ	SEZ	GP
1	ERM der Datenbank entwickeln	5	–	2;3					
2	Datenbanksystem implementieren	2	1	5					
3	Aufbau der Bildschirm-masken planen	2	1	4;6					
4	Bildschirmmasken programmieren	7	3	5					

Vorgang	Bezeichnung	Dauer	Vorgänger	Nachfolger	FAZ	FEZ	SAZ	SEZ	GP
5	Anwendung testen	7	4;2	8					
6	Schulung planen und vorbereiten	5	3	7					
7	Schulung durchführen	3	6	8					
8	System in Betrieb nehmen	1	7;5	–					

Erstellen Sie einen Vorgangsknotennetzplan für das Projekt und zeichnen Sie den kritischen Weg ein. Verwenden Sie die nachstehende MPM-Notation:

FAZ	FEZ
Vorgangs-Nr.	
Dauer	GP
SAZ	SEZ

FAZ = Frühester Anfangszeitpunkt

FEZ = Frühester Endzeitpunkt

SAZ = Spätester Anfangszeitpunkt

SEZ = Spätester Endzeitpunkt

GP = Gesamtpuffer

Lösung und Bearbeitungshinweise

Sie haben in dieser Aufgabe bereits die *Tätigkeitsstruktur*, d. h. die Vorgänger und die Nachfolger gegeben. Machen Sie sich keine unnötigen Gedanken darüber, ob die Reihenfolge sinnvoll ist. Füllen Sie zunächst die Tabelle aus, indem Sie die frühest- und spätestmöglichen Anfangs- und Endzeitpunkte ermitteln. Der *frühestmögliche Anfangszeitpunkt (FAZ)* der ersten Tätigkeit wird in der Regel mit „0" angesetzt. Addieren Sie die Dauer des Vorgangs, und Sie erhalten den *frühestmöglichen Endzeitpunkt (FEZ)*. Dies ist gleichzeitig der FAZ der nachfolgenden Tätigkeit.

Wenn Sie für alle Tätigkeiten die FAZ und FEZ ermittelt haben, haben Sie die *kürzestmögliche Gesamtprojektdauer* ermittelt. Dies ist für die Praxis besonders wichtig, da dort oft *Fertigstellungstermine* gegeben sind und Sie dadurch den *spätestmöglichen Anfangszeitpunkt* des gesamten Projekts ermitteln können.

Wenn Sie den FEZ der letzten Tätigkeit ermittelt haben, übertragen Sie ihn als *spätestmöglichen Endzeitpunkt (SEZ)* und beginnen nun Tätigkeit für Tätigkeit mit der *Rückrechnung*: Indem Sie vom SEZ die Dauer der Tätigkeit abziehen, erhalten Sie den *spätestmöglichen Anfangszeitpunkt (SAZ)*. Diesen übertragen Sie in den Vorgänger als SEZ, dies machen Sie für alle Vorgänge bis zum ersten durch.

Als *wichtige Hilfe zur Überprüfung* gilt, dass beim ersten und beim letzten Vorgang FEZ und SEZ sowie FAZ und SAZ übereinstimmen müssen. Sonst haben Sie sich verrechnet!

Nun können Sie für jeden Vorgang die *Pufferzeit (GP)* ermitteln, indem Sie die *Differenz zwischen FEZ und SEZ* bzw. zwischen *FAZ und SAZ* berechnen (muss für beide gleich sein!). Vorgänge mit Pufferzeit sind solche, bei denen es *zeitlichen Spielraum* gibt.

Nun können Sie sich an die *grafische Darstellung* wagen. Sie sollte in etwa wie folgt aussehen:

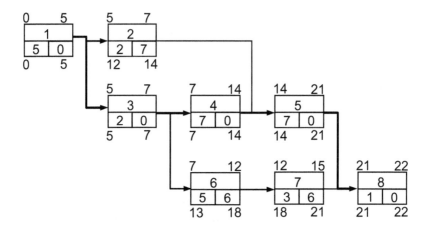

Kritischer Weg: Vorgänge 1, 3, 4, 5, 8

Markieren Sie die Pfeile, bei denen die *Pufferzeit (GP) „0"* ist, das ist der sogenannte *kritische Pfad*. Es ist sinnvoll, in der Prüfung die Nummern der Vorgänge, die den kritischen Pfad bilden, unter der Grafik zusätzlich zu nennen. Der kritische Pfad stellt all diejenigen Tätigkeiten dar, bei denen *Verzögerungen* die *Gesamtprojektdauer verlängern*. Das kann in der Praxis kritisch sein, z. B. Konventionalstrafen nach sich ziehen.

Erweiterung der Aufgabe

Überlegen Sie sich, was passiert, wenn Vorgang 7 „Schulung durchführen" statt drei nun zehn Stunden dauert.

Lösung:

Vorgang 7 hat eine Pufferzeit von sechs Stunden, diese wird dann um eine Stunde überschritten, so dass sich das gesamte Projekt um eine Stunde verlängert.

Solche Zusatzfragen können in der Prüfung kommen; wenn Sie aber das Prinzip der Netzplantechnik begriffen haben, sind sie gut zu beantworten.

3.5   Dokumentation und Präsentation

Fragen zum Thema Dokumentation können vor allem *Lastenheft* und *Pflichtenheft* betreffen (siehe oben!), oder auch bei der Software-Entwicklung *Testberichte*, *Programmhandbuch* und *Benutzerhandbuch*.

Recherche-Empfehlung

Schauen Sie sich verschiedene Dokumentationen, die Ihnen vorliegen oder die Sie im Internet finden, an in Bezug auf ihre *Struktur* (Inhaltsverzeichnis) und welche zielgruppenspezifischen *Informationen* Sie erwartet haben und bekommen. Eine Prüfungsfrage kann z. B. lauten: „Nennen Sie fünf Informationen die ein Benutzerhandbuch für eine Software enthalten sollte!"

Aufgabe Präsentation

Formulieren Sie fünf Fragen, die Sie bei der Vorbereitung einer Präsentation beachten müssen.

Lösung:

Was soll durch die Präsentation erreicht werden?

Welche Inhalte soll die Präsentation enthalten?

Welches ist die zweckmäßigste Gliederung der Präsentation?

Welche Präsentationsmedien stehen zur Verfügung?

Wie viel Zeit steht für die Präsentation zur Verfügung?

Welche Handouts (Tischvorlagen) sollen vorbereitet werden?

Welches grafische Layout ist für die Präsentation zu wählen?

o. ä.

Bearbeitungshinweise

Das „o. ä." bedeutet, dass hier ähnliche sinnvolle Frageformulierungen auch als richtig anerkannt werden. Es gibt einige solcher Prüfungsfragen, wo Sie mit *gesundem Menschenverstand* etwas Sinnvolles hinschreiben können. Beachten Sie aber bitte, wenn es in der Aufgabe heißt: „fünf Fragen", dann schreiben Sie auch nur fünf hin. Bei allen solchen *„Nennen Sie"-Aufgaben* werden immer nur die ersten Antworten gewertet. Wenn Ihnen also erst später gute Antwortideen kommen, streichen Sie Ihre anfänglichen Antwortversuche wieder durch, da sonst die guten nicht in die Wertung eingehen.

Beachten Sie für die *Gestaltung der Folien* einen einheitlichen Aufbau, ausgerichtet an der *corporate identity* des Unternehmens, d. h. in den Unternehmensfarben. Wählen Sie keine Sätze, sondern *Stichpunkte*, die das Wesentliche ausdrücken. Achten Sie bei der *Schriftgröße* auf Lesbarkeit, dies gilt auch für alle grafischen Darstellungen. Achten Sie auf eine einheitliche *Farbgestaltung* mit nicht zu vielen Farben. Widerstehen Sie dem Reiz, die *Animationsmöglichkeiten* der verwendeten Software auszuschöpfen. Wenn Sie Tabellen verwenden wollen, überlegen Sie sich, ob Sie sie grafisch aufbereiten können.

Grafiken sollten den Blick auf das Wesentliche lenken und nicht zu viele Details enthalten. *Zahlen* nach dem Komma sind uninteressant. Überlegen Sie sich, wann Sie *Säulen-, Balken-, Kuchen- oder Liniendiagramme* einsetzen. Fragen dazu sind aber eher unwahrscheinlich. Ebenso unwahrscheinlich sind Fragen zu geeigneter Präsentationssoftware. Immerhin gibt es in den gängigen Office-Paketen mehrere Programme, mit denen Tabellen und Grafiken dargestellt werden können.

Recherche-Empfehlung

Recherchieren Sie den Begriff „*corporate identity*". Recherchieren Sie ferner nach *Anleitungen zur Erstellung von Präsentationen*, nehmen Sie aber die manchmal zu findenden Angaben, wie z. B. „nicht mehr als drei Farben", nicht zu wörtlich. Es kommt auch hier auf das richtige „*look & feel*" an! [BWL für IT-Berufe 3.1]

Einfache IT-Systeme

4

Zusammenfassung

Das Wichtigste: Hardware-Komponenten kennen, PCs einrichten

Die Inhalte dieses Lernfelds sind für alle vier Berufe identisch. Betrachten Sie es als *Grundlegung* für Ihr gesamtes *technisches Wissen*. Dabei müssen Sie unter dem Begriff „Einfache IT-Systeme" zunächst nur einen ganz normalen PC verstehen.

Führen Sie sich Ihren eigenen PC vor Augen und überlegen Sie, aus welchen *Komponenten* er besteht oder bestehen könnte, welche *Schnittstellen* er hat oder haben könnte. Welche *Peripherie-Geräte* haben Sie angeschlossen oder könnten Sie anschließen? Welches oder welche *Betriebssysteme* haben Sie installiert, welche sonstige *Software*? Erstellen Sie sich dazu eine Liste mit Stichworten. Nun überlegen Sie sich, was Sie zu den einzelnen Punkten bereits wissen, und recherchieren Sie dies zunächst in Ihrem IT-Handbuch.

Dann führen Sie sich vor Augen, was im einzelnen geschieht, wenn Sie Ihren Rechner einschalten. Überlegen Sie sich den *Ablauf von Software-Installationen*, mit welchen *Datei-Systemen* (FAT, NTFS, etc.) haben Sie Ihre *Partitionen* formatiert, welche *Datei-Typen* (doc, xls, mdb, pdf, jpg, bmp, avi, etc.) kennen Sie?

4.1 Prüfungsrelevanz des Lernfelds

Sowohl in der Fachqualifikation (Ganzheitliche I) als auch in der Kernqualifikation (Ganzheitliche II) kommen Aufgaben zu „Einfache IT-Systeme". In der WiSo-Prüfung kommen einfache *elektrotechnische Berechnungen* und vor allem Aufgaben zum Thema *Sicherheit am Arbeitsplatz*. Dieses Lernfeld ist das Stoffgebiet, aus dem *die meisten Aufgaben* kommen!

© Springer Fachmedien Wiesbaden 2014
M. Wünsche, *Prüfungsvorbereitung für IT-Berufe*,
DOI 10.1007/978-3-658-04414-5_4

Die Prüfungsaufgaben zu diesem Lernfeld sind praxisorientiert, d. h. *auftragsbezogen.* Geprüft werden soll daher, ob Sie in der Lage sind, einzelne IT-Systeme für einen Auftrag zu *planen, Komponenten* begründet *auszuwählen,* zu *installieren,* zu *konfigurieren* und in Betrieb zu nehmen, mit allem, was dazu gehört: Dokumentation und Präsentation, Sicherheitsvorschriften beachten, Ergonomie am Arbeitsplatz, Test und Übergabe, etc.

4.2   Übersicht Lernfeldinhalte

Die folgende Abbildung zeigt die im Rahmenlehrplan festgelegten Inhalte des Lernfelds (Tab. 4.1).

Sie können anhand des Rahmenlehrplans erkennen, dass auch dieses technische Lernfeld einen praxisorientierten, d. h. kaufmännischen Hintergrund hat.

Konzeption
Wenn Sie für einen Kunden – und das kann auch ein interner Kunde sein, ein Mitarbeiter oder eine Abteilung des Unternehmens – ein IT-System zusammenstellen, beginnen Sie mit der Konzeption: Sie ermitteln die *Kundenanforderungen* (Lastenheft, siehe Lernfeld

Tab. 4.1 Übersicht Rahmenlehrplan zu Lernfeld 4

Konzeption			
Kundenanforderung	IT-Produkte und Leistungen		Dokumentation
Hardwareaufbau und -konfiguration			
Baugruppen	Zusammenwirken von Hardwarekomponenten		Ergonomie und Umweltverträglichkeit
Informationsverarbeitung in IT-Systemen			
Bedeutung und Darstellungsformen der Information		Zahlensysteme	Codes
Logische Grundfunktionen der Digitaltechnik		Boolsche Algebra	
Elektrotechnische Grundkenntnisse			
Elektrische Grundgrößen	Elektrostatik	Grenzwerte	Analoge und digitale Signale
Elektromagnetische Verträglichkeit	Schutzmaßnahmen nach VDE		Messen und Prüfen
Software			
Systemsoftware		Anwendungssoftware	
Inbetriebnahme und Übergabe			
Systemstart	Fehlersuche	Systemdokumentation und Präsentation	

3), wählen geeignete *IT-Produkte* aus und nutzen bzw. erstellen *Dokumentationen* dazu. Kundenanforderungen haben Sie in der Prüfung in den Aufgabenstellungen gegeben, meist aber nur „einfacher Büro-PC" oder „mit Grafikanwendungen, z. B. CAD". In der Praxis sind Kundenanforderungen zu spezifisch, als dass daraus eine detaillierte Prüfungsaufgabe erstellt werden könnte.

Hardware-Komponenten

Die meisten Prüfungsfragen richteten sich auf das Thema „*Baugruppen*", d. h. Hardware-Komponenten, das Zusammenwirken ist entweder zu einfach (Motherboard und Prozessorsockel) oder zu schwierig abzufragen, weil zu spezifisch für den Umfang einer Prüfungsaufgabe. Wichtig ist hier aber das Thema *Schnittstellen*! Und die Themen „*Umweltverträglichkeit*" und „*Ergonomie*" werden immer wieder als Unterfragen in Aufgaben mit eingebaut.

Die Themenbereiche „Informationsverarbeitung in IT-Systemen" und „*Elektrotechnische Grundkenntnisse*" eignen sich wenig für handlungsorientierte, d. h. praxisorientierte Prüfungsfragen, sie kommen eher als Aufgaben in der WiSo-Prüfung, obwohl sie dort inhaltlich überhaupt nicht oder zumindest nicht sehr gut hineinpassen. Trotzdem sollten Sie grundlegend verstanden haben, wie ein Rechner technisch funktioniert.

analog und digital

Mit „*Bedeutung und Darstellungsformen der Information*" ist hier der Unterschied zwischen „analog" und „digital" gemeint, und das hat für die Praxis eine gewisse Bedeutung: zum einen im *Medienbereich*, wenn Sie analoge Ton- oder Filmquellen digitalisieren wollen, sollten Ihnen Begriffe wie *Sampling-Rate* oder verschiedene *Codecs* bekannt sein, zum anderen im Bereich *Datenübertragung*, ob es nun Telefonie ist oder der Internetanschluss (ISDN, Modem, Splitter, VoIP, DSL, etc.).

Zahlensysteme

Umrechenaufgaben vom *dezimalen* in das *duale* oder in das *hexadezimale* Zahlensystem sind deshalb wichtig, weil ein Rechner eben nur über einen Zeichensatz von zwei Zeichen (*Bits*), „an" oder „aus" bzw. 0 oder 1 verfügt. *Acht Bits* werden jeweils in *ein Byte* (= Zeichen) zusammengefasst, sodass mit 256 Kombinationsmöglichkeiten genügend Platz für in der Praxis gängige Zeichensysteme zur Verfügung steht. Das chinesische „Alphabet" lässt sich damit nicht darstellen. Jeweils vier Bits, d. h. ein *Halb-Byte*, lassen sich gut mit Zahlen aus dem *Hexadezimalsystem* zusammenfassen, weil dieses 16 Stellen hat, und vier Bits eben 16 Kombinationsmöglichkeiten bieten (2^4).

Codierung

Codierung bedeutet die *Zuordnung von Zeichen* aus der „normalen" Welt zu Bit-Kombinationen. Der *BCD-Code* (binary coded decimal) ist gängig für numerische Codes, Howard Hathaway Aiken hatte eine etwas andere Auffassung und entwarf den *Aiken-Code*. Für die Praxis sind jedoch alphanumerische Codes (Buchstaben und Zahlen) sinnvoller, wie z. B. der *ASCII-Code oder UTF-8*.

Logik

Haben Sie einen einfachen Elektronik-Baukasten? Bauen Sie sich damit mittels einer oder zwei Lampen die *Verknüpfungsmöglichkeiten*, die Sie in Ihrem IT-Handbuch finden, nach. Zur Not tut es auch eine Wohnzimmerlampe, die an zwei Schaltern an- und ausgeschaltet werden kann. Vollziehen Sie die zugehörigen *Wertetabellen* anhand Ihres IT-Handbuchs nach. Die boolesche Algebra kennen Sie vielleicht noch aus Ihrem Mathematikunterricht in der Schule: *Kommutativ-*, *Assoziativ-* und *Distributivgesetze*. Der feintechnische Aufbau eines Elektronenrechners funktioniert nach diesen logischen Prinzipien, wie Sie anhand von Schaltbildern für *Codierer, Decodierer, Multiplexer, Demultiplexer* sowie für *Addier- und Subtrahierwerke* nachvollziehen können. Für praxisorientierte Prüfungsfragen eignen sich solche Zusammenhänge nicht so sehr.

Elektrotechnik

Das gleiche gilt grundsätzlich für den gesamten Bereich Elektrotechnik, mit einigen wichtigen Ausnahmen: Das Thema *Sicherheit* im Umgang mit Elektrik hat immer Praxisbezug, und deshalb hat hier auch der Gesetzgeber bzw. der VDE einige Regeln und Vorschriften aufgestellt, deren Kenntnis von Ihnen erwartet wird.

Recherche-Empfehlung

Recherchieren Sie die *Schutzmaßnahmen nach VDE 0100* und *VDE 0800*. Was verstehen Sie unter einer *Stromgefährdungskurve*? Ab wann tritt Herzkammerflimmern ein (Stromstärke und Einwirkzeit)? Warum funktioniert das mit dem Fön in der Badewanne nicht? Recherchieren Sie auch die diversen *Prüfzeichen, Hinweis- und Verbotsschilder*, die werden gerne gefragt! Beherrschen Sie die *fünf Sicherheitsregeln* zum Herstellen eines spannungsfreien Zustands in der richtigen Reihenfolge?

Software

Praxisorientierte Aufgaben zu *Anwendungssoftware* sind kaum denkbar, höchstens auf sehr einfachem Niveau, weil es in der Praxis eine zu große Vielfalt an Anwendungssoftware gibt. Das Thema *Software-Entwicklung* wird detaillierter in *Lernfeld 6* „Entwickeln und Bereitstellen von Anwendungssystemen" behandelt. Das Thema *Sicherungs-Software* (Backup, Imaging, Firewall, Anti-Viren-Software, Verschlüsselungs-Software, Digitale Signatur, VPN, etc.) ist eher *Lernfeld 10* „Betreuen von IT-Systemen" zuzuordnen.

Detailfragen zu bestimmten *Betriebssystemen* sind auch nicht zu erwarten, aber hier sollten Sie gute Grundlagenkenntnisse haben, vor allem zu Netzwerkfähigkeit und „single oder multi user"-Fähigkeit. Die Unterscheidung in „single und multi tasking"-Fähigkeit ist etwas veraltet.

Recherche-Empfehlung

Beschaffen Sie sich übersichtliche *Produktbeschreibungen* zu den gängigen Betriebssystemen und recherchieren Sie die darauf angegebenen *Begriffe*. Im Internet finden Sie auch Vergleichsübersichten, z. B. zur Frage „Windows oder Linux" oder zu Android.

Welche Schritte laufen im einzelnen bei der *Installation eines Betriebssystems* ab? Beginnen Sie mit der *Partitionierung* (Primäre Partition und logische Laufwerke) und *Formatierung* der Festplatte (Dateisysteme). Was verstehen Sie unter dem *Boot-Sektor*? Welche Komponenten des Betriebssystems gehören dort hinein? Was ist ein *RAID-Controller*? Die RAID-Level finden Sie auch in Ihrem IT-Handbuch.

Inbetriebnahme

Wenn Sie für einen Kunden ein IT-System, z. B. einen PC zusammenstellen, beginnen Sie mit der *Konzeption*. Dazu ermitteln Sie als erstes die Anforderungen des Kunden und fassen diese in einem *Pflichtenheft* zusammen. Dazu müssen Sie sich bei den gängigen IT-Produkten und -Dienstleistungen auskennen. Wichtig ist hier auch, dass Sie im Pflichtenheft die Kundenanforderungen und Ihre *Auswahlentscheidung* dokumentieren. Wenn Sie dann für den Kunden die Produkte beschafft und zusammengestellt haben, erfolgt die *Inbetriebnahme* und *Übergabe*. Dazu müssen Sie z. B. auch in der Lage sein, Software zu installieren, und bei Fehlern müssen Sie eine systematische Fehlersuche beherrschen.

Fehlersuche

Die wichtigste Regel bei der Fehlersuche ist: *Dokumentieren!* Nehmen Sie zunächst eine genaue *Ist-Analyse* vor, daraufhin entwickeln Sie mögliche *Lösungsstrategien*. Diese verschiedenen Denkansätze sollten Sie auch schriftlich festhalten! Dann wählen Sie die am geeignetsten erscheinende Lösungsstrategie aus und erstellen einen *Bericht* über den Erfolg oder Misserfolg, in den auch die erschienenen *Fehlermeldungen* gehören. Zum Schluss erstellen Sie einen *Abschlussbericht*, eventuell eine *Präsentation*, wenn Sie über das aufgetretene Problem berichten müssen. Diese etwas aufwändigere systematische Vorgehensweise hat entscheidende *Vorteile*: Sie wissen im Nachhinein genau, was das Problem war und welche Wege Sie ausprobiert haben und können bei späteren ähnlich gelagerten Problemen auf diese Informationen zurückgreifen. Und Sie können Ihre Vorgehensweise jederzeit anderen gegenüber nachweisen. Und Sie bauen mit der Zeit das für einen PC-Praktiker erforderliche *Erfahrungswissen* auf, mit dem Sie ähnlich gelagerte Probleme schnell und effizient lösen können.

Übergabe

Bei der Übergabe müssen Sie dem Kunden eine geeignete, d. h. kundengerechte *Systemdokumentation* überreichen und ihn in das Produkt einweisen. Worauf haben Sie zu achten bei der Vorbereitung einer *Schulung*? Dies kann durchaus eine Prüfungsfrage sein, die aber mit gesundem Menschenverstand gut zu beantworten ist. Auch in der betrieblichen Projektarbeit kann die Vorbereitung oder/und Durchführung einer Kunden- oder Mitarbeiterschulung gute Punkte bringen. An die Übergabe schließen sich die *Betreuung* des Kunden (Hotline) und *Wartung* bzw. das *Kundenbeschwerde-Management* an. Dieses Thema greift aber auf *Lernfeld 8* „Markt- und Kundenbeziehungen" vor.

4.3 Muster-Aufgaben

Im Folgenden werden anhand von Musteraufgaben mit Lösung und Bearbeitungshinweisen die in der Prüfung typischerweise gefragten Themenbereiche zum Lernfeld 4 „Einfache IT-Systeme" vorgestellt. Die Aufgaben entsprechen in Stil und Aufbau den in der Prüfung zu erwartenden Aufgabenstellungen.

Lernhinweis

Für Ihren Lernerfolg sei Ihnen empfohlen, den sich an die Kommentare anschließenden Recherche-Empfehlungen gründlich nachzugehen und sowohl knappe als auch aktuelle Lernunterlagen zusammenzustellen, die Sie sich kurz vor der Prüfung in Ihr Kurzzeitgedächtnis „pauken" können. Beschränken Sie sich dabei aber auf wenige, wichtige Kriterien von Hardware-Komponenten, so wie sie in den Musterlösungen vorgestellt werden! Und bleiben Sie dabei etwas hausbacken: Die Kenntnis der neuesten Neuerungen der IT-Welt werden in der Prüfung nicht von Ihnen verlangt.

4.3.1 IT-Systeme allgemein

Ein Teil der Prüfungs-Aufgaben zu Lernfeld 4 betreffen die *Einrichtung eines kompletten PC-Arbeitsplatzes*. Da jedoch im zeitlichen Rahmen der Prüfung kein detailliert ausgearbeitetes Lastenheft vorgegeben werden kann, sind die Aufgaben grundsätzlich eher allgemein gehalten. Oft erhalten Sie in der Aufgabenstellung mehr Informationen als Sie für die Lösung benötigen. Es geht hier darum, zu prüfen, ob Sie in der Lage sind, die für die Aufgabe wesentlichen Informationen auszuwählen.

Aufgabe Konfiguration PC-Arbeitsplatz

Sie erhalten den Auftrag, für eine neu zu gründende Zweigstelle eines Unternehmens der Konsumgüterproduktion verschiedene Arbeitsplatz-PCs einzurichten. Es ist prinzipiell der Einsatz folgender Software vorgesehen: Textverarbeitung, Tabellenkalkulation, Datenbankanwendung, Internet-Zugang, Finanzbuchhaltung, Warenwirtschaft, Produktionsplanung und -steuerung, Entwicklungsumgebung zur Software-Entwicklung.

Entwickeln Sie eine Konfiguration für die PC-Arbeitsplätze. Geben Sie dafür zu jeder der folgenden Hardware-Komponenten zwei Kriterien mit typischen Werte-Ausprägungen an: Mainboard, CPU, Arbeitsspeicher, Festplatte, Optische Laufwerke, Grafikkarte, Netzwerkkarte, Monitor.

Lösung:

Komponente	Auswahlkriterien	Typische Werte
Mainboard	Sockel	z. B. LGA1156, AM3
	FSB-Takt	z. B. 400 MHz
	Chipsatz	z. B. PS5, i3
CPU	Hersteller	z. B. Intel Core, AMD Athlon II
	Taktfrequenz	z. B. 3 GHz
Arbeitsspeicher	Art	SD-RAM, DDR3-RAM
	Kapazität	z. B. 4 GByte
Festplatte	UPM	z. B. 7200
	Zugriffszeit	z. B. 8 ms
	Kapazität	z. B. 500 GByte
	Bussystem	IDE, SCSI, S-ATA
Optische Laufwerke	Art	CD-RW/DVD-RW
	Geschwindigkeit	z. B. 16/4/48/24/16/48
Grafikkarte	Steckplatz	PCIe oder on board
	Speichergröße	z. B. 4 GByte
Netzwerkkarte	Art	Ethernet, W-LAN
	Übertragungsrate	10/100 Mbit/s
Monitor	Art	CRT, TFT, Plasma
	Bilddiagonale	z. B. 19 Zoll
	Bildwiederholfrequenz	z. B. 100 kHz

Hinweis: Andere sinnvolle Lösungen sind auch als richtig zu werten. Bei den Werten kommt es nicht auf die exakte Zahl, sondern auf die richtige Einheit (z. B. Frequenz: kHz) an!

Bearbeitungshinweise

Das grundsätzliche Problem bei solchen Aufgaben ist, dass die *möglichen Werte* zum einen *sehr vielfältig*, und zum anderen *schnell veraltet* sind. Daher können keine exakten Werte gefragt werden, und so muss die Aufgabenformulierung etwas schwammig sein. Wichtig ist, dass Sie überhaupt *etwas hinschreiben*, das Ihrer Meinung nach Sinn macht. Wie Sie an dem Hinweis sehen können, kommt es darauf an zu prüfen, ob ein *Begriffsapparat* zu den Hardware-Komponenten vorhanden ist.

Wenn Sie sich die Aufgabenstellung noch einmal durchlesen, werden Sie feststellen, dass die Angaben zur benötigten *Software* mit der Aufgabe überhaupt nichts zu tun haben. Ferner kann man bei der tatsächlichen Aufgabenstellung nicht von einer Konfiguration sprechen, da nur allgemeine Kriterien genannt werden sollen. Es wird also gängiges Hardware-Wissen gefragt. Zu sehr ins Detail gehen die Aufgaben nicht!

Nennen Sie nicht mehr als die *Anzahl geforderter Merkmale*. Für weitere Nennungen gibt es keine Punkte, sie kosten nur Zeit in der Prüfung. Wie Sie an der Musterlösung sehen können, reichen bei solchen Aufgaben *kurze und einfache Angaben*.

Recherche-Empfehlung

Recherchieren Sie die einzelnen Kriterien in aktuellen Fachzeitschriften. Finden Sie weitere Kriterien? Gut! Für die Lernbarkeit reichen jedoch drei bis vier wichtige Kriterien. Dann denken Sie über *weitere Hardware-Komponenten* nach, z. B. *Drucker* oder *Scanner*: Welche Kriterien sehen Sie hier als wichtig an? Stellen Sie sich zu allen Ihnen bekannten Hardware-Komponenten einen *Katalog der wichtigsten Kriterien* mit aktuellen Werten zusammen. Recherchieren Sie vor allem auch in Ihrem IT-Handbuch, wie exakt und brauchbar die Informationen sind, die Sie dort finden!

Aufgabe Software-Auswahl

Sie erhalten den Auftrag, einen vorhandenen Büro-PC mit Software auszustatten, damit die Mitarbeiterin Frau Erwine Müller darauf sämtliche redaktionellen Arbeiten für ein elektronisches Blackboard (Schwarzes Brett) im Intranet des Unternehmens vornehmen kann. Der PC entspricht dem aktuellen Stand der Technik und ist mit dem Betriebssystem Windows 8 sowie Drucker und Scanner ausgestattet. Alle für Ihren Auftrag notwendigen Informationen entnehmen Sie dem nachfolgenden Gesprächsprotokoll der Planungs-Sitzung für das Blackboard.

Nennen Sie auf Grundlage des Protokolls sechs von Frau Müller benötigte Softwarekategorien und zu jeder ein Produktbeispiel.

Gesprächsprotokoll

1. Frau Müller wird von ihrer sonstigen Tätigkeit in der Verwaltung des Unternehmens soweit entlastet, dass sie genügend Zeit für die Betreuung des Blackboards hat.
2. Frau Müller nimmt ihre Zeiteinteilung dazu selbstständig vor und hat für hohe Aktualität des Blackboard Sorge zu tragen.
3. Jeder Mitarbeiter des Unternehmens soll Frau Müller Artikel und Mitteilungen für das Blackboard über das interne Firmennetz per E-Mail zusenden können.
4. Frau Müller wählt selbstständig aus, welche Informationen im Blackboard veröffentlicht werden. In Zweifelsfragen nimmt sie Rücksprache mit Geschäftsleitung und Betriebsrat.

5. Frau Müller soll anhand von Vorgaben der Geschäftsleitung und des Betriebsrats selbst Artikel für das Blackboard verfassen, die dem jeweiligen Auftraggeber in Papierform zur Kontrolle vorgelegt werden sollen.

6. Frau Müller ergänzt die Artikel mit passendem Bildmaterial aus dem Firmenarchiv und nimmt mittels einer noch anzuschließenden Digitalkamera aktuelle Bilder auf.

7. Die Präsentation der Informationen im Blackboard soll dem Firmenlayout des Unternehmens im Internet angepasst sein.

8. Einzelne Artikel des Blackboard sollen in Absprache mit der Marketing-Abteilung auch auf der Website des Unternehmens veröffentlicht werden.

9. Frau Müller möchte alle Artikel elektronisch archivieren können. Neben Autor und Titel des Artikels sollen dazu bis zu sechs Schlagworte je Artikel, das Datum und der gesamte Text sowie die zugehörigen Bilder abgespeichert werden.

Lösung:

Software-Kategorie	Beispiel für ein Produkt
Internet Browser	Internet Explorer, Firefox, Opera, Chrome
Webdesign	Expression Web, Dreamweaver
Textverarbeitung	Word Perfect, MS Word, Writer
Bildbearbeitung	Photo Editor, Picture Publisher, Lightroom
Datenbank-Software	Access, MySQL, Oracle
Mail Software	Lotus Notes, Outlook, Thunderbird

Bearbeitungshinweise

Diese Aufgabe zielt darauf ab, Ihre grundlegenden Kenntnisse über *Anwendungs-Software* zu prüfen. Sie ist ferner ein gutes Beispiel dafür, dass Prüfungsaufgaben gelegentlich mit Informationen überfrachtet sind, von denen nur ein recht geringer Teil zur Lösung der Aufgabe nutzbar ist.

In der Bewertung wird mehr Wert auf das Nennen der Software-Kategorien gelegt als auf die passenden Beispiele, die aber auch stimmig sein müssen. *Detailkenntnisse* zu einzelnen Software-Produkten, z. B. ein Vergleich von Internet Explorer und Firefox im Funktionsumfang, werden Ihnen in der Prüfung nicht abverlangt. Das Schwierige an solchen Aufgaben ist eben, dass sie eigentlich sehr einfach sind!

Recherche-Empfehlung

Verschaffen Sie sich einen aktuellen Überblick über *gängige Anwendungs-Software*. Achten Sie dabei weniger auf die Versionsnummern, als auf die grundlegenden *Funktionen* und *Anwendungsbereiche* der Software. Nutzen Sie dazu übersichtsartige *Produktbeschreibungen* im Internet. Auch in Fachzeitschriften sind häufig Vergleiche zwischen verschiedenen Produkten zu finden. Recherchieren Sie zudem in Ihrem IT-Handbuch den Bereich Anwendungs-Software!

Aufgabe Multimedia-PC

Ein Kunde Ihres Unternehmens möchte sich einen Multimedia-PC anschaffen. Er bittet Sie, ihn zu beraten. Beantworten Sie in diesem Zusammenhang die folgenden Fragen, die der Kunde an Sie richtet.

a. Wozu dient eine Videoschnittkarte?
b. Worin liegt der Unterschied zwischen einem TFT-Monitor und einem CRT-Monitor?
c. Was bedeutet Horizontalfrequenz und Vertikalfrequenz?
d. Worin liegt der Unterschied zwischen den verschiedenen DVD-Standards DVD-R/-RW, DVD + R/+ RW, DVD-RAM?
   Welcher ist empfehlenswert und worin liegt der Unterschied zu Blu-ray-Disks?
e. Was bedeutet HDMI und was HD-Ready?
f. Was ist unter S-ATA zu verstehen und was ist eSATA?
g. Was versteht man unter „Sound On Board"?
h. Was bedeutet „Sampling"? Was besagt die Abtastrate und die Abtasttiefe?
i. Was versteht man unter Surround Sound?
j. Was versteht man unter dem Wavetable-Verfahren?
k. Was ist ein Streaming-Client?
l. Was bedeutet PCIe x1 (PCI-Express)?
m. Was versteht man unter MPEG-Standards?
n. Worin liegen die Unterschiede zwischen USB und Firewire?
o. Was bedeutet „Interlacing"?
p. Worin liegt der Unterschied zwischen Vektorgrafik und Bitmap?
q. Welche Komprimierungs-Formate für Bitmaps gibt es, wie unterscheiden sie sich und was ist unter dem RAW-Format zu verstehen?
r. Was versteht man unter DirectX?
s. Was versteht man unter Stripe Sets (dynamische Datenträger)?
t. Was versteht man unter einer S/PDIF-Schnittstelle?
u. Was versteht man unter einer SSD?

Lösung:

a. PCI-Hardware-Ergänzung für leistungsschwächere PCs zur Video-Bearbeitung, vor allem Digitalisierung, angesichts der Leistungsfähigkeit moderner PCs nicht mehr erforderlich.
b. TFT = Thin Film Transistor, eignet sich weniger gut für schnelle komplexe Spiele, flach, keine Strahlung
   CRT = Kathodenstrahlröhre, elektromagnetische Strahlung, nimmt viel Platz weg, schnelle Reaktionszeit
c. Horizontalfrequenz = wie viele Zeilen pro Sekunde auf dem Bildschirm (CRT) dargestellt werden, haben bei TFTs keine Bedeutung
   Vertikalfrequenz = Bildwiederholfrequenz = wie oft das Bild pro Sekunde auf dem Bildschirm neu aufgebaut wird

Horizontalfrequenz = Vertikale Auflösung x Vertikalfrequenz + Synchronisationszeilen

d. Unterschiedliche Hersteller-Standards: DVD-Forum (DVD-R/-RW/-RAM) und DVD+RW-Allianz (DVD+R/+RW)

Gängige DVD-Player können alle Standards lesen. Kapazität: 4,7 GByte. DVD+R/+RW ist weiter verbreitet.

Vorteil: CAV-Verfahren erleichtert fragmentiertes Abspeichern

Blu-ray-Disks haben eine erheblich höhere Speicherkapazität und Datenübertragungsgeschwindigkeit als DVDs.

e. HDMI steht für High Definition Multimedia Interface, eine Schnittstelle für die digitale Übertragung. hd-ready ist ein Logo für hochauflösendes Fernsehen (HDTV = High Definition Television).

f. Serielle Schnittstelle, Weiterentwicklung der IDE-Schnittstelle: geringerer Platzbedarf, längere Kabel möglich, höhere Datenübertragungsrate (bis zu 600 MByte/s), NCQ, HotPlug. eSATA ist wie USB eine externe Schnittstelle, z. B. für externe Festplatten.

g. Im Chipsatz des Mainboard ist ein Sound Chip integriert. Kann je nach Ausstattung Sound-Karte überflüssig machen. Vorteil: weniger PCI-Slots erforderlich

h. Sampling = Digitalisierung analoger Medien

Abtastrate = Sampling-Rate = Häufigkeit der Messung, z. B. 44.100 Hz=44.100 Mal pro Sekunde

Abtasttiefe = maximale Datenmenge, die pro Abtastung gespeichert wird, z. B. 16 Bit bei Stereo

i. Raumklang, hochwertige Mehrkanal-Tonwiedergabe, Standard ist Dolby Digital 5.1 (auch AC-3 genannt): Fünf Tonkanäle plus Bass (aktuell bis zu 11.1). Medienquelle muss Verfahren unterstützen!

j. Verfahren, bei dem Musik nicht mittels Frequenz-Modulations-Synthese erzeugt wird, sondern abgespeicherte Klänge echter Instrumente zur Klangerzeugung verwendet werden: naturgetreuere Musikerzeugung!

k. Empfangsgerät für Medieninhalte

l. Hochgeschwindigkeitsanbindung für Erweiterungskarten, mit Übertragungsrate 250 MByte/s. Löst PCI und AGP ab. Unterschied zu PCI: kein gemeinsamer Bus mehr, sondern einzelne Anbindung, dadurch keine Bandbreitenkonflikte mehr

m. MPEG = Motion Picture Expert Group, definiert Kompressions-Standards für digitale Video- und Audio-Dateien: MP3, MPEG-2, MPEG-4

n. USB = Universal Serial Bus, bis zu 127 Geräte anschließbar, hot plugging, Datenübertragungsrate bis zu 480 MBit/s (2.0). USB 3.0 ist abwärtskompatibel.

FireWire (IEEE 1394, iLink), bis zu 63 Geräte anschließbar, die ohne PC untereinander kommunizieren können, hot plugging, Datenübertragungsrate bis zu 3.200 MBit/s.

o. Veraltet: Zeilensprungverfahren; neu: Ladeverfahren für GIF-Bilder im Internet, um schneller die Bildinformation zu vermitteln

p. Vektorgrafik: Bilder werden als mathematische Beschreibung von Objekten gespeichert, geringerer Speicherbedarf, verlustfreie Skalierbarkeit (SVG).
   Bitmap: Bilder werden als Pixel gespeichert (bmp).

q. JPEG: Farbtiefe 24-Bit, keine Transparenz, für Fotos
   GIF: maximal 256 Farben, Transparenz, Interlacing, Animation (mehrere GIF-Bilder in einer Datei)
   TIFF: Rastergrafik v. a. bei Scannern, verlustfreie Kompression
   RAW steht für Rohdatenformat, d. h. ohne Komprimierung

r. Standardisierte Betriebssystem-Schnittstelle, mittels der Programme, v. a. Videobearbeitungs-Software, direkt auf die Hardware zugreifen können: höhere Performance

s. Unter NTFS lassen sich mehrere Festplatten logisch zusammenschalten: wachsende Partition! Auch mittels RAID-Controller (Raid-Level 0)

t. Digitale Audio-Schnittstelle für verlustlose digitale Kopien, Ausführung koaxial oder optisch (Glasfaser)

u. SSD steht für Solid-State-Drive, eine nichtmechanische Festplatte, empfiehlt sich für schnelles Booten des Betriebssystems, als Massenspeicher noch zu teuer.

Bearbeitungshinweise

Eine Aufgabe dieses Umfangs ist natürlich in der Prüfung nicht denkbar, da jede Aufgabe auf 20 Punkte beschränkt ist, aber das *Thema Multimedia-PC* ist praxisbezogen und umfasst einen großen Begriffsapparat, der gerne auch gefragt wird. Beschränken Sie sich bei der Beantwortung solcher Fragen auf Stichworte, die das Wesentliche zu dem Thema enthalten. Es gibt für Sie prinzipiell drei Möglichkeiten bei solchen Aufgaben: Wenn Sie mit dem gefragten Begriff überhaupt nichts anfangen können, erleiden Sie einen Punktverlust. Viel häufiger kommt es aber vor, dass Sie nur eine ungefähre Ahnung haben. Die reicht zur Beantwortung meist aus. Gut ist es, wenn Sie ein paar Zahlen, z. B. Datenübertragungsraten, Kapazitäten, etc. mit hinschreiben können. Falls Sie von dem gefragten Sachverhalt sehr viel verstehen, wird es gefährlich in Bezug auf Ihr *Zeitmanagement*. Bescheiden Sie sich! Bei 100 Punkten in 90 min haben Sie pro zu erzielendem Punkt weniger als eine Minute Zeit, und für ausführliche Antworten erhalten Sie keine Zusatzpunkte!

Recherche-Empfehlung

Recherchieren Sie alle oben gefragten Begriffe in Ihrem IT-Buch. Besorgen Sie sich ein *aktuelles Prospekt für einen Multimedia-PC* und recherchieren Sie alle Angaben auf dem Prospekt. Stellen Sie sich vor, Sie müssten selbst Aufgaben für eine solche Prüfung konzipieren. Was würden Sie fragen?

Aufgabe Notebook

Für die Außendienstmitarbeiter der IT Solutions GmbH sollen Notebooks angeschafft werden. Sie erhalten den Auftrag, dazu Anfragen an verschiedene Händler vorzubereiten und zu verschicken. Dazu erhalten Sie von der Geschäftsleitung einen entsprechenden Anforderungskatalog: Die Notebooks sollen sich in mittlerer Preislage bewegen und für Office-Anwendungen konzipiert sein. Sie sollen über einen einfachen Internet-Zugang verfügen, um Kundendaten via Internet auf das Firmennetzwerk zu übertragen bzw. von dort aktuelle Kalkulations- und Angebotsdaten abrufen zu können.

Benennen Sie fünf für Notebooks erforderliche Hardwarekomponenten geben Sie für jede Komponente ein Leistungsmerkmal und die dazu gängige Minimalanforderung an.

Lösung:

Komponente	Leistungsmerkmal	Minimalanforderung
Prozessor	Taktfrequenz	1,8 Ghz
Arbeitsspeicher	Größe	2 GByte
Festplatte	Kapazität	1 TByte
UMTS-Modem	Datenübertragungsrate	3,6 Mbit/s
DVD/CD-RW	Geschwindigkeit	8x
Grafikkarte	Auflösung	1024×768
Schnittstellen	USB	2x
TFT Display	Größe	15 Zoll
Akku	Laufzeit	4 h

Bearbeitungshinweise

Bei dieser Aufgabe können Sie auch wieder den Praxis- bzw. Auftragsbezug gut erkennen. Eine solche Aufgabe ist in der Prüfung meist *kombiniert mit* Fragen aus anderen Lernfeldern, z. B. auch mit *juristischen Fragestellungen* zum Zustandekommen des Kaufvertrags (Angebot und Annahme) sowie zu den Kaufvertragsstörungen (siehe *Lernfeld 1*), oder auch mit *Marketing-Fragen* in Bezug auf das Vertriebssystem mit Außendienstmitarbeitern (siehe *Lernfeld 8*), es könnte aber auch eine *organisatorische Frage* anknüpfen, z. B. zur Prozessorganisation (siehe *Lernfeld 2*), dass Sie z. B. eine einfache Ereignisgesteuerte Prozesskette zu einem Vertriebsvorgang zeichnen müssen.

In den Musterlösungen sind meist mehr als die geforderte Anzahl von Kriterien gegeben, damit der Korrektor eine Auswahl hat. Problematisch ist natürlich die Nennung von *Minimalanforderungen*, denn dazu gibt es keine klaren Definitionen, und das hängt auch von den genauen Preisvorstellungen und Praxisanforderungen ab, die wir hier in der Aufgabenstellung nur sehr unpräzise genannt bekommen. Wählen Sie *übliche Werte*, es soll hier nur geprüft werden, ob Sie eine ungefähre Vorstellung von den relevanten Werten haben.

Recherche-Empfehlung

Schauen Sie sich *aktuelle Prospekte* oder Anzeigen *zu Notebooks* an und recherchieren Sie die dort genannten Kriterien. Recherchieren Sie in Ihrem IT-Handbuch das Thema Notebook. Häufig finden sich auch in Computer-Fachzeitschriften *aktuelle Produktvergleiche* von Notebooks (wie natürlich auch von anderen Hardware-Komponenten). Wählen Sie aber nur einige wenige prägnante Kriterien für Ihre Lernunterlagen daraus aus.

Anhand welcher Kriterien unterscheiden Sie Laptops (= „Klappdeckel"), Notebooks, Subnotebooks, Thin Clients, Tablet-PCs und Smartphones?

4.3.2 Rund ums Motherboard

Die wichtigste Hardware-Komponente eines PCs, das Herzstück oder eigentlich der PC selbst, ist das Motherboard oder *Mainboard*. Für den Abschluss in einem IT-Beruf sollten Sie *Aufbau und Aufgaben* des Motherboards beherrschen. Die Prüfungsfragen richten sich dabei auf Bereiche, die praktische Bedeutung haben wie *BIOS-Einstellungen*, *Power-Management* und verwendbarer *Arbeitsspeicher*. Es sind eher grundlegende Fragen zu erwarten, denn angesichts der Vielfalt und Unterschiedlichkeit der sich auf dem Markt befindlichen Motherboards und auch angesichts der schnellen technischen Entwicklung in diesem Bereich können keine zu detaillierten Fragen gestellt werden.

Chipsatz
Auf die Frage „Welche Aufgaben werden durch einen *Chipsatz* übernommen?" können Sie antworten: Ansteuerung des RAM, Ansteuerung der PCIe-Lanes, Verwaltung der Bussysteme, Cache-Controll-Verwaltung, Power-Management-Verwaltung, IRQ-Verwaltung, Schnittstellenverwaltung, Bereitstellung von erweiterten On-Board-Funktionen (Sound, Grafik, Modem, Netzwerk).

CPU
Fragen zur CPU betreffen zunächst die *von-Neumann-Architektur* als theoretische Frage, dann die grundlegende Funktionsweise einer CPU, wobei Ihnen *Pipelining* und *Multithreading* als Begriffe bekannt sein sollten. Wichtig ist die Frage, welche Aufgabe der Cache erfüllt, Anzahl und Größe der Caches ist in der Praxis zu unterschiedlich, als dass dies gefragt werden könnte. Ein *Cache* ist ein Pufferspeicher zwischen CPU und RAM, der der CPU einen schnellen Zugriff auf zu verarbeitende Daten und Befehle ermöglicht. Fragen zur 64-Bit-Technologie oder zu Multi-Prozessor-Betriebssystemen werden, wenn sie kommen, als eher schwierig eingestuft, d. h. sie sind so formuliert, dass ein Grundverständnis der Zusammenhänge eine sinnvolle Antwort ermöglicht. Was ist ein Multi-Core-Prozessor?

RAM

Aufgaben zum Thema *Arbeitsspeicher* können sich auf die Nennung und Erläuterung der verschiedenen erhältlichen Arten von Speicherbausteinen beziehen und auf die dazu angegebenen Bezeichnungen. Z. B. bedeutet DDR-SD RAM PC333/2700: Double Data Rate mit einer FSB-Taktfrequenz von 333 MHz und einer maximalen Bandbreite von 2700 MByte/s. Der feste Zusammenhang zwischen FSB (Front Side Bus) und CPU-Takt gilt bei neuen Systemen nicht mehr so einfach wie früher, weshalb es schwierig ist, hierzu Fragen zu formulieren. Aber die Frage, wozu der Arbeitsspeicher dient oder die Bedeutung der *Auslagerungsdatei* können gut gefragt werden: Daten und Programmteile werden zur Nutzung bzw. Bearbeitung vom Massenspeicher in den Arbeitsspeicher kopiert. Vor allem enthält er auch die benötigten Teile des Betriebssystems. Die Auslagerungsdatei auf der Festplatte kommt dann zum Einsatz, wenn die Kapazität des Arbeitsspeichers zu gering ist. Dies verlangsamt die *Performance* des Rechners erheblich, weshalb je nach geplanter Anwendung der Arbeitsspeicher entsprechend groß gewählt werden sollte.

Recherche-Empfehlung

Wenn Sie über gute praktische Detailkenntnisse zu Motherboards verfügen, ist das prinzipiell gut, aber beschäftigen Sie sich auf dieser Basis mit den *grundlegenden „theoretischen" Zusammenhängen*. Nehmen Sie sich ein Motherboard oder eine gute Abbildung dazu, die es im Internet oder in IT-Fachzeitschriften häufig gibt, zur Hand und benennen Sie die einzelnen Komponenten und listen Sie sich ihre Bedeutung und grundlegende Funktionsweise auf. Hierbei sollten Sie Ihr Augenmerk auch auf die *Funktionsweise des Chipsatzes* (North Bridge, South Bridge, etc.) und auf die vorhandenen und möglichen *Schnittstellen* (SATA, PCIe, SCSI, USB, PS/2, Parallel-Port, etc.) legen. Recherchieren Sie die Grundlageninformationen zu Motherboard, Chipsatz, CPU und Schnittstellen in Ihrem IT-Handbuch und tragen Sie dazu aktuelle Leistungsmerkmale zusammen.

Aufgabe BIOS

Sie sind Mitarbeiter der IT Solutions GmbH. Im Rahmen Ihrer Tätigkeit im IT-Support-Bereich überprüfen Sie an einem Office-PC die BIOS-Einstellungen.

a. Erläutern Sie stichwortartig Speicherort, Bedeutung und Funktionsweise eines BIOS.

b. Erläutern Sie die in nachstehender Tabelle aufgeführten BIOS-Parameter und die Wirkung der genannten Einstellung.

Parameter	Einstellung
SYSTEM BIOS Cacheable	DISABLED
Boot Sequence	C, A, CD-ROM, USB
CPU Warning Temperature	158F

Parameter	Einstellung
PnP OS Installed	YES
Quick Power On Self Test	DISABLED
Memory Parity/ECC Check	AUTO
Flash Write Protect	DISABLED
Boot Sector Virus Warning	ENABLED
Swap Floppy Drive	ENABLED
Show Bootup Logo	DISABLED

Lösung:

a. BIOS = Basic Input Output System, spezieller Festwertspeicher-Baustein (EE-PROM, Flash Memory) auf dem Motherboard, enthält alle erforderlichen Parameter zur Konfiguration von Mainboard und CPU sowie weitere Einstellmöglichkeiten, wird unmittelbar nach Einschalten des PC geladen, dem Betriebssystem vorgelagert. Führt zunächst POST (Power On Self Test) aus (Test der installierten Hardware-Komponenten), ruft anschließend den Boot Loader auf.

b. BIOS-Parameter und Einstellungen

SYSTEM BIOS Cacheable	DISABLED

Teil des BIOS kann in Cache geladen werden, sollte aber DISABLED (also nicht aktiviert) bleiben, weil Programme sich in denselben Cache-Bereich schreiben könnten und der Geschwindigkeitsvorteil eher gering ist.

Boot Sequence	C, A, CD-ROM, USB

Legt beim Booten fest, welche Laufwerke nach bootfähigen Betriebssystemen in welcher Reihenfolge abgesucht werden. Hat man zwei Betriebssysteme auf zwei Festplatten, kann durch Ändern der Boot Sequence das häufiger genutzte Betriebssystem standardmäßig eingestellt werden.

CPU Warning Temperature	158 F

Bei Overclocking-Boards Warntemperatur (158 F = 70 °C). Bei Erreichen der Temperatur wird CPU-Geschwindigkeit automatisch gedrosselt: Hitzeschaden nahezu ausgeschlossen.

PnP OS Installed	YES

PnP = Plug & Play (seit Windows 98), OS = Operating System = Betriebssystem. PnP OS kann Ressourcen eigenständig vergeben. YES behindert manuelle Ressourcen-Zuweisung über das OS.

Quick Power On Self Test	DISABLED

Der POST braucht beim Booten einiges an Zeit, schneller geht es, wenn die Quick-Version aktiviert (enabled) ist, aber dann wird der Memory nicht mehr gecheckt!

Memory Parity/ECC Check	AUTO

Beim Start können hierdurch Fehler im Arbeitsspeicher entdeckt werden, ECC steht für Error-Correction-Funktion, dafür sind jedoch spezielle Speicher-Module mit einem weiteren Bit für die ECC-Kontrolle nötig. 1-Bit-Fehler werden korrigiert, bei 2-Bit-Fehlern hält der PC an.

Flash Write Protect	DISABLED

Moderne BIOS-Chips sind EEPROMS und können geflashed, d. h. softwaremäßig aktualisiert werden, sofern der Schreibschutz deaktiviert ist.

Boot Sector Virus Warning	ENABLED

Gibt Alarm bei Veränderungen im Boot-Sektor, muss bei Betriebssysteminstallation deaktiviert werden, da es sonst zum Absturz kommt.

Swap Floppy Drive	ENABLED

Schalter gestattet Wechsel des Laufwerkbuchstaben zweier angeschlossener Diskettenlaufwerke ohne Umverkabelung.

Show Bootup Logo	DISABLED

Beim Booten wird das Hersteller-Logo nicht angezeigt. Dadurch lässt sich die Boot-Geschwindigkeit geringfügig steigern.

Bearbeitungshinweise

Die Bedeutung und die Aufgaben des BIOS sollten Sie beherrschen. Die *Vielzahl möglicher BIOS-Einstellungen* können Sie jedoch nicht alle im Kopf haben. Selbst ein routinierter Praktiker kennt nicht alle Einstellungen, denn wenn das BIOS einmal richtig eingestellt ist, wird selten darin „herumgefummelt".

Der Ansatz für Fragen zu BIOS-Einstellungen ist zum einen, dass *besonders wichtige Einstellungen* gefragt werden, die Sie kennen sollten. Zum anderen werden solche Einstellungen für Fragen ausgewählt, bei denen sich aus der *Formulierung* des Parameters seine Bedeutung gut erschließen lässt. Es ist also immer besser, eine Vermutung hinzuschreiben als die Aufgabe nicht zu beantworten. Es ist ferner bei der Beantwortung nicht erforderlich, den jeweiligen Parameter zu tief und ausführlich zu erläutern, Kernaussagen stichpunktartig reichen völlig aus.

Recherche-Empfehlung

Prüfen Sie Ihr IT-Handbuch auf Informationen zum BIOS. Schauen Sie sich das *BIOS Ihres eigenen Rechners* genau an und recherchieren Sie im Internet die Bedeutung der einzelnen BIOS-Einstellungen. Achten Sie dabei aber auf besonders wichtige Einstellungen und auf solche, die sich aus der Formulierung des Parameters plausibel ergeben. Recherchieren Sie den Entwicklungsstand des Nachfolgers UEFI und die Unterschiede und Vorteile.

Aufgabe Power-Management

a. Sie erhalten den Auftrag, für einen Kunden ein Netzwerk einzurichten. Der Kunde möchte von Ihnen die Kosten des Stromverbrauchs für das Netzwerk wissen. Gehen Sie von folgenden Daten aus:
   20 Arbeitsplatz-PCs, Leistungsaufnahme pro PC: 200 W
   21 19-Zoll-Bildschirme, Leistungsaufnahme Bildschirm: 100 W
   1 Server, Leistungsaufnahme: 300 W
   2 Switches, Leistungsaufnahme pro Switch: 50 W
   Preis pro kWh: 12 Cent
   Ermitteln Sie die monatlichen Stromkosten des dargestellten Netzwerks. Gehen Sie bei Ihrer Berechnung davon aus, dass die angegebenen Werte der tatsächlichen Leistungsaufnahme entsprechen und dass das Netzwerk im Monatsdurchschnitt insgesamt 160 h in Betrieb ist.
b. Zur Senkung des Stromverbrauchs verfügen moderne PCs und Notebooks über Power-Management-Funktionen. Erläutern Sie kurz die Funktionsweise, Anwendungsmöglichkeiten, Vorteile und die Konfiguration von APM und ACPI.
c. Erläutern Sie die bei ACPI möglichen Modi S1, S3 und S4 in Bezug auf Umfang des „stand by", Stromverbrauch und „wake up time".
Lösung:
a. Berechnung monatliche Stromkosten:

Arbeitsplatz-PCs:	20×200 W =	4000 W
Bildschirme:	21×100 W =	2100 W
Server	1×300 W =	300 W
Switches	2×50 W =	100 W
Summe Leistungsaufnahme pro Stunde		6500 W
6500 W/h x 160 h = 1040 kWh		
1040 kWh x 0,12 €/kWh =		124,80 €

b. APM = Advanced Powermanagement = Stromspareinstellungen im BIOS-Setup
ACPI = Advanced Configuration and Power Interface = Stromspareinstellungen über das Betriebssystem.

Zum Stromsparen werden nicht benötigte Komponenten (Festplatte, Monitor, etc.) abgeschaltet oder in einen Zustand reduzierter Leistungsaufnahme versetzt. Prozessoren können heruntergetaktet werden. Abschaltung Hintergrundbeleuchtung von TFT-Monitoren. Vorteile: verlängerte Laufzeit von Akkus bei Notebooks, Senkung der Stromkosten. Konfiguration: Festlegung von Inaktivitätszeiträumen, nach denen der Stromsparmodus aktiviert wird.

c. *S1-Modus:* Prozessor führt keine Programme mehr aus, Festplatten werden abgeschaltet, Daten bleiben im Arbeitsspeicher, Netzteillüfter bleibt aktiv, Stromverbrauch ca. 30–40 W, wake up time ca. fünf bis zehn Sekunden.

S3-Modus: Suspend-to-RAM (Stand by), alle Komponenten des PCs werden heruntergefahren, Arbeitsspeicher wird gepuffert, Netzteillüfter wird abgeschaltet, Stromverbrauch ca. 10–30 W, wake up time ca. fünf bis zehn Sekunden.

S4-Modus: Suspend to Disk (Ruhezustand), entspricht S3, aber Arbeitsspeicherinhalt wird in spezieller Image-Datei auf Festplatte gesichert. Alle Komponenten bis auf die „Soft-on"-Überwachungsfunktion des Mainboards sind deaktiviert. Stromverbrauch ca. 5–10 W, wake up time ca. zwanzig Sekunden.

Bearbeitungshinweise

Zunächst haben wir hier mit der *Stromkostenberechnung* eine kaufmännische Aufgabe, die auch in verkürzter Form in der WiSo-Prüfung auftauchen kann. Wenn ein Gerät mit einer Leistungsaufnahme von 100 W eine Stunde lang betrieben wird, so werden 100 Wattstunden, also 0,1 kWh an Strom verbraucht. Die *tatsächliche Leistungsaufnahme* der Geräte ist abhängig von der jeweiligen Inanspruchnahme, und die kann je nach der gewählten Aufgabe und dazu erforderlichen Rechenleistung recht unterschiedlich sein.

Diese einfache Berechnung kann als Basis für weitere Aufgaben zum Power Management dienen, hier als zweites die *Einstellmöglichkeiten* zum Power Management im *BIOS* sowie vor allem im *Betriebssystem*. Allgemeine Fragen zu Einstellmöglichkeiten im Betriebssystem sind immer denkbar, wobei sich die Aufgaben auf Einstellungen richten, die eine gewisse Praxis-Relevanz haben. Aufgaben zum *Registry-Tuning* sind daher eher nicht zu erwarten, da diese nicht mehr zum Grundlagen-, sondern schon zum Expertenwissen gerechnet werden. Allerdings ist auch eine Frage denkbar, die sich auf die grundlegende Funktion und den Aufbau der *Registry* bezieht. Die Aufgabe zu den einzelnen Stromspar-Modi im *ACPI* geht schon sehr tief in die Materie hinein, ist aber aus kaufmännisch-praktischer Sicht relevant, kann also gestellt werden.

Recherche-Empfehlung

Machen Sie sich mit den *Power-Management-Funktionen Ihres Rechners* vertraut.
Recherchieren Sie in Ihrem IT-Handbuch und im Internet die einzelnen Begriffe und
Zusammenhänge. Überlegen Sie sich, welche anderen Einstellmöglichkeiten an Ihrem
Rechner *Praxisrelevanz* haben. Schauen Sie dazu die *Systemsteuerung* Ihres Rechners
durch und überlegen Sie sich selbst mögliche Fragen zu den gegebenen Einstellmög-
lichkeiten. Auf diese Art und Weise entstehen auch die Prüfungsaufgaben, mit denen
Sie konfrontiert werden.

4.3.3 Peripherie-Geräte

Unter Peripherie-Geräten versteht man *alle diejenigen Geräte, die man an einen PC anschließen kann*, d. h. Festplatten, Diskettenlaufwerke, Cardreader, DVD-Laufwerke sowie
-brenner, Tastatur, Maus, Bildschirm, Drucker, Scanner, Digitalkamera, etc.
Fragen zu Tastatur und Maus und auch zu Laufwerken machen wenig Sinn. Aus auf-
tragsbezogener Sicht kommen am ehesten Fragen zum Thema Festplatte, Bildschirmarbeitsplatz, Drucker-Auswahl. Aber auch Scanner und Digitalkamera eignen sich gut für
praxisbezogene Fragen.

Recherche-Empfehlung

Schauen Sie sich an Ihrem PC-Arbeitsplatz um und benennen Sie kurz jeweils *fünf Kriterien* für die angeschlossenen bzw. anschließbaren Peripherie-Geräte, die Ihnen in den
Sinn kommen. Recherchieren Sie in Ihrem IT-Handbuch die einzelnen Geräte. Schau-
en Sie sich in den nachfolgenden Musteraufgaben insbesondere die Berechnungsauf-
gabenteile besonders gut an, weil dies beliebte Prüfungsfragen sind, die aber immer
wieder in ähnlicher Gestalt auftauchen.

Aufgabe Bildschirmarbeitsplatz

Im Rahmen Ihrer Tätigkeit sollen Sie für eine neue Mitarbeiterin einen Bildschirm-
arbeitsplatz einrichten. Nennen Sie sechs Kriterien, die bei der Bildschirmarbeitsplatz-
gestaltung zu beachten sind.
   Lösung:
   Bildschirm (z. B. flimmerfrei, schwenkbar und neigbar, reflexions- und spiegelfrei,
19 Zoll, TCO 06)
   Tastatur (z. B. neigbar, gut beschriftet, matte Oberfläche, ergonomisch geformt)
   Arbeitstisch, Arbeitsfläche (z. B. ausreichende Größe, richtige Höhe, Tastaturaus-
zug, reflexionsarme Oberfläche)
   Arbeitsstuhl (z. B. Sitzposition, Kippfreiheit, verstellbare Sitzhöhe und Rückenleh-
ne, evtl. Fußstütze)

Beleuchtung (z. B. Anzahl, Anordnung und Ausrichtung der Lichtquellen, Blendschutzlamellen, Fensterlage)

Lärm (z. B. geringe Lärmbelastung)

Wärme und relative Luftfeuchtigkeit; gesundes Raumklima

Strahlung, elektromagnetische und elektrische Felder

gute Erreichbarkeit der Bedienelemente des PCs sowie der Peripheriegeräte (Drucker, Scanner)

Maus (ergonomisch geformt, Mousepad, optische Scrollmaus)

Verkabelung (z. B. keine Stolperfallen)

Bildschirm so anordnen, dass sich keine schiefe Körperhaltung beim Arbeiten ergibt. Augenabstand mindestens 60 cm

Bildschirmoberkante auf Augenhöhe

Bildschirm mittels OSD richtig einstellen: Bildgröße, Bildlage, Farbtemperatur, Helligkeit und Kontrast

Optimale Bildschirmauflösung, abhängig von der Diagonalen

Bildschirmgröße sollte in Bezug auf die Arbeitsanforderunge angemessen sein (evtl. Dual-Monitor-Betrieb)

Bearbeitungshinweise

Eine *„Nennen Sie stichwortartig"-Aufgabe* zum Thema Bildschirmarbeitsplatz kann immer wieder kommen, weil das Thema auch für die Praxis wichtig ist. Es reicht hier also, sechs der genannten Kriterien aufzuzählen, die Angabe „z. B." besagt, dass Sie auch andere passende Kriterien nennen können. Zur Lösung einer solchen Aufgabe sind keine detaillierten *Normenkenntnisse* notwendig, sondern ein Grundlagenwissen, worauf bei der Einrichtung eines Bildschirmarbeitsplatzes zu achten ist.

Der Zusammenhang zwischen *Auflösung* und *Bildwiederholfrequenz* sollte Ihnen klar sein. Ferner sollten Ihnen die Einstellmöglichkeiten am *OSD* (= On-Screen-Display) bekannt sein: Helligkeit, Kontrast, vertikale und horizontale Bildlage, Bildgröße, RGB-Farbanteile, Entmagnetisierung, Linearität.

Recherche-Empfehlung

Dies kann jedoch keine Garantie sein, dass hier nicht detaillierte Kriterien abgefragt werden. Recherchieren Sie also vor allem zunächst in Ihrem IT-Handbuch und vergleichen Sie die Angaben, die Sie finden, mit Informationen im Internet. Als Suchbegriff für das Internet empfiehlt sich vor allem das Stichwort *„Ergonomie"*. Und schauen Sie sich einmal die *Bildschirmarbeitsplatzverordnung* an. Es ist jedoch kaum möglich, sich alle Kriterien zu merken, aber suchen Sie sich die wesentlichen heraus. Überprüfen Sie Ihren eigenen Bildschirmarbeitsplatz, inwieweit Sie die Normen eingehalten haben! Und schauen Sie sich das OSD Ihres Bildschirms an. Wo liegen hier die Unterschiede zwischen CRT- und TFT-Monitoren?

Aufgabe Festplatte

Ein Kunde hat eine externe 160 GByte HDD über USB an seinen PC angeschlossen. Diese externe Festplatte ist auf eine Clustergröße von 8×512 Byte eingestellt.

a. Erläutern Sie in Bezug auf eine Festplatte die Begriffe Sektor, Cluster und Zylinder.

b. Berechnen Sie, wie viele Cluster auf der oben genannten externen Festplatte durch eine 800 MByte große Datei belegt werden. Der Rechenweg ist anzugeben.

c. Berechnen Sie die Übertragungsdauer, wenn diese 800 MByte Datei von der internen Festplatte über USB 2.0 auf die externe Festplatte übertragen werden soll. Der Rechenweg ist anzugeben.

Lösung:

a. Begriffserläuterungen

Sektor = kleinste adressierbare Einheit einer Platte, umfasst 512 Bytes.

Ein Cluster (= Zuordnungseinheit) fasst mehrere Sektoren zusammen. Die Anzahl hängt von Partitionsgröße und Dateisystem ab.

Zylinder = übereinander liegende Spuren eines Plattenstapels.

b. 8×512 Byte = 4096 Byte = 4 kByte

800 MByte/4 kByte = 200.000 Cluster

c. USB 2.0 = 480 Mbit/s/8 = 60 MByte/s

800 MByte/s/60 MByte/s = 13,33 s

Bearbeitungshinweise Abgesehen von allgemeinen *Auswahlkriterien* für Festplatten können auch Fragen zu *technischen Details* kommen. Vor allem sind dabei die strukturelle Gestaltung einer Festplatte und das Datenübertragungsverhalten als Fragen interessant. Der Begriff *Cluster* wurde auch in einem anderen Zusammenhang bereits gefragt: bei der *Zusammenschaltung mehrerer Server* im Cluster-Betrieb. Die Berechnung, wie viel Cluster durch eine 800 MByte große Datei belegt werden, sollte Ihnen keine Schwierigkeiten bereiten. Etwas problematisch war die Dauer der Datenübertragung, da Sie hier die *Geschwindigkeit von USB 2.0* kennen und von Bit in Byte herunterrechnen mussten.

Recherche-Empfehlung

Schauen Sie sich zunächst an, was Sie in Ihrem IT-Handbuch zum *Thema Festplatte* finden. Recherchieren Sie dann die *Clusterung* bei verschiedenen *Dateisystemen* (z. B. FAT32, NTFS). Dabei können Sie gleichzeitig auch diese Dateisysteme und ihre wesentlichen Unterschiede recherchieren. Wie gehen Hersteller von 3 TByte-Festplatten vor, um sie in älteren System ansprechbar zu machen?

Aufgabe Scanner Drucker Digitalkamera

Ein Kunde bittet Sie um Beratung, weil er sich einen Scanner und einen Drucker zulegen möchte.

a. Nennen Sie fünf Kriterien, die bei der Auswahl des Druckers zu beachten sind.

b. Erläutern Sie, was unter der PostScript-Fähigkeit von Druckern zu verstehen ist.

c. Bei einem Scanner wird unterschieden zwischen optischer und interpolierter Auflösung. Erläutern Sie den Unterschied.

d. Als weiteres Entscheidungsmerkmal wird bei Scannern die Farbtiefe angegeben.
Beurteilen Sie dieses Merkmal.

Der Kunde beabsichtigt außerdem, eine Digitalkamera zu kaufen und bittet Sie dahingehend um weitere Beratung.

e. Nennen Sie drei Kriterien, die bei der Kaufentscheidung beachtet werden sollten.

f. Nennen Sie vier bei Digitalkameras häufig verwendete Speicherkartentypen.

g. Berechnen Sie bei einer Speicherkarte mit einer Speicherkapazität von 8 GByte die
Anzahl der speicherbaren Bilder bei einer Auflösung von 4288×3216 Pixel, 24-Bit
Farbtiefe und einer Datenkompression von 12:1. Der Rechenweg ist anzugeben.

Lösung:

a. Kriterien der Druckerauswahl:

Druckverfahren (Laser oder Tintenstrahl)

Farbdruckfähigkeit

Preis des Druckers

Preis der Toner-Kartusche bzw. Tintenpatrone

Kosten pro Druckseite

Druckgeschwindigkeit

Druckqualität

Druckformat (A4, A3)

Pufferspeicher (Drucken im Hintergrund)

Schnittstelle (Parallel/USB/Netzwerk)

Umwelteigenschaften

PostScript-Fähigkeit

Netzwerkfähigkeit

u. a.

b. PostScript-Fähigkeit:

PostScript = Programmiersprache zur Beschreibung von Seiten und grafischen Ele-
menten (von Adobe)

c. Scanner: optische und interpolierte Auflösung:

Auflösung = Anzahl Rasterabschnitte = Detailgenauigkeit der Bildwiedergabe. Gemessen in: Punkte pro Zoll (= dpi), z. B. 2.400×2.400.

Interpolierte Auflösung: Zwischenwerte zwischen zwei Scanpunkten werden interpoliert, d. h. rechnerisch ermittelt.

d. Farbtiefe = Anzahl an gleichzeitig darstellbaren, verschiedenen Farbschattierungen
und Farbtönen pro Scanpunkt. Wird in Bit angegeben, wobei sich die Anzahl der
Farben als Zweierpotenz der Bitzahl ergibt, z. B. 48 bit.

e. CCD-Matrixauflösung, z. B. 10 Mega-Pixel:

Farbtiefe

Typ und Kapazität des Bildspeichers

Schnittstelle zum PC, Drucker oder anderen Ausgabegeräten

Spannungsversorgung

Zoom (optisch und digital)

Aufnahmebereich

Verschlusszeit

Auslöseverzögerung

automatische Gesichtserkennung

Restlichtverstärker

Verwacklungsunschärfenreduktion

u. a.

f. Speicherkartentypen:

CompactFlash

MemoryStick

SecureDigital

SmartMediaCard

xD-PictureCard

g. Berechnung Anzahl Bilder:

$(4288 \times 3216$ Pixel x 24 Bit$)/8/12 = 3.447.552$ Byte pro Bild

8 GB $= 8.589.934.592$ Byte maximale Speicherkapazität

$8.589.934.592$ Byte$/3.447.552$ Byte $= 2.491$ Bilder

Bearbeitungshinweise

Diese Aufgabe fasst drei mögliche Peripherie-Geräte zusammen. Sie ist von ihrer Größe her hart an der Grenze dessen, was in einem einzigen Handlungsschritt gefragt werden kann. Denkbar ist auch, dass sie auf mehrere Handlungsschritte aufgeteilt oder in Teilaspekten gefragt wird, vielleicht auch in Kombination mit einer englischen Gebrauchsanweisung oder Produktbeschreibung (siehe *Lernfeld 5*).

Lösungsteil

a) enthält eine lange Liste von möglichen Auswahlkriterien. Das „u. a." zum Schluss der Liste bedeutet, dass Sie für andere sinnvolle Kriterien ebenfalls Punkte erhalten.

b) Die *PostScript-Fähigkeit* von Druckern wird in der Lösung gar nicht erklärt, sondern nur, was unter PostScript zu verstehen ist. Also eine Wissensfrage!

c) Die *Auflösung eines Scanners* ist die Fähigkeit, das Bild der Vorlage in möglichst kleine Rasterabschnitte einzuteilen. Die Zahl der Bildpunkte pro Längeneinheit bestimmt die Detailgenauigkeit einer Bildwiedergabe. Je größer die Zahl der Punkte pro Zoll (= *dpi*) ist, umso genauer ist der Scan. Aktuelle Scanner haben meist eine optische Auflösung von 2.400 dpi. Oft ist ein zweiter Wert angegeben (z. B. 2400×2400), die Genauigkeit in Fahrtrichtung des Scan-Schlittens ist meist genauso hoch oder doppelt so hoch wie die Auflösung quer über den Schlitten.

Interpolierte Auflösung bedeutet, Zwischenwerte zwischen zwei Scan-Punkten werden interpoliert, d. h. um die scheinbar höhere Auflösung zu erreichen, werden die Zwischen-

Tab. 4.2 Übersicht Farbtiefe

Farbtiefe	Anzahl Farben	Bemerkungen
1 Bit	2	Schwarz oder weiß
4 Bit	16	EGA-Grafikstandard von IBM 1984
8 Bit	256	Graustufen für Zeitungsfotos
16 Bit	65.536	High-Color, realistische Darstellung
24 Bit	16.777.216	True Color, fotorealistisch
32 Bit	4.294.967.296	= 4,3 Mrd. Farben
48 Bit	281.474.976.710.656	= 281 Billionen Farben

werte rechnerisch ermittelt. Die Qualität dieser Interpolation ist zweifelhaft, tatsächliches Entscheidungskriterium ist daher die optische Auflösung.

d) Zur *Farbtiefe* zeigt die folgende Tabelle die verschiedenen Stufen der Farbtiefe und die zugehörige Bezeichnung. Das menschliche Auge kann maximal ca. 4 Mio. Farbnuancen unterscheiden (Tab. 4.2).

Die *Anzahl Farbnuancen* wird z. B. mit 2^{24} ermittelt. Bei 24 Bit dienen jeweils acht Bit für Rot, acht Bit für Grün und acht Bit für Blau der Festlegung der Farbnuance mit jeweils 256 Möglichkeiten, also insgesamt $256 \times 256 \times 256$ Möglichkeiten.

e) In Bezug auf die *Entscheidungskriterien* beim Kauf einer *Digitalkamera* helfen Merkmale von Fotoapparaten allgemein weiter und es ist wieder eine „u. a."-Antwort, d. h. andere sinnvolle Kriterien werden genauso als richtig akzeptiert.

Eine mögliche Erweiterung der Aufgabe in Bezug auf die Entscheidungskriterien wäre: „Erläutern Sie den Unterschied zwischen optischem und digitalem Zoom bei einer Digitalkamera."

f) Zu den *Speicherkartentypen* kann eigentlich kaum detaillierter gefragt werden, höchstens noch zu der dahinterstehenden Technik: Speicherkarten mit *Flash-Memory-Technik* sind ein Zwischending zwischen RAM- und ROM-Speicher, d. h. sie halten ihren Inhalt auch ohne Versorgungsspannung, sind aber löschbar und immer wieder bespielbar.

g) Bei der *Berechnung der Anzahl abspeicherbarer Bilder* müssen Sie zunächst die Auflösung in die Anzahl Pixel pro Bild umrechnen. Zu jedem Pixel werden 24 Bit an Farbinformationen abgespeichert. Der Speicherbedarf in Bit wird nun durch 8 geteilt, um die Byte-Zahl zu erhalten.

Wenn Sie die Komprimierung bereits auf das Ergebnis anwenden, ergibt sich ein *Rundungsproblem*, denn was sind 580.723,2 Byte? Sie können die Komprimierung rechnerisch daher auch später vornehmen, das Ergebnis ändert sich dadurch nicht, da Sie die Komma-Zahl am Ende sowieso abrunden müssen.

Ermitteln Sie also zunächst den *Speicherbedarf pro Bild*. Dann ermitteln Sie die *Speicherkapazität* des Speichermediums in Byte. Hierbei ist es richtig, mit 1024 kByte pro MByte und mit 1024 Byte pro kByte zu rechnen. Gelegentlich finden Sie hier auch die vereinfachte Rechnung mit 1000.

Nun teilen Sie die Speicherkapazität durch den Speicherbedarf pro Bild und erhalten die Anzahl Bilder. Eine Berechnung in MByte führt zu dem selben Ergebnis. Probieren Sie anhand dieser Aufgabe verschiedene Rechenwege durch.

Recherche-Empfehlung

Recherchieren Sie alle Begriffe der vorstehenden Aufgabe in Ihrem IT-Handbuch. Prüfen Sie anhand aktueller Werbeprospekte oder Anzeigen zu Druckern, Scannern und Digitalkameras, welche weiteren Kriterien dort genannt sind. Recherchieren Sie diese Kriterien in Ihrem IT-Handbuch und im Internet. Sammeln Sie auch Kriterien zu Tablet-PCs und Smartphones. Was ist der Unterschied zwischen einem iPad und einem iPhone?

4.3.4 PC-Sicherheit

Das Thema Sicherheit ist ein beliebtes Prüfungsthema. Es kommen sehr vielfältige Aufgaben, die von den *rechtlichen Grundlagen* über die *Benutzerverwaltung*, das richtige *Passwort-Management* bis hin zu *Peripherie-Geräten zur Datensicherung* wie Bandlaufwerken und Streamern, auf NAS (Network Attached Storage) oder in die Cloud gehen können.

Aufgabe Datensicherung

Der Kleinunternehmer Peter Müller ist Webdesigner. Er betreut bis zu 50 Webseiten von verschiedenen Auftraggebern. Da er alle Webseiten in seinem Büro testen will und alle Kundendaten auf seinen PCs liegen, legt er großen Wert auf höchstmögliche Sicherheit. Herr Müller möchte eine professionelle Backup-Lösung beschaffen. Sie sollen ihn dabei beraten.

a. Erläutern sie kurz folgende Begriffe:
   aa) Full Backup
   ab) Differentiell-inkrementelles Backup
   ac) Kumulativ-inkrementelles Backup
b. Bei dem Gespräch mit Herrn Müller kommen Sie auch auf Datensicherheit zu sprechen.
   ba) Erläutern Sie das Generationen-Prinzip.
   bb) Erläutern Sie den Vorteil von Backup gegenüber Imaging.
c. Herr Müller wünscht sich die Absicherung seines Netzwerks gegen Hacker aus dem Internet. Skizzieren Sie Ihren Lösungsvorschlag.
d. Herr Müller hat in der Fachpresse gelesen, dass ein Router bereits eine gewisse Absicherung bedeutet. Erläutern Sie, inwieweit dies zutrifft.

Lösung:

a. Backup

aa) *Full Backup*: Alle Daten (bestimmte Datenpfade) eines Rechnersystems werden unabhängig vom Alter einzelner Datenfiles gesichert.

Vorteil: Einfaches und schnelles Restaurieren ganzer Verzeichnisebenen oder eines ganzen Rechnerbestands

Nachteil: Lange Backupzeiten

ab) *Differentiell-inkrementelles Backup*: Es werden alle Daten gesichert, die seit der letzten Datensicherung (gleich welcher Art) modifiziert oder neu angelegt wurden.

Vorteile: kurze Backupzeiten, wenig Backupvolumen, geringe Netz- und Rechnerlast

Nachteil: Bei Wiederherstellung ganzer Verzeichnisebenen bzw. kompletter Rechnerdatenbestände müssen alle inkrementellen Backups seit dem letzten vollen bzw. differentiellen Backup eingelesen werden. Dies führt zu höherem administrativem und zeitlichem Aufwand.

ac) *Kumulativ-inkrementelles Backup*: Es werden alle Daten gesichert, die seit der letzten vollen Datensicherung (Gesamtsicherung) modifiziert oder neu angelegt wurden.

Vorteil: Die Wiederherstellung ganzer Verzeichnisebenen bzw. kompletter Rechnerdatenbestände ist relativ einfach, da nur der jeweils aktuelle kumulativ inkrementelle Backup und der letzte Fullbackup zurückgespielt werden. Beim Einsatz kumulativ inkrementeller Backups kann man die Fullbackups in längeren Intervallen durchführen.

Nachteil: Je länger der Zeitraum zwischen den Fullbackups wird, desto stärker wächst das Volumen der kumulativ inkrementellen Backups (im Vergleich zu den differentiell inkrementellen Backups).

b. Datensicherheit

ba) *Generationen-Prinzip:* auch Großvater-Vater-Sohn-Prinzip genannt. Nach der Erzeugung des neuen Bestands aus dem ursprünglichen Bestand wird der ursprüngliche Bestand aufbewahrt, bis der ganz neue Bestand erfolgreich aus dem neuen Bestand erstellt worden ist. Sollte bei diesem letzten Arbeitsgang der neue Bestand vernichtet werden, z. B. durch ein fehlerhaftes Programm, so kann er jederzeit durch den ursprünglichen Bestand wiederhergestellt werden. Dadurch, dass beim regelmäßigen Duplizieren von Beständen (der Datensicherung im engeren Sinne) abwechselnd auf verschiedene Datenträger kopiert wird, wird das Drei-Generationen-Prinzip angewandt (Originalbestand, Sicherung auf Band 1, Sicherung auf Band 2).

bb) *Vorteil Backup gegenüber Imaging*:

Beim Imaging werden ganze Festplatten, oder ganze Partitionen in einem File abgelegt. Es findet normalerweise keine Bit-für-Bit-Überprüfung statt. Sicherheit ist nur gewährleistet, wenn das Image auch getestet (zurückgespielt) wird, um zu überprüfen, ob es fehlerfrei ist.

Beim Backup gibt es mehrere Möglichkeiten, nur wichtige Dateien zu sichern. Eine Bit-für-Bit-Überprüfung ist Standard. Da hier nicht alles in eine Datei gespeichert wird, ist die Netzlast geringer. Der benötigte Speicherplatz kleiner.

c. Absicherung gegen Hacker aus dem Internet:

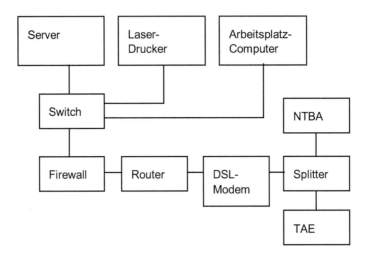

d. Eine Firewall ist in erster Linie dazu da, nur bestimmte Ports in einer definierten Richtung freizugeben, wie ein Sieb oder ein Filter. Moderne Router bieten dies bereits standardmäßig, jedoch haben Firewallrechner noch weitere Möglichkeiten. Zum Beispiel werden Protokolle erstellt, wenn jemand versucht, die Firewall zu durchdringen usw.

▶   *Bearbeitungshinweise*

Bei der Backup-Aufgabe ist vor allem die Unterscheidung der beiden inkrementellen *Backup-Strategien* schwieriger nachzuvollziehen. Der Vergleich mit *Imaging* zielt darauf ab zu prüfen, inwieweit Ihnen Sinn und Zweck von Imaging-Software bekannt sind. Die *„Generationen"-Frage* ist eine Standard-Frage aus dem Bereich Datensicherung.

Bei der *grafischen Darstellung* war es wichtig, die Angaben aus der Aufgabenstellung zu verarbeiten. Vollziehen Sie die Darstellung der Lösung anhand der Aufgabenstellung noch einmal nach. Nehmen Sie sich bei grafischen Darstellungen allgemein ausreichend Zeit, eine übersichtliche und leserliche Lösung zu entwerfen, am besten skizzieren Sie Ihren Lösungsansatz vorher auf Konzeptpapier, und arbeiten Sie mit Lineal oder sogar mit Zeichenschablonen. Die *Qualität Ihrer Darstellung* geht in die Bewertung Ihrer Prüfungsleistung mit ein.

Die *Router-Frage* ließe sich auch *Lernfeld 7* „Vernetzte IT-Systeme" zuordnen. Insofern zeigt die Aufgabe gut, wie in der Prüfung Aufgabenstellungen aus verschiedenen Themengebieten zusammengestellt werden.

▶ *Recherche-Empfehlung*

Recherchieren Sie alle in der Aufgabe genannten Begriffe in Ihrem IT-Handbuch und im Internet. Das *Thema Sicherheit* ist ein wichtiges Prüfungsthema. Gehen Sie im Internet auch auf die Seiten des *Bundesinstituts für Sicherheit in der Informationstechnologie* (www.bsi.de), dort finden Sie umfangreiche Informationen zum Thema Sicherheit am PC. Recherchieren Sie ferner das *Bundesdatenschutzgesetz* im Internet. Dort sollten Sie sich die *Anlage zu § 9 BDSG* genauer anschauen und vor allem die Begriffe *Zugangskontrolle* und *Zugriffskontrolle* unterscheiden lernen. Die weiteren Kontrollen sind aber auch wichtig. Die anfänglichen Begriffsdefinitionen des BDSG werden nicht gefragt, aber die Rolle des Beauftragten für den Datenschutz ist gelegentlich Thema, auch in der WiSo-Prüfung.

[BWL für IT-Berufe 2.3.7]

Fachliches Englisch

Zusammenfassung

Das Wichtigste: Englische Fachtexte inhaltlich verstehen

Die Inhalte dieses Lernfelds sind für alle vier Berufe identisch. Es wird von Ihnen erwartet, dass Sie ausreichend *englische Fachbegriffe und Ausdrucksformen* beherrschen, um für gegebene Hardware- oder Software-Probleme die erforderlichen Informationen inhaltlich verstehen und praktisch umsetzen zu können. Ferner sollen Sie in der Lage sein, eine *einfache Kommunikation* über IT-Sachverhalte in englischer Sprache zu führen.

Unabhängig davon, wie viel Englisch Sie in der Schule gehabt haben, und wie gut oder schlecht Sie sich in Englisch unterhalten oder englisch-sprachige literarische Texte lesen und verstehen können: Hier geht es um Ihre praxisbezogenen Kenntnisse an *IT-Fachvokabular*. Englisch ist weltweit Verkehrssprache Nr. 1 und Englisch ist auch die Sprache des Internet. Zudem gibt es in der IT-Branche sehr viele englisch-sprachige Ausdrücke, und Sie selbst haben sich bereits durch Ihre Ausbildung einen mehr oder weniger großen Grundwortschatz an englisch-sprachigem Fachvokabular angeeignet.

5.1 Prüfungsrelevanz des Lernfelds

Die Aufgabe zu Fachliches Englisch ist *regelmäßig in der zweiten schriftlichen Klausur (Kernqualifikation)* etwa in der Mitte anzutreffen. Sie ist meist in eine größere Aufgabe eingebunden. In der Regel lautet die Aufgabenstellung: *„Übersetzen Sie sinngemäß!"* Dies bedeutet, es wird von Ihnen keine wortwörtliche Übersetzung erwartet, sondern der Sinn der in Englisch gegebenen Aussagen muss in Ihrer Antwort auf deutsch verständlich herauskommen.

© Springer Fachmedien Wiesbaden 2014
M. Wünsche, *Prüfungsvorbereitung für IT-Berufe*,
DOI 10.1007/978-3-658-04414-5_5

Es gibt aber auch Aufgaben, bei denen Sie aus dem englischsprachigen Text bestimmte *Informationen herauslesen* und diese nennen müssen, gelegentlich auch mit kleineren Berechnungen. Insgesamt sind die Aufgaben im Vergleich zu dem, was Sie unter Umständen in der Praxis an englischem Sprachverständnis aufbringen müssen, als eher einfach einzustufen. Es liegt in der Natur der Prüfung, dass es auch Fallen gibt, wo eine wortwörtliche Übersetzung gefährlicher ist als eine Herangehensweise mit gesundem Menschenverstand. Das beste Beispiel dafür, das in einer Prüfung auch auftauchte, ist die englische Formulierung „*must not*", die man wortwörtlich mit „muss nicht" übersetzen möchte, in der Bedeutung aber mit „darf nicht" zu übersetzen ist. Und dieser Unterschied kann für Hard- oder Software-Probleme schon brenzlig werden.

Wenn Sie das Problem, die Hardware-Komponente oder eine vergleichbare Software aus der Praxis kennen, werden Sie viele *Funktionen erraten* können, auch wenn Sie wenig mit dem gegebenen Text anfangen können. Vertrauen Sie Ihrer Intuition! Wenn Sie sich nicht sicher sind, schreiben Sie trotzdem die Aussage hin, von der Sie vermuten, dass sie richtig sein könnte. Es ist immer besser, es zu versuchen, als gar nichts hinzuschreiben. Meist liegt man richtig mit seiner Vermutung. In der mündlichen Prüfung wird keine englische Sprachleistung von Ihnen erwartet.

5.2 Übersicht Lernfeldinhalte

Die folgende Abbildung zeigt die im Rahmenlehrplan festgelegten Inhalte des Lernfelds (Tab. 5.1).

Im Vergleich zu den anderen Lernfeldern sind hier nur sehr wenige und sehr allgemein gehaltene Angaben zu finden. Sie versuchen, die Bereiche abzudecken, in denen Sie in IT-Berufen in Kontakt mit der englischen Sprache kommen können. Da ist zunächst die *Internet-Recherche nach IT-Produkten* zu nennen, denn oft finden Sie Informationen zu Hard- und Software im Internet nur in englischer Sprache vor. Und gerade beim *Trouble Shooting*, wenn Sie also ein aufgetretenes Hard- oder Software-Problem lösen müssen und dazu Hinweise im Internet suchen, stoßen Sie sehr häufig nur auf englisch-sprachige Hinweise.

Es kommt sicherlich auch vor, dass Sie *Einbau- und Bedienungsanleitungen* für Hardware oder *Installations- und Gebrauchsanweisungen* für Software nur in englischer Spra-

Tab. 5.1 Übersicht Rahmenlehrplan zu Lernfeld 5

Beschreibung von IT-Systemen
Einbau- und Bedienungsanleitungen (Hardware)
Benutzeroberflächen, Bedienerführungen und Anweisungen (Software)
Informationsaustausch

che verfügbar haben, gerade bei neuen Produkten oder in der Linux-Gemeinde ist dies häufiger der Fall. Der brisanteste Bereich ist der *Informationsaustausch*, also insbesondere die Kommunikation im World Wide Web, aber da hier Menschen aus aller Welt kommunizieren, werden Sie sicherlich keine Stil- und Grammatik-Noten erhalten, und der technische Begriffsapparat ist ja einheitlich in Englisch gut verfügbar.

5.3 Prüfungs-Schwerpunkte Fachliches Englisch

Der Denkansatz bei der Formulierung von Prüfungsaufgaben ist, möglichst *praxisrelevante Themen* auszusuchen, vor allem solche, die übliche in der PC-Praxis auftretende Probleme betreffen, bei denen nur durch die Fähigkeit im Umgang mit der englischen Sprache Lösungen gefunden werden können. Das BIOS ist ein gutes Beispiel dafür, aber z. B. auch das *Powermanagement* Ihres PC, Beschreibungen von *Viren, Würmern, Hoaxes*, überhaupt Texte zum Thema *IT-Sicherheit*, z. B. zur Einrichtung einer *Firewall*, die Bedienung der *Recovery Konsole* Ihres Betriebssystems oder *Software-Beschreibungen* für Linux-Produkte, z. B. Partitionierungs- oder Imaging-Software.

Zur Beschreibung von IT-Systemen lässt sich z. B. das Trouble Shooting bei einer *Digitalkamera*, die Funktionsstörungen hat, nehmen, die Sie gut lösen können, wenn Sie selber den Umgang mit einer Digitalkamera beherrschen. Oder es wird ein *Switch* abgebildet und die Funktion der einzelnen LEDs dazu in Englisch gegeben. Versuchen Sie nicht, die englisch-sprachigen produktspezifischen Bezeichnungen zu übersetzen: Ein Hub ist ein Hub! Ähnlich die Beschreibung der Vorgehensweise beim Batterie-Check einer *USV-Anlage* (unterbrechungsfreie Stromversorgung). Oft genug wird keine Übersetzung verlangt, sondern Sie sollen bestimmte Informationen aus dem Text herausziehen, evtl. mit einfachen Berechnungen. Ferner kann es kurze Texte zur Prozessor-, Chipsatz- und Netzwerk-Technik, z. B. Tunneling geben.

Im Bereich Software gab es einmal eine Aufgabe, in der in einem sehr umfangreichen Text auf Englisch eine *Software für elektronische Formulare* beschrieben wurde. Mit solch umfangreichen Aufgaben ist nicht mehr zu rechnen. Bei einer *SQL-Aufgabe* waren Schlagworte zu vergeben, die den Kerninhalt des angegebenen Textes zusammenfassen sollten. Diese Schlagworte waren in der Musterlösung auch sehr eng an den Text angelehnt, z. B. „compatibility" wurde mit Kompatibilität übersetzt. Machen Sie es sich bei solchen Begriffen also nicht zu schwer! Im Zweifel nehmen Sie einfach die „deutsche" Entsprechung des englischen Begriffs.

Zum Themenbereich Informationsaustausch gehören z. B. die Installationsanleitung für ein „*Video Conferencing System*" oder die Anwendungsmöglichkeiten einer *Webdesign-Software* oder eines *Online-Shop-Systems*. Von der Brauchbarkeit englisch-sprachiger Texte für Prüfungsaufgaben kommen aber eher Installations- und Bedienungsanleitungen für Hardware in Frage, da hier kürzere Ausschnitte ausgewählt werden können, ohne dass der Sinnzusammenhang verloren geht.

Recherche-Empfehlungen

Englischsprachige Beschreibungen von IT-Systemen, d. h. PCs, Notebooks, Tablets, Beamer, Smartphones, Netzwerk-Equipment, etc., finden Sie im Internet viele, ebenso Einbau- und Bedienungsanleitungen, aber die haben Sie ja auch zu Hause bei den Unterlagen zu Ihrem eigenen Gerätepark und auch in Ihrem Ausbildungsbetrieb. Der Vorteil bei den in Druckform vorliegenden Bedienungsanleitungen ist, dass Sie neben dem englischen Text auch einen deutschen Text haben und so Ihre Übersetzungsleistung anhand einer „Musterlösung" überprüfen können. Auch zu Software werden Sie im Internet und auf den CD-ROMs und DVDs viele Hinweise und Texte finden. Sie können PC-Begriffe auch im englischen Wikipedia (*en.wikipedia.org*) recherchieren.

Lernhinweis

Das *Problem* ist nicht die Verfügbarkeit von Lernunterlagen, sondern, wie viel *Zeit* Sie bei Ihrer Prüfungsvorbereitung darauf verwenden sollten: Insgesamt macht die Aufgabe „Fachliches Englisch" einen geringen Teil der gesamten Prüfungsleistung aus, aber es sind einfach zu verdienende Punkte. Ein gewisser Erfahrungswortschatz und etwas gesunder Menschenverstand reichen meist dazu aus. Prüfen Sie Ihr IT-Handbuch: Es enthält viele englische Fachvokabeln. Bedenken Sie aber, dass das Nachschlagen in der Prüfung sehr viel Zeit kostet, die Ihnen bei anderen Aufgaben dann fehlt.

Aufgabe Hard Disk Installation

Im Rahmen Ihrer Tätigkeit bauen Sie in einen Bürorechner eine neue Festplatte ein. Die Bedienungsanleitung der Festplatte liegt Ihnen nur in englischer Sprache vor. Übersetzen Sie den nachfolgenden Ausschnitt aus der Bedienungsanleitung sinngemäß!

Warning: Turn off the computer before you open the case, touch any internal components or install the drive.

Static discharge: Observe these precautions to avoid static electricity, which can damage a drive or computer. Static electricity can be generated by wool or synthetic clothing, carpets and plastics of any kind including most bags.

Keep the drive in its static-shielded bag until you are ready to install it. Do not attach any cables to the drive while it is in its static-shielded bag.

Before you handle the drive, put on a grounded wrist strap, or ground yourself frequently by touching the metal chassis of a computer that is plugged into a grounded outlet. Wear a grounded wrist strap throughout the installation procedure.

Handle the drive gently and only by its edges or frame. Until you are ready to install it, place it only on an antistatic surface.

Do not touch the drive's connector pins or its printed circuit board.

Drive handling: The drive is extremely fragile – handle it with care. Do not attach labels to any part of the drive.

Inspection: After your are familiar with the handling precautions listed above, inspect the drive. If it appears to be damaged, call your distributor or dealer immediately.

Maintenance and repair: Maxgate drives do not require maintenance. The head/disc assembly is sealed; a broken seal voids the warranty. Maxgate customer service centers are the only facilities authorized to repair Maxgate drives. Maxgate does not sanction any third-party repair facilities.

Lösung:

Warnung: Schalten Sie den Computer aus, ehe Sie das Gehäuse öffnen, irgendeine interne Komponente berühren oder das Laufwerk installieren.

Statische Entladung: Beachten Sie diese Sicherheitshinweise, um statische Elektrizität zu vermeiden, die ein Laufwerk oder einen Computer zerstören kann. Statische Elektrizität kann erzeugt werden durch Wolle oder synthetische Kleidung, Teppiche und Plastik jeder Art einschließlich der meisten Plastiktüten.

Belassen Sie das Laufwerk in seiner Anti-Statik-Schutzverpackung, bis sie bereit sind, es zu installieren. Schließen Sie keinerlei Kabel an das Laufwerk an, während es sich noch in der Anti-Statik-Schutzverpackung befindet.

Ehe Sie das Laufwerk berühren, legen sie ein Erdungsarmband an, oder erden Sie sich häufig, indem sie das Metallgehäuse eines Computers berühren, der an einen geerdeten Anschluss angeschlossen ist. Tragen Sie ein Erdungsarmband während der gesamten Installationsprozedur.

Fassen Sie das Laufwerk vorsichtig und nur an den Ecken oder am Rahmen an. Bis Sie bereit sind, es zu installieren, legen Sie es ausschließlich auf eine antistatische Oberfläche.

Berühren Sie nicht die Laufwerksanschluss-Pins oder die elektronischen Schaltelemente an der Oberfläche.

Umgang mit dem Laufwerk: Das Laufwerk ist sehr empfindlich – gehen Sie damit vorsichtig um. Befestigen Sie keinerlei Etiketten auf dem Laufwerk.

Prüfung: Wenn Sie mit den oben dargestellten Vorsichtsmaßnahmen vertraut sind, prüfen Sie das Laufwerk. Wenn es beschädigt erscheint, verständigen Sie Ihren Verkäufer oder Händler unverzüglich.

Wartung und Reparatur: Maxgate Laufwerke benötigen keinerlei Wartung. Das Gerät ist versiegelt; ein gebrochenes Siegel lässt die Garantie erlöschen. Die Maxgate Kundendienstzentren sind die einzigen Einrichtungen, die autorisiert sind, Maxgate Laufwerke zu reparieren. Maxgate akzeptiert keinerlei dritte Reparatur-Einrichtungen.

Bearbeitungshinweise

Sie sehen eine ziemlich wörtliche Übersetzung, aber Sie müssen das mit Ihrer Lösung nicht so wortwörtlich treffen. Die Aufgabe ist praxisbezogen und behandelt vor allem das *Thema Sicherheit* im Umgang mit Bauteilen. Dass „*interface*" Schnittstelle bedeutet, wissen Sie bereits aus Lernfeld 4. „*Static electricity*" können Sie einfach mit statischer Elektrizität übersetzen. Es tauchen in Prüfungsaufgaben häufig solche Begriffe auf, die Sie einfach nur ins Deutsche übertragen müssen. Einen „*static-shielded bag*" haben Sie wahrscheinlich selbst schon öfters in der Hand gehabt. Der schwierigste Begriff war wohl hier „*grounded wrist strap*", das Erdungsarmband (geerdeter Handgelenk Streifen), vor allem auch, weil es in der Praxis selten genug tatsächlich verwendet wird. Die seltsamste Formulierung ist wohl, dass man keine Etiketten „*labels*" auf das Gerät „kleben" (oder anbringen, befestigen) soll. Haben Sie „*authorized*" auch mit „autorisiert" übersetzt? Sie sehen, es geht vor allem um das richtige Verständnis von Begriffen; wenn Sie also die gegebenen Begriffe sinngemäß verstehen, ergibt sich der weitere Zusammenhang von selbst.

Entwickeln und Bereitstellen von Anwendungssystemen

6

Zusammenfassung

Das Wichtigste:

Software und Datenbanken erstellen, pflegen und betreuen

In diesem Lernfeld geht es um drei Themen: *Anwendungssysteme, Programment-wicklung* und *Datenbanken*. Diese drei Themengebiete sind für alle vier IT-Berufe gleich, und auch die Lerninhalte, die sich hinter diesen drei Begriffen verbergen, sind zum größten Teil für alle vier IT-Berufe gleich. Der Unterschied liegt in der Tiefe, bis zu der Sie sich den Stoff erarbeiten müssen.

Anwendungssysteme meint jedwede Software-Applikation, und damit sind in der IT-Erstausbildung vor allem grundlegende Kenntnisse zu *Analyse, Entwurf, Realisierung und Bereitstellung* von Anwendungssystemen gemeint.

Im Bereich *Programmentwicklung* geht es vor allem um die Kenntnis von *Methoden* zur Entwicklung von Programmen, und um die Nutzung von *Software-Entwicklungs-Umgebungen*.

Das Thema *Datenbanken* umfasst die Entwicklung und die Nutzung von *Daten-bankanwendungen*, sowie Datenschutz- und Datensicherungskonzepte. Auch in diesem Lernfeld, wie in der gesamten Ausbildung, hat das Thema *Sicherheit* eine hohe Bedeutung.

6.1 Prüfungsrelevanz des Lernfelds

Die für alle vier Berufe gleichen Aufgaben zum Prüfungsgebiet „Entwickeln und Bereitstellen von Anwendungssystemen" gehören eigentlich in die *Kernqualifikationsprüfung*, d. h. in die zweite Klausur, sind jedoch auf beide Klausuren recht gleichmäßig verteilt.

© Springer Fachmedien Wiesbaden 2014
M. Wünsche, *Prüfungsvorbereitung für IT-Berufe*,
DOI 10.1007/978-3-658-04414-5_6

Die Spezialisierungen für die einzelnen Berufsbilder sind weiter unten erläutert (siehe Abschn. 6.4).

Angesichts der erkennbaren Unterschiede in den Rahmenlehrplänen zu den verschiedenen Berufsbildern wäre zu erwarten, dass sich die Prüfungsanforderungen dahingehend deutlich unterscheiden. Dies war jedoch in den bisherigen Prüfungen nicht so sehr der Fall. Vor allem wurden in der Kernqualifikationsprüfung, die für alle Berufsbilder identisch ist, auch Fragen zu Themen gestellt, die in den Rahmenlehrplänen teilweise gar nicht vorgesehen sind, die aber zum allgemeinen Grundlagenwissen in den IT-Berufen gehören. Man muss aber auch die Leistung der Aufgabenersteller würdigen, die sich zweimal im Jahr zu den wichtigen Prüfungsinhalten unterschiedliche Aufgaben ausdenken müssen, die vom Umfang her in dem vorgegebenen Zeitrahmen zu bewältigen sein müssen.

Es lassen sich die folgenden *Schwerpunkte in den Aufgabenstellungen* feststellen: Am häufigsten wird das Thema *Datenbanken* gefragt, hierbei vor allem das *Entity-Relationship-Modell*, das Aufstellen einer *Tabellenstruktur* für eine Datenbank und das Durchführen der *Normalisierung* (Vermeidung von Redundanzen), sowie das Formulieren von Datenbank-Abfragen mittels *SQL*, wobei angesichts der Vielfältigkeit von SQL-Software in der Praxis hier auch nur grundlegende Zusammenhänge gefragt werden können.

Der zweite Schwerpunkt ist das *Struktogramm*. Hier ist i. d. R. aufgrund von Angaben in der Aufgabenstellung ein Struktogramm zu erstellen. Der Programmablaufplan wird seltener, der Datenflussplan noch seltener gefragt, was aber nicht bedeutet, dass es gar nicht gefragt werden kann.

Die *Beherrschung grafischer Methoden* ist also als Aufgabenstellung besonders beliebt. Und dies sind wieder einmal praxisbezogene Aufgabenstellungen, wie sie auch in den anderen Lernfeldern vorherrschen. Vor allem aber müssen diese Aufgaben in Umfang und Schwierigkeitsgrad begrenzt sein, damit sie in der Prüfungssituation in knapp zwanzig Minuten (pro Aufgabe) bewältigt werden können. Einmal hat sich eine Datenbank-Aufgabenstellung auch über mehrere Handlungsschritte hingezogen, aber das ist angesichts des Gesamtumfangs an zu prüfendem Stoff nicht sehr sinnvoll.

Detailkenntnisse zu *Programmiersprachen* sind nicht als Aufgaben zu erwarten, da es hier um die Prüfung des *Grundverständnisses der Programmentwicklung* geht. Dazu gehören allerdings Kenntnisse in *UML* und des Denkansatzes der *objektorientierten Programmierung*, sowie die gängigen *Phasenkonzepte*. Auch *Prototyping* wird gefragt.

6.2   Übersicht Lernfeldinhalte

Die folgende Abbildung zeigt die im Rahmenlehrplan festgelegten Inhalte des Lernfelds, die für alle vier Berufsbilder relevant sind. Hinweise zu den einzelnen Berufen finden sich im Abschn. 6.4. Beim *Fachinformatiker* muss nun unterschieden werden in *Systemintegration* und *Anwendungsentwicklung*. Der wesentliche Unterschied zwischen diesen beiden Ausrichtungen für Fachinformatiker liegt darin, dass von den Anwendungsentwicklern detailliertere Programmierkenntnisse erwartet werden (Tab. 6.1).

Tab. 6.1 Übersicht Rahmenlehrplan zu Lernfeld 6

Projektierung von Anwendungssystemen		
Vorgehensmodelle der Anwendungsentwicklung	Ist-Analyse betrieblicher Prozesse und des Ist-Systems	
Projekt- management	Entwurf eines Lösungskonzepts	Dokumentation
Programmentwicklung		
Algorithmen und Datenstrukturen	Strukturierung und Dokumentation	Softwareentwicklungs- umgebungen
Datenbankanpassung		
Architektur eines Datenbanksystems	Datenmodellierung, Datendefinition, Datenmanipulation	
Abfragen in Datenbanken	Datenschutz- und Datensicherungs- konzepte für Datenbanken	

[www.bueffelcoach.de/IHK-IT-Berufe/LF06_Synopse.PDF]

Im folgenden Abschnitt werden die wichtigsten Begriffe zu den einzelnen Punkten des Rahmenlehrplans erläutert, d. h. die Begriffe, die Sie unbedingt beherrschen sollten. Dazu sind zu jedem der drei Bereiche Musteraufgaben mit kommentierten Lösungen gegeben, wie sie in der Prüfung auf Sie zukommen können.

6.3 Begriffe und Musteraufgaben

6.3.1 Anwendungssysteme

Unter einem *Anwendungssystem* versteht man zunächst jede Art von Anwendungssoftware, in einer erweiterten Auffassung kann aber in die Definition die Hardware mit einbezogen werden. Ein gutes *Beispiel* dafür ist ein *Warenwirtschaftssystem*: das ist die Hardware inklusive Vernetzung und die zugehörige Software. Ein anderes Beispiel ist die Finanzbuchhaltung. Theoretische Begriffsdefinitionen, z. B. „Was ist ein System?" oder „Was ist ein Anwendungssystem?" werden in der Prüfung nicht gefragt.

Projektmanagement

Die Entwicklung eines Anwendungssystems wird i. d. R. als Projekt definiert, weshalb wir uns zunächst mit dem Thema Projektmanagement auseinandersetzen müssen. Ein *Projekt* ist eine einmalige Aufgabe, die sich aus mehreren Teilaufgaben zusammensetzt, zeitlich begrenzt ist und ein festes Endresultat anstrebt. Um Projekte durchzuführen, wird das Organisationsmodell der „*Team-Organisation*" angestrebt, d. h. es wird ein *Projektteam* gebildet, das sich aus Mitarbeitern sowohl der Fachabteilungen als auch der IT-Abteilung zusammensetzen sollte. Oft werden zudem noch externe Berater hinzugezogen. Dazu muss zunächst ein *Projektleiter* festgelegt werden, der eher Führungsfähigkeit als

Fachkenntnisse haben sollte. Der Projektleiter übernimmt die weitere *Organisation des Projekts*, d. h. wer wann was wie wo macht. Er muss zudem noch die *Budget-Planung*, d. h. die *Kosten-Planung* vornehmen.

Vorgehensmodelle, Phasenkonzepte, Prototyping

Vorgehensmodelle der Systementwicklung gehen der Frage nach, welche Aktivitäten bei der Entwicklung des Anwendungssystems in welcher Reihenfolge auszuführen sind. Ansatzpunkt sind die vier Schritte *Analyse, Entwurf, Realisierung und Einführung*. Aus diesem Ansatz haben sich viele verschiedene *Phasenkonzepte* entwickelt, teils sogar als *Spiralmodelle*, weil es eben zwischen den einzelnen Phasen Rückkopplungen oder Sprünge gibt. Aus den Problemen, die sich bei einer Vorgehensweise streng nach der vorgegebenen Reihenfolge einzelner Phasen ergibt, hat sich das *Prototyping* ergeben, d. h. die Entwicklung einer Vorabversion, die in der Praxis ausprobiert und aufgrund dieser Erfahrungen verbessert werden kann. Oft werden inzwischen auch Endkunden in den Verbesserungsprozess einbezogen, d. h. die von ihnen verwendete Software wird durch Patches, Updates und Upgrades kontinierlich weiterentwickelt.

Aber alle Vorgehensmodelle lassen sich auf das in folgender Tabelle erläuterte *Grundschema* Analyse, Entwurf, Realisierung und Einführung zurückführen (Tab. 6.2).

Basis für die Ist-Analyse und die Soll-Konzeption ist die Kenntnis der zugrundeliegenden *Geschäftsprozesse*, bei denen das Anwendungssystem eine Verbesserung bringen soll (siehe Lernfeld 2). Wichtig in der Soll-Konzeption ist daher auch eine Wirtschaftlichkeitsberechnung!

Bei der Auswahl der *Programmiersprache* ist zu unterscheiden zwischen den strukturalen (Funktionsorientierung, Datenmodellierung, Prozessabläufe), und den objektorientierten (Entity Relationship Modell) Programmiersprachen.

Tab. 6.2 Übersicht Phasenkonzept

Analyse	Ist-Analyse	Erfassung des Ist-Zustands
	Soll-Konzeption	Festlegung der technischen und kaufmännischen Ziele und Anforderungen
Entwurf	Planung der Realisierung	Entwickeln der Struktur des Systems Auswahl der Programmiersprache Planung der Programmstruktur
Realisierung	Codierung	Umsetzung in Programm-Code
	Test	einzelner Module mit Dummies und des gesamten Programms
Einführung	Übergabe	Nach erfolgreichem Test kann das Programm an die Praxis, den Kunden übergeben werden.
	Schulung	Einweisung des zukünftigen Anwenders, Hotline, Support, etc.

Sehr wichtig, auch für die Prüfung, ist die *Dokumentation* aller vier Phasen, zunächst im Lasten- bzw. Pflichtenheft, dann die Dokumentation der Programmstruktur (damit sie nachvollziehbar bleibt) und des Quelltextes, sowie Testberichte, System- und Benutzerhandbuch. Meist ist im Rahmen der Einführung noch eine Präsentation erforderlich (siehe Lernfeld 3).

Recherche-Empfehlung

Recherchieren Sie in Ihrem IT-Handbuch und im Internet die diversen *Phasenkonzepte* und vergleichen Sie sie mit der hier vorgestellten Grundstruktur. Recherchieren Sie die Begriffe *EVA-Prinzip*, *Dummy* und auch *Prototyping*. Ferner prüfen Sie Ihre Kenntnis des Unterschieds zwischen *Assembler*, *Interpreter* und *Compiler*. Recherchieren Sie ferner den Begriff „*Entwicklungsstrategien*" oder „Strategien der Anwendungsentwicklung". Sie werden sehen, das ist viel zu theoretisch, als dass man in einer Prüfungsaufgabe danach fragen könnte. Viel spannender ist allerdings die zu wählende Strategie bei der *Einführung* des neuen Systems.

Aufgabe Einführung Warenwirtschaftssystem

Sie haben als Mitglied eines Projektteams an der Entwicklung eines neuen Warenwirtschaftssystems für Ihr Unternehmen mitgewirkt. Für die Einführung des neuen Systemen bieten sich nun mehrere Methoden an. Erläutern Sie stichwortartig die Unterschiede zwischen den folgenden Einführungsmethoden: Probeeinführung, Paralleleinführung, Stufeneinführung, Direkteinführung.

Lösung:

Probeeinführung	Einführung der Software in einem Teilbereich zur Probe. Erst nach Erfolg und damit Freigabe erfolgt die Einführung in den restlichen Bereich. Ist die Probe nicht erfolgreich kann Rücksetzung in das alte System erfolgen
Paralleleinführung	Altes und neues System werden über eine gewisse Zeit hinweg parallel eingesetzt: höherer Arbeitsaufwand, sanfterer Übergang, höhere Mitarbeiterzufriedenheit
Stufeneinführung	Schrittweise oder stufenweise Einführung mittels einzelner System- oder Programmmodule. Der Geschäftsprozess muss dies ermöglichen, sanfterer Übergang
Direkteinführung	Stichtagseinführung, zu einem festgelegten Zeitpunkt erfolgt die komplette Umstellung von alt auf neu. Erfordert umfangreiche und systematische Vorbereitung (Schulung, Motivation der Mitarbeiter, etc.). Problematisch bei Scheitern der Einführung

Bearbeitungshinweise

„Erläutern Sie die Unterschiede" bedeutet immer, die genannten Begriffe nacheinander zu definieren. Wie viel Text Sie zu den einzelnen Begriffen schreiben, hängt ab von der Punktezahl und damit von der Zeit, die Sie dafür haben. Wie haben Sie bei Ihrer betrieblichen Projektarbeit das Problem der Migration von alt auf neu geregelt, sofern dieses Problem eine Rolle spielte?

Recherche-Empfehlung

Recherchieren Sie in Ihrem Ausbildungsbetrieb, wie in letzter Zeit *Einführungen* umgesetzt worden sind. Überlegen Sie sich anhand von *Praxisbeispielen*, wie Sie im einzelnen bei einer Einführung vorgehen würden und was dabei zu beachten ist, *z. B.:* Wie gehen Sie bei einer *Server-Migration* vor? Recherchieren Sie Tools zur Versionskontrolle von Software. Welche Updates auf Ihrem Rechner erfolgen automatisch ohne Ihr Zutun per Internet?

Methoden der Ist-Analyse

Die Ist-Analyse soll die Ist-Situation, die geändert werden soll, erfassen und die eigentliche *Problemstellung* formulieren. Zu den Methoden der Ist-Analyse betrieblicher Prozesse und des IT-Systems können Sie Ihre Kenntnisse zu Geschäftsprozessen aus Lernfeld 2 anwenden, vor allem die *Ereignisgesteuerte Prozesskette*. Versuchen Sie, für die Praxisbeispiele der vorstehenden Aufgabe Ereignisgesteuerte Prozessketten zu entwerfen!

Eine weitere Methode der Ist-Analyse ist die *ABC-Analyse*, z. B. können Sie einen Lagerbestand in A-Güter, B-Güter und C-Güter einteilen. A-Güter sind solche Güter, die einen hohen Wert haben und in geringer Menge gelagert werden. C-Güter sind große Mengen geringwertiger Güter, wie z. B. Schrauben.

Methoden der Soll-Konzeption

Die Gesamtheit der Anforderungen in der Soll-Konzeption wird als *Systemspezifikation* bezeichnet. Folgende Begriffe dazu sollten Sie kennen: Im *Fachentwurf* wird festgelegt, welche Funktionen oder Aufgaben das zu entwickelnde Anwendungssystem beherrschen sollte. Im *IT-Grobentwurf* werden daraufhin Überlegungen angestellt, wie sich das geplante Anwendungssystem realisieren lässt. Das *Sollkonzept* kann mehrere solcher Entwürfe enthalten, die dann mittels *Wirtschaftlichkeitsvergleich* bewertet werden können. Als Methode empfiehlt sich dabei die in Lernfeld 3 vorgestellte *Nutzwertanalyse*. Ein Verfahren für die Bewertung eines einzelnen Konzepts ist die *Kosten-Nutzen-Analyse*, d. h. die Kosten der Entwicklung und Einführung des neuen Verfahrens (vor allem auch Mannstunden!) werden der Nutzenverbesserung durch diese Neuerung gegenübergestellt.

Qualitätssicherung

Zur Beurteilung der Qualität einer Software sollten Sie die folgenden, in der *DIN 66272* festgelegten *Qualitätsmerkmale* kennen und praxisbezogen interpretieren können:

Funktionalität	Sind alle geforderten Funktionen ausführbar?
Zuverlässigkeit	Erfüllt die Software die Anforderungen dauerhaft (*Verfügbarkeit*) und korrekt (*Korrektheit*)?
Benutzbarkeit	= *Benutzerfreundlichkeit*. Wie schnell lässt sich der Umgang mit der Software erlernen (*Erlernbarkeit*) und wie einfach lässt sie sich bedienen (*Bedienbarkeit*)?
Effizienz	Wie ist das *zeitliche Verhalten* (Antwortzeiten/Bearbeitungszeiten) und der *Ressourcenverbrauch* (Speicherkapazität, Systemanforderungen, etc.) der Software zu beurteilen?
Änderbarkeit	Wie *zeitintensiv* und *aufwändig* sind Änderungen der Software? Wie lange dauert die Fehlererkennung/ -behebung (*Wartbarkeit*)?
Übertragbarkeit	Wie gut lässt sich die Software an betriebliche Gegebenheiten anpassen (*Anpassbarkeit*)? Ist sie auf andere Systeme portierbar (*Portabilität*)? Auch auf ein leistungsfähigeres (*Skalierbarkeit*, früher: Aufwärtskompatibilität)?

Software-Ergonomie

Das Kriterium der *Benutzbarkeit* einer Software hängt sehr eng mit dem Kriterium *Software-Ergonomie* zusammen, das auch in der Prüfung gefragt werden kann, weil es einen starken Praxisbezug hat: Die Arbeit mit der Software soll *nicht monoton oder ermüdend* sein und den Benutzer *geistig weder über- noch unterfordern*.

Aufgabe Software-Ergonomie

Sie wirken in Ihrem Unternehmen an der Entwicklung von Anwendungssystemen unterschiedlichster Art mit. Bei der Entwicklung eines Anwendungssystems wollen Sie die grundlegenden Kriterien einer optimalen Dialoggestaltung beachten. Nennen Sie sieben Grundsätze der Dialoggestaltung und erläutern Sie jeden Grundsatz kurz anhand eines Beispiels.

    Lösung:

Aufgabenangemessenheit	Mit Tabellenkalkulations-Software Berechnungen durchführen
Selbstbeschreibungsfähigkeit	Quickinfos an Symboltasten
Steuerbarkeit	Einstellmöglichkeit für die Scrollgeschwindigkeit
Erwartungskonformität	Verfügbarkeit gängiger Formeln in Tabellenkalkulations-Software
Fehlertoleranz	Aktionen können rückgängig gemacht werden
Individualisierbarkeit	Einrichtung eigener Symbolleisten
Lernförderlichkeit	Anschauliche Symbole

Bearbeitungshinweise

Sich die Kriterien einzuprägen, geht vielleicht am besten anhand solcher einfacher Beispiele. Und diese Kriterien können gefragt werden! Für die genannten Beispiele gilt in der Prüfung, dass sie Sinn machen müssen. Versetzen Sie sich gedanklich in eine Software, die Sie häufig verwenden, z. B. Tabellenkalkulation oder Textverarbeitung, und versuchen Sie die Kriterien dort anhand von Beispielen nachzuvollziehen.

6.3.2 Programmentwicklung

Der zweite Teil von Lernfeld 6, *Programmentwicklungsmethoden*, knüpft wieder an das grundlegende *Phasenschema* (s. o.) an, und zwar an der zweiten Phase, der *Entwurfsphase*, und wir müssen hier unterscheiden zwischen der klassischen *strukturalen* Vorgehensweise, bei der die Funktionen eines Programms im Vordergrund stehen, und der modernen *objektorientierten* Vorgehensweise, bei der die Daten im Vordergrund stehen. Beide Varianten werden in der Prüfung in ihren Grundlagen gefragt. Für die Berufsbilder, bei denen die Anwendungsentwicklung mit zum Ausbildungsinhalt hinzugehört, werden auch Grundkenntnisse in der *Codierung*, der Umsetzung des Programms in Code, erwartet. Java als Programmiersprache bietet sich hier besonders für Prüfungsfragen an, weil Java einfach ist und einen sehr starken Praxisbezug hat. Grundkenntnisse bedeutet dabei, dass sich die Prüfungsaufgaben nicht auf Spezialprobleme der Programmierung richten, sondern ein Verständnis der grundlegenden Vorgehensweise bei der Anwendung der jeweiligen Programmiersprache prüfen. Dazu sollte der folgende grundlegende Begriffsapparat von Ihnen verstanden und verinnerlicht worden sein.

Algorithmus = Programmstruktur
Ein *Algorithmus* ist ein Rechenvorgang nach sich wiederholendem Schema, also eine Folge von Anweisungen/Befehlen in einem Programm oder eine Folge von Programmschritten. Man spricht auch von einer *Programmstruktur*. Es geht nicht darum, Algorithmus definieren zu können, sondern zu wissen, was damit gemeint ist, wenn der Begriff in Aufgabenstellungen auftaucht. Sehr gut kann man sich die Bedeutung von Algorithmen an der grafischen Programmentwurfsmethode des *Struktogramms* plausibel machen.

Folgestruktur
Eine *Folgestruktur* ist einfach eine Folge von Anweisungen/ Befehlen im Programm

| Anweisung 1 |
| Anweisung 2 |
| Anweisung 3 |

Auswahlstruktur
Bei der *Auswahlstruktur* wird in Abhängigkeit von einer Bedingung der weitere Weg des Programms festgelegt.

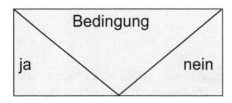

Bei der Auswahlstruktur werden die *einseitige* und die *zweiseitige* Auswahlstruktur, die Mehrfachauswahl und die *Fallabfrage* unterschieden.

Wiederholungsstruktur
Die *Wiederholungsstruktur* wird auch einfacher als *Schleife* bezeichnet, d. h. solange eine Bedingung erfüllt ist, wird eine Folge von Anweisungen wiederholt.

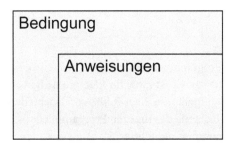

Man unterscheidet bei der Wiederholungsstruktur die *kopfgesteuerte* und die *fußgesteuerte Schleife*, die Bedingung kann aber auch nur ein einfacher *Zähler* sein, der bis zu einem festgelegten Wert hoch zählt.

Recherche-Empfehlung

Recherchieren Sie die *Symbolik des Struktogramms (DIN 66261)* und des *Programm-Ablaufplans (DIN 66001)* in Ihrem IT-Handbuch und im Internet. Für die Auswahlstruktur suchen und zeichnen Sie sich Beispiele für die einseitige und die zweiseitige Auswahlstruktur, die Mehrfachauswahl und die Fallabfrage. Für die Wiederholungsstruktur suchen und zeichnen Sie sich Beispiele für die kopfgesteuerte und die fußgesteuerte Schleife, sowie dafür, dass die Bedingung ein Zähler ist.

Datenstrukturen
Als *Datenstrukturen* bezeichnet man die Beziehungen zwischen den für ein Anwendungssystem notwendigen Daten. Ein Oberbegriff ist hier die „Datenorganisation". Man unterscheidet vor allem die *logische und* die *physikalische Datenstruktur*, wichtiger für die Prüfung ist jedoch die Kenntnis der elementaren Datenstrukturen, das sind die *Datentypen*, vor allem *Integer* (Ganze Zahl), *Real* (alle Zahlen), *Character* oder String (Zeichenkette, die aus numerischen und alphanumerischen Zeichen bestehen kann) und *Boolean* (Wahrheitswerte: Wahr oder Falsch). Die Bezeichnungen sind in den verschiedenen Programmiersprachen wie auch Lehrbüchern unterschiedlich, aber ähnlich.

Recherche-Empfehlung

Nehmen Sie einen Vergleich der Datentypen aller Ihnen geläufigen Programmiersprachen vor. Schauen Sie auch nach Datentypen bei SQL und in Datenbankprogrammen wie MS Access oder OpenOffice Base. Recherchieren Sie dazu Datentypen in Ihrem IT-Handbuch und im Internet. Gruppieren Sie die gefundenen Datentypen in die oben genannten vier Kategorien Integer, Real, String und Boolean. Finden Sie für jeden Datentyp praxisbezogene Beispiele. Finden Sie Datentypen, die in das obige Schema nicht hineinpassen? Für die Prüfung müssen Sie praxisorientiert Datentypen zu Sachverhalten zuordnen können, z. B. welchen Datentyp würden Sie für die Erfassung einer Telefon-Nummer oder einer URL auswählen?

Aufgabe Strukturierung

In den Anfängen der Programmierung herrschte der teilweise heute noch praktizierte lineare Programmierstil vor. Er ist zwar für kleinere Aufgaben sinnvoll, führt aber bei größeren Programmieraufgaben zu einer Reihe von Nachteilen.

a. Erläutern Sie vier Nachteile des linearen Programmierstils, die zur Entwicklung der strukturierten Programmierung führten.
b. Erläutern Sie Ihre systematische Vorgehensweise bei der strukturierten Programmierung.
c. Erläutern Sie fünf Nachteile der strukturierten Programmierung, die zur Entwicklung der objektorientierten Programmierung geführt haben.

Lösung:

a. Spaghetti-Technik = zahlreiche Programmverzweigungen mit Vor- und Rückwärtssprüngen
   Programmsegmentierung nicht möglich = Zerlegung in von verschiedenen Programmierern zu erstellende Teile (Team-Arbeit)
   Unübersichtlichkeit, vor allem bei der Schleifenbildung
   schlechte Wartbarkeit, Änderbarkeit der Programme
b. strukturierte Programmierung = systematisierter Prozess der Programmentwicklung mit dem Ziel, bessere Übersichtlichkeit und damit Wartbarkeit zu gewährleisten: Zerlegung des Programms in unabhängige Strukturblöcke (Top Down).
c. Getrennte Darstellung von Daten (mittels Entity-Relationship-Modell) und Funktionen (mittels Struktogramm) führt zu Abstimmungsschwierigkeiten
   Funktionale Vorgehensweise widerspricht der Geschäftsprozessorientierung, d. h. fehlende Orientierung an Prozessen.
   Übergang vom Datenfluss in der Analyse zur Funktionsorientierung beim Programmentwurf ist schwierig.
   Methodenbruch in den Übergängen der einzelnen Entwicklungsphasen, insbesondere bei Phasenübergang zwischen Analyse und Entwurf
   Wiederverwendbarkeit von Softwarekomponenten wird kaum unterstützt.

Bearbeitungshinweise

Die vorstehende Aufgabe ist eine kleine *Geschichte der Programmierung*, die zeigt, dass aus den Problemen, die sich bei der bisherigen Vorgehensweise zeigten, eine neue Vorgehensweise entwickelt wurde. Sie zeigt vor allem aber den Zusammenhang zwischen den beiden für die Prüfung wichtigsten grafischen Darstellungsmethoden: dem *Struktogramm* und dem *Entity-Relationship-Modell*, das weiter unten noch erläutert wird.

Eine mögliche Erweiterung einer solchen Aufgabe ist die Frage, wodurch sich die genannten Strukturblöcke auszeichnen: *Strukturblöcke* sind Programmbausteine mit eindeutiger Funktion, die in der Beziehung zu anderen Strukturblöcken ein *klar definiertes Innen und Außen* haben, d. h. es darf keine Überlappungen geben, wie sie in der linearen Programmierung gerne mit dem GOTO-Befehl vorgenommen wurden. Und Strukturblöcke haben immer einen Eingang und einen Ausgang (Daten, EVA-Prinzip). Begreifen Sie die oben dargestellten *Algorithmen* (Programmstrukturen) als Strukturblöcke. Im Strukturblock „Schleife" (Wiederholungsstruktur) ist ein weiterer Strukturblock „Anweisungen" enthalten (innen!). Innerhalb des Strukturblocks „Schleife" kann auch z. B. eine Auswahlstruktur enthalten sein.

Recherche-Empfehlung

Zum Aufgabenteil c) schauen Sie sich das oben dargestellte grundlegende *Phasenkonzept* an: Analyse, Entwurf, Realisierung, Einführung, und recherchieren Sie die Symbole und die Bedeutung des *Datenflussplans*. Beachten Sie dabei, dass ein Datenflussplan etwas anderes ist als ein *Datenflussdiagramm*. Der Datenflussplan ist an den zu verarbeitenden Daten (EVA-Prinzip: Eingabe, Verarbeitung, Ausgabe) orientiert, während das Struktogramm an den Funktionen des Programms orientiert ist. Dieser Wechsel der Vorgehensweise ist ein *Methodenbruch*.

Aufgabe Struktogramm

Sie arbeiten als Software-Entwicklungsberater für ein mittelgroßes Handelsunternehmen. Zur Überprüfung des Verkaufserfolgs der Artikel im Sortiment soll eine Software entwickelt werden. Als Ausgangsbasis liegt Ihnen aus der Ist-Analyse folgender Auszug aus der Artikeldatenbank vor:

Datei ARTIKELVERKAUFSMENGEN

Datensatz-Nr.	Artikelnummer	Verkaufsdatum	Verkaufsmenge (Stück)
1	17-002518	16.06.2011	5100
2	23-006684	26.03.2010	3290
3	09-004212	20.05.2011	10.800
4	13-003107	28.08.2008	6000
5	04-008331	19.11.2009	15.000
6	51-005003	21.12.2012	13.000
7	88-001925	08.02.2013	7500
8	66-007446	19.05.2013	8070

Erstellen Sie ein Struktogramm als Basis für ein Analyse-Tool, in dem die zuletzt vor 2011 verkauften Artikel und solche, bei denen die Verkaufsmenge unter 1000 Stück liegt, in eine Löschliste kopiert und in der Tabelle zum Löschen markiert werden, alle Artikel, deren Verkaufsmengen zwischen 1000 und 10.000 Stück liegen, sollen in eine Standardliste kopiert werden, und alle Artikel, deren Verkaufsmengen über 10.000 Stück liegen, in eine Premiumliste. Anschließend sollen alle drei Listen ausgedruckt werden und die Artikel der Löschliste in der Datei gelöscht werden.

Lösung:

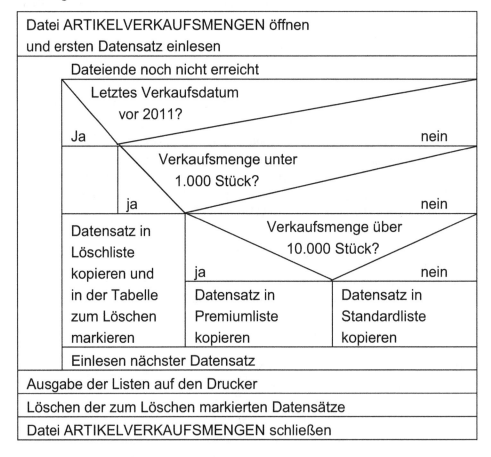

Bearbeitungshinweise

Das *Struktogramm* ist ein grafisches Planungsinstrument zur Programmerstellung. Die vorstehende Aufgabe stellt dazu ein einfaches Beispiel dar, an dem Sie gut die einzelnen *Algorithmen* und *Strukturblöcke* identifizieren können. Der erste Strukturblock besteht aus einer einfachen *Folgestruktur*: „Datei ARTIKELVERKAUFSMENGEN öffnen und ersten Datensatz einlesen", die man in noch in mehrere Einzelanweisungen hätte zerlegen können. Der nächste Strukturblock ist eine *Wiederholungsstruktur* (kopfgesteuerte Schleife), in die ein Mehrfachauswahlstrukturblock eingebettet ist. Abgeschlossen wird das einfache Programm durch eine weitere einfache Folgestruktur.

Objektorientierte Programmierung

Die Objektorientierung bemüht sich um eine *ganzheitliche Betrachtung von Daten und Funktionen* und ermöglicht eine schnellere Verständigung zwischen Entwickler und Anwender, eine intensivere Nutzung des Prototyping und von Programmbibliotheken, damit Verkürzung der Entwicklungszeiten, Reduzierung des Entwicklungsaufwands, bessere Wartbarkeit und Wiederverwendbarkeit. Vorstehender Satz ist eine gute Antwort auf die Prüfungsaufgabe: „Nennen Sie die *Vorteile der objektorientierten Programmierung.*"

Objekte, Instanzen, Methoden

Ausgangspunkt der objektorientierten Programmierung ist das *Objekt*, so wie wir es in der Realität wahrnehmen, z. B. der Drucker, der an Ihrem Arbeitsplatz steht. Jedes Objekt hat eine bestimmte Bezeichnung, das ist bei Ihrem Drucker die Typenbezeichnung und vielleicht noch die Inventarnummer. Und jedes Objekt hat bestimmte *Eigenschaften*, die auch als *Attributwerte* oder als *Instanzen* bezeichnet werden. Und jedes Objekt hat *Funktionen*, die auch als *Methoden* oder *Operationen* bezeichnet werden. Die erste Schwierigkeit beim Verständnis der objektorientierten Programmierung sind die leider nicht einheitlich gebrauchten und zunächst schwer zu merkenden Begriffe.

Klassen, Attribute

Ihr Drucker lässt sich vielleicht in die *Klasse* der Laser-Drucker einordnen, und die Klasse der Laserdrucker zudem noch in die *Oberklasse* der Drucker, und diese Klasse wieder in die Klasse der Ausgabegeräte, die wiederum eine *Unterklasse* der Peripherie-Geräte ist. Die Eigenschaften eines Druckers lassen sich gleichsam verallgemeinern und werden dann als *Attribute* oder *Instanzvariablen* bezeichnet. Ein Beispiel: Die Instanzvariable „Seiten pro Minute" hat bei Ihrem Drucker die Instanz „20", d. h. Ihr Drucker schafft 20 Seiten in der Minute. Anders formuliert: Das Attribut „Seiten pro Minute" hat bei Ihrem Drucker den Attributswert „20". Schauen Sie sich jetzt einmal um und versuchen Sie, alle Objekte, die Sie sehen, in Klassen einzuteilen und benennen Sie anschließend Attribute und Attributswerte.

Vererbung

Der Sinn dieser Überlegungen ist, dass wir *allgemeine Klassen definieren* können und daraus dann *konkrete Objekte* für das zu entwickelnde Programm *ableiten* können. Für jede Klasse werden zudem die Attribute (Instanzvariablen) und die Funktionen (Methoden) definiert. Sind die so definierten Klassen in *Klassenbibliotheken* abgelegt, können wir bei der Programmierung eine geeignete Klasse auswählen, um daraus ein Objekt für unser Programm zu machen. Die Klasse *vererbt* ihre Attribute und Methoden an das Objekt, deshalb spricht man von *Vererbung*. Dem Objekt können aber weitere Attribute und Methoden beigebracht werden, d. h. der Programmierer spart einen erheblichen Teil an Arbeit und muss nur das vorgegebene Modell entsprechend anpassen, aber nicht mehr komplett neu erstellen.

UML

Die *grafische Darstellungsmethode* für die objektorientierte Programmierung ist die *Unified Modelling Language* (UML, „Vereinheitlichte Modellierungssprache"). Folgende Abbildung zeigt den Unterschied bzw. Zusammenhang zwischen *Objekt und Klasse* noch einmal grafisch. Achten Sie auf die Form der Darstellung, mit abgerundeten Ecken und vertikaler Dreiteilung:

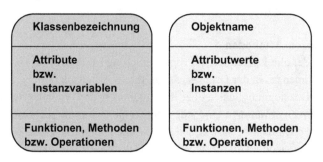

Nachrichten

Ein mittels objektorientierter Programmiersprache (C++, C#, Java) geschriebenes Programm besteht aus einer Reihe von Objekten, die über sogenannte *Nachrichten* miteinander kommunizieren. Ein Objekt sendet an ein anderes Objekt eine Nachricht, d. h. den *Auftrag, eine bestimmte Operation auszuführen.* Wird z. B. an das Objekt Drucker eine Nachricht gesendet, so wendet das Objekt Drucker seine Methode „Drucken" auf den Nachrichteninhalt an. Dieser etwas abstrakte Sprachgebrauch ist schon gewöhnungsbedürftig.

Kapselung

Die *Methoden* eines Objekts sind immer *an das Objekt gebunden.* Bei der Planung der Methoden eines Objekts können übrigens wieder die Verfahren der strukturierten Vorgehensweise, also auch das Struktogramm, verwendet werden. Oft ist es notwendig, bestimmte Daten mit einem *Schutz* zu versehen, dass sie nicht beliebig verändert werden können. Dann spricht man von *Kapselung*, d. h. es werden nur solchen Methoden der Zugriff auf die Daten erlaubt, die für das jeweilige Objekt, das die Daten (Attributwerte) enthält, zugelassen sind. Dies wird dadurch erreicht, dass die Attribute (Variablen) als *privat* (engl.: private) statt *öffentlich* (engl.: public) definiert werden.

Polymorphismus

Eine weitere Besonderheit der objektorientierten Programmierung ist, dass gleichlautende Methoden in verschiedenen Objekten unterschiedliche Wirkungen haben können. Dies bezeichnet man als *Vielgestaltigkeit* oder Polymorphismus.

Recherche-Empfehlung

Suchen Sie sich einen *einfachen Quellcode* eines in einer objektorientierten Programmiersprache geschriebenen Programms und versuchen Sie, die vorgenannten Begriffe daran praktisch nachzuvollziehen. Gehen Sie dabei so vor, dass Sie zunächst *für jede Klasse* die *Klassenbezeichnung*, die *Attribute* und die *Methoden* identifizieren. Sie finden sie in der Reihenfolge, wie sie oben im UML-Klassendiagramm angegeben sind. Überprüfen Sie an Ihrem Beispiel auch, mit welchen *Datentypen* die Attribute belegt werden, und versuchen Sie, die gesendeten *Nachrichten* zwischen den Klassen zu identifizieren.

Weitere Darstellungsmethoden der objektorientierten Programmierung sind das *Anwendungsfalldiagramm* und das *Entity-Relationship-Modell* (ERM). Entities oder „Ganzheiten" sind dabei nichts anderes als die Objekte, von denen hier gesprochen wurde. Eine Aufgabe zum ERM finden Sie unter 6.3.3 Datenbankanpassung, da in der Prüfung ERMs meist im Zusammenhang mit Datenbanken gefragt werden.

Programmbibliotheken

In jeder Software-Entwicklungsumgebung finden Sie Programmbibliotheken; das sind *Sammlungen von Befehlen, Befehlsklassen, Makros und fertigen Programmteilen*, wodurch die Programmierung erheblich erleichtert wird. Sie sind zu unterscheiden von den dynamischen Bibliotheken (Dynamic Link Library = DLL), auf die Programme bei ihrer Ausführung zugreifen. Dynamisch bedeutet dabei, dass sie erst bei Bedarf geladen werden, vorher also keinen Speicherplatz belegen.

Software-Entwicklungsumgebungen

Eine weitere Erleichterung der Programmierarbeit stellen Software-Entwicklungs-Tools dar. Unter dem Oberbegriff *CASE* (Computer Aided Software Engineering) gibt es mittlerweile eine Reihe von Programmen, die die Software-Entwicklung unterstützen. Umfassende *CASE-Tools* ermöglichen alle vier Phasen *Analyse, Entwurf, Realisierung und Einführung* durchzuführen, bieten also z. B. auch Tools zur Erstellung von Ereignisgesteuerten Prozessketten und Entity-Relationship-Modellen.

Wesentliche Bestandteile solcher Umgebungen sind Compiler und Programmgeneratoren. *Compiler* setzen den Quelltext in ein lauffähiges Programm, d. h. ausführbaren Maschinencode um und führen dabei verschiedene Fehlerkontrollen aus. Ein *Programm-*

Tab. 6.3 Übersicht Dokumentation

Systemdokumentation				
Anwendungs- handbuch		**Datenverarbeitungstechnisches Handbuch**		
Anwendungs- beschreibung	Benutzer- beschreibung	Entwickler- doku- mentation	Betreiber- doku- mentation	Projekt- doku- mentation

generator (Application Generator) erleichtert das Erstellen von Software erheblich, weil er allein aus einer

Recherche-Empfehlung

Recherchieren Sie die genauen *Inhalte der* oben dargestellten *Dokumentationen*. Schauen Sie sich bei den in Ihrem Ausbildungsbetrieb entwickelten Systemen die verschiedenen Dokumentationen an und vergleichen Sie sie mit Ihren Recherche-Ergebnissen. Vorstellbar sind Prüfungsaufgaben, die nach den Inhalten dieser verschiedenen Dokumentationen fragen. Funktionsbeschreibung selbstständig Quellcode entwickeln kann.

Dokumentation

Bei der Codierung von Programmen sollten Sie das Instrument der Inlinedokumentation intensiv nutzen, weil sich dadurch die Wartbarkeit des Programms deutlich erhöht. Unter *Inlinedokumentation* versteht man das Einfügen von Kommentarzeilen. Je nach Programmiersprache müssen *Kommentare* unterschiedlich gekennzeichnet werden, z. B. in C++ durch zwei Slashs vorher und nachher (// Kommentar //). Eine weitere Verbesserung der Lesbarkeit des Programms ergibt sich durch die *Verbalisierung* der Variablen, Konstanten, Unterprogramme etc., d. h. durch eine aussagefähige Benennung. Oft gibt es dazu in der betrieblichen Praxis klar definierte *Programmierstandards*.

Die gesamte *Systemdokumentation*, die zur Einführung des Anwendungssystems vorgelegt werden muss, besteht aus dem Anwendungshandbuch und dem Datenverarbeitungstechnischen Handbuch. Das *Anwendungshandbuch* enthält die Anwendungsbeschreibung (Leistungsumfang des Systems) und die Benutzerbeschreibung (Bedienungsanleitung). Das *Datenverarbeitungstechnische Handbuch* enthält die Entwicklerdokumentation, die Betreiberdokumentation und die Projektdokumentation (Tab. 6.3).

Recherche-Empfehlung

Recherchieren Sie die genauen *Inhalte der* oben dargestellten *Dokumentationen*. Schauen Sie sich bei den in Ihrem Ausbildungsbetrieb entwickelten Systemen die verschiedenen Dokumentationen an und vergleichen Sie sie mit Ihren Recherche-Ergebnissen. Vorstellbar sind Prüfungsaufgaben, die nach den Inhalten dieser verschiedenen Dokumentationen fragen.

6.3.3 Datenbankanpassung

Die Idee der Datenbank knüpft an die Begriffe der objektorientierten Programmierung an. Wichtig für die Prüfung ist das Verständnis der *relationalen Datenbank*. Es handelt sich dabei um mehrere Daten-Tabellen, die miteinander verknüpft sind. Die einzelne Tabelle wird als Objekt oder *Entity* bezeichnet, die Spalten der Tabelle sind die *Attribute*, und die Spalteninhalte die *Attributswerte*. Die Beziehungen zwischen den Tabellen werden über *Schlüssel* hergestellt. Dazu wird jeder Tabelle eine zusätzliche Spalte mit einem *Primärschlüssel* zugewiesen, der für jeden Datensatz, also für jede Zeile der Tabelle einen eindeutigen Wert hat. Dieser Primärschlüssel wird dann in einer anderen Tabelle als *Sekundärschlüssel*, wieder in eine extra Spalte eingefügt, so dass sich eine Verbindung der Datensätze der beiden Tabellen ergibt. Im *Entity Relationship Modell* sind also die Entities die Tabellen und die Relationships die Beziehungen zwischen ihnen. Und in der UML-Denkweise (siehe oben) sind die Entities die Objekte mit ihren Attributen.

Aufgabe Entity-Relationship-Modell

In Ihrem Unternehmen gibt es einen recht umfangreichen Bestand an Fachbüchern, der bisher noch nicht erfasst oder katalogisiert worden ist, so dass es zu langen Suchzeiten kommt. Sie erhalten den Auftrag, eine Datenbank für diesen Bücherbestand zu erstellen. Sie gehen dabei nach dem Phasenkonzept vor und haben in der Analyse-Phase den Bestand an Büchern grob gesichtet und folgende erste Überlegungen angestellt:

Zunächst gibt es eine Reihe von Verlagen, in denen die verschiedenen Bücher erschienen sind, es gibt auch Bücher, die mehrere Autoren haben. Und zudem gibt es einige Autoren, die bei verschiedenen Verlagen veröffentlicht haben.

a. Entwerfen Sie aufgrund dieser Informationen ein erstes grobes Entity-Relationship-Modell (ohne Attribute).

b. Normalisieren Sie Ihr unter a) erstelltes Entity-Relationship-Modell soweit, dass es sich für die Umsetzung in eine relationale Datenbank eignet. Markieren Sie dazu erkennbar die Verknüpfungs-Attribute.

Lösung:

a Grob-Entwurf ERM

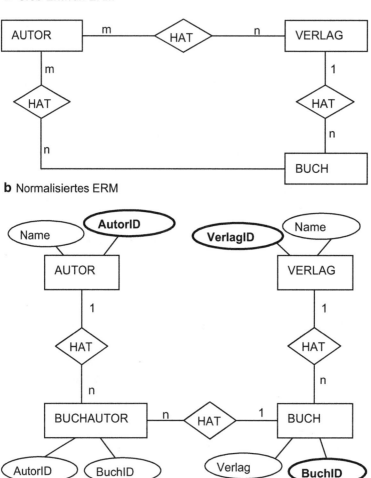

b Normalisiertes ERM

Bearbeitungshinweise

Entity-Relationship-Modelle zeichnen ist eine sehr häufig vorkommende Prüfungsaufgabe, teilweise ist die Aufgabenstellung inhaltlich komplexer als bei der vorstehenden Aufgabe, aber wenn Sie einmal das Lösungsprinzip verinnerlicht haben, sollten Ihnen ERMs keine Schwierigkeiten mehr bereiten. Meist müssen keine Attribute angegeben werden.

Der erste Schritt ist, dass Sie alle *Hauptworte der Aufgabenstellung* in Entities umsetzen: Das ist hier „Buch", „Autor" und „Verlag". Dann zeichnen Sie die *Beziehungen* zwischen den einzelnen Entities, wobei die Benennung des *Verbs* (z. B. „hat") keine große Bedeutung hat. Viel wichtiger ist, die sogenannten *Kardinalitäten* zu benennen, und Sie erhalten in der Aufgabenstellung immer Angaben dazu, die Sie dann an der Beziehung richtig umsetzen müssen:

Jeder Autor hat mehrere Verlage, aber jeder Verlag hat auch mehrere Autoren, das ist eine m:n-Beziehung.

Jeder Autor hat mehrere Bücher, aber es gibt auch Bücher mit mehreren Autoren, das ist auch eine m:n-Beziehung.

Jeder Verlag hat mehrere Bücher, aber pro Buch gibt es nur einen Verlag, das ist eine n:1-Beziehung.

Wichtig ist zu verstehen, dass das Entity-Relationship-Modell einfach nur ein *grafisches Entwurfsinstrument* ist. Aufgrund Ihres ersten ERMs können Sie nun die Verbesserung vornehmen. In relationalen Datenbanken lassen sich *m:n-Beziehungen* programmtechnisch nicht umsetzen, daher müssen Sie alle m:n-Beziehungen auflösen in *n:1-Beziehungen*. Dazu bilden Sie eine weitere Entity (Tabelle), die die jeweiligen Primärschlüssel der verbundenen Entities enthält. Hier wurde das mit den Entities „Autor" und „Buch" gemacht, wodurch zwei *1:n-Beziehungen* entstehen. Die Namensgebung für diese *Verknüpfungs-Entity* ist nebensächlich, meist werden einfach die beiden Namen der zu verknüpfenden Tabellen kombiniert. Die andere m:n-Verbindung „Autor" und „Verlag" kann dann weggelassen werden, weil alle Tabellen bereits miteinander verknüpft sind. Alternativ hätten Sie auch diese über eine weitere Verknüpfungs-Tabelle auflösen und dafür die Verbindung zwischen „Autor" und „Buch" weglassen können.

Normalisierung

Normalisierung ist ein großes Wort, und es gibt komplexe theoretische Ansätze dazu, die aber wenig praktikabel sind. Wesentlich dabei ist nur, dass *Redundanzen* und damit *Inkonsistenzen* vermieden werden, d. h. dass es keinen Attributwert gibt, der an zwei verschiedenen Stellen gespeichert ist. Dass ein Datenfeld in einer Tabelle nicht mehrere Werte enthalten sollte, ist eigentlich gesunder Menschenverstand, aber dies zu vermeiden, nennt sich *1. Normalform*. Dass jede Tabelle einen eindeutigen Primärschlüssel bekommt, ist die *2. Normalform*. Und wenn Abhängigkeiten von zwei Attributen innerhalb einer Tabelle aufgelöst werden, durch Ausgliederung in eine weitere neue Tabelle, so nennt man dies die *3. Normalform*.

Recherche-Empfehlung

Bauen Sie die Datenbank aus der vorstehenden Aufgabe und auch weitere Datenbank-Ansätze in einem Datenbankprogramm nach, z. B. in MS Access. Gehen Sie dann auf die Verknüpfungsansicht und stellen Sie die erforderlichen Verknüpfungen her. Setzen Sie auch das Häkchen für „*referentielle Integrität*" und recherchieren Sie, was dieser Begriff bedeutet. Finden Sie diese Funktion auch in OpenOffice Base?

Datenbank-Architektur

Allgemein bestehen Datenbanken immer aus *Dateien* (Tabellen) und einem *Datenbankmanagementsystem* zur Verwaltung dieser Dateien. Das dahinterstehende theoretische

Architekturmodell unterscheidet die konzeptionelle, die interne und die externe Sicht auf die Daten:

Die *konzeptionelle Sicht* wird auch als *logische Struktur* bezeichnet und kann mittels Entity-Relationship-Modell entworfen werden.

Die *interne Sicht* wird auch als *physische Struktur* bezeichnet und geht der Frage nach, wie die Daten auf dem Speichermedium organisiert werden.

Die *externe Sicht* bezeichnet man auch als *Benutzersicht*, sie stellt den Ausschnitt aus der konzeptionellen Sicht dar, den der Benutzer einer Datenbank zu Gesicht bekommt.

Datenmodellierung

Unter Datenmodellierung versteht man die *Umsetzung der betrieblichen Informationen* in für eine Datenbank geeignete Daten. Dazu gehören auch die Regeln zur Bildung von Schlüsseln. Es dürfte z. B. klar sein, dass der Name des Kunden kein geeigneter Schlüssel für die Kundendatei ist, vor allem bei Namen wie Müller oder Meier.

Datendefinition

Mit Datendefinition ist das *Erstellen der Tabellen* mit ihren Spaltenbezeichnungen und Verknüpfungen gemeint. Dazu werden sogenannte Datendefinitionssprachen (DDL = Data Description Language) eingesetzt, in SQL ist das z. B. der Befehl „CREATE TABLE" (= erzeuge Tabelle) mit den einzelnen Befehlsattributen.

Datenmanipulation

Unter Datenmanipulation versteht man schließlich das *Verändern von Daten* in einer Datenbank. Dazu gibt es Datenmanipulationssprachen (DML = Data Manipulation Language). In SQL z. B. sind das Befehle wie: „INSERT", „UPDATE" oder „DELETE".

SQL

SQL (Structured Query Language) ist ja eigentlich eine *Abfragesprache* (Query = Abfrage), geht aber in ihrem Funktionsumfang weit darüber hinaus. Prüfungsaufgaben zu SQL kommen relativ häufig, aber sie beziehen sich meistens auf die Formulierung von *Abfragen* (SELECT), allerdings sind auch schon *Datenmanipulationen* (UPDATE) in Aufgabenstellungen abgefragt worden.

Datenbanken speichern Daten in TABLES (Tables), bestehend aus RECORDS (Zeilen oder Datensätzen) und FIELDS (Spalten). Innerhalb einer Tabelle ist der Aufbau jedes Datensatzes gleich. Um mittels SQL eine Tabelle zu erzeugen, wird folgende Befehlsstruktur verwendet:

CREATE TABLE

```
CREATE TABLE tabellenname (
spaltenname1 datentyp [einschränkung],
spaltenname2 datentyp [einschränkung],
...
);
```

Für jede zu schaffende Spalte muss der *Datentyp* angegeben werden. Das Argument „einschränkung" dient dazu, bestimmte Eigenschaften der Daten in einer Spalte von vornherein festzulegen, z. B. einen Primärschlüssel.

```
CREATE TABLE BUCHAUTOR (
BuchID integer REFERENCES BUCH
ON DELETE CASCADE,
AutorID integer REFERENCES AUTOR,
PRIMARY KEY (BuchID, AutorID)
);
```

Die hier gebildete Tabelle ist ein Hilfskonstrukt, um eine m:n-Beziehung in zwei n:1-Beziehungen aufzulösen, nämlich die Beziehung zwischen Büchern und Autoren. Das PRIMARY-KEY-*Statement* am Ende definiert daher einen *Primärschlüssel*, der sich aus zwei Spalten zusammensetzt und der nicht als Spalteneinschränkung, sondern als Tabelleneinschränkung (table constraint) formuliert ist.

Das Statement ON DELETE CASCADE sorgt dafür, dass beim Löschen eines Buchs aus der Datenbank automatisch auch alle zugehörigen BUCH-AUTOR-Einträge verschwinden. Ohne diese Anweisung kann man ein Buch erst löschen, wenn man vorher alle Verweise auf Autoren entfernt hat, was recht unbequem ist.

SELECT

Die für die Prüfung wichtigste Befehlsstruktur ist der *Abfrage-Befehl*, der im Prinzip immer wie folgt aussehen muss:

```
SELECT ausdrucksliste
FROM tabellenliste
WHERE filterkriterium
ORDER BY sortierkriterium;
```

Die *Ausdrucksliste* enthält eine durch Kommas getrennte Liste von Spaltennamen. Kommt ein Spaltenname in mehreren beteiligten Tabellen vor, muss man ihm den gewünschten Tabellennamen durch einen Punkt abgetrennt voranstellen.

Die *Tabellenliste* enthält eine durch Kommas getrennte Liste von Tabellennamen, aus denen die Abfrage die Daten besorgen soll.

Als *Filterkriterien* stehen alle üblichen Vergleichsoperatoren zur Verfügung. Wird kein Filterkriterium angegeben, dann werden alle Datensätze ausgegeben. Mehrere Filterkriterien lassen sich mit AND, OR oder NOT kombinieren.

Das *Sortierkriterium* ist wie das Filterkriterium optional. Es ist eine Liste von Feldnamen, die von links nach rechts abgearbeitet wird, wobei auch ohne „ASC" in aufsteigender Reihenfolge sortiert wird (ascendent = aufsteigend). „DESC" dreht die Sortierreihenfolge um (descendent = absteigend).

Tab. 6.4 Aggregatfunktionen

COUNT ( )	zählt Datensätze
SUM ( )	addiert Werte
AVG ( )	berechnet den Durchschnitt von Werten
MIN ( )	sucht den kleinsten Wert heraus
MAX ( )	sucht den größten Wert heraus

Aggregatfunktionen

Aggregatfunktionen dienen dazu, die Inhalte mehrerer Datensätze zu einem Wert zusammenzufassen. die am häufigsten verwendeten sind (Tab. 6.4):

In die Klammer gehört jeweils der Name der Spalte, mit der gerechnet werden soll.

```
SELECT Kunde, SUM(Betrag)
FROM RECHNUNG
WHERE Extract(Year FROM RECHNUNG.Datum)
= Extract(Year FROM CURRENT_DATE)
GROUP BY Kunde
HAVING SUM(Betrag) > 10000;
```

Diese SQL-Abfrage liefert aus der Tabelle `Rechnung` eine Liste aller Kunden und der Summe aller Rechnungsbeträge je Kunde. Dazu werden zunächst alle Datensätze nach Kunden gruppiert und dann für jeden Kunden die Summe aller Rechnungsbeträge ermittelt. Dabei werden nur die Rechnungen aus dem aktuellen Jahr berücksichtigt und nur für solche Kunden ausgegeben, bei denen die Summe größer als 10.000 € ist.

Die `WHERE`-*Klausel* prüft vor dem Gruppieren und Addieren, ob die Rechnung aus dem aktuellen Jahr stammt. Die `HAVING`-*Klausel* verwirft anschließend alle Zeilen der bisher generierten Abfrage, bei der die Summe nicht mehr als 10.000 beträgt.

```
SELECT BUCH.Titel, VERLAG.Name
FROM BUCH, VERLAG
WHERE BUCH.Verlag = VERLAG.VerlagID;
```

Diese Abfrage liefert eine Liste aller Bücher und der Verlage, in denen sie erschienen sind. Die WHERE-Klausel liefert das *Kreuzprodukt* aus den beiden Tabellen, d. h. sie gibt an, wie die beiden Tabellen zu verknüpfen sind.

UPDATE

```
UPDATE MITARBEITER
SET Gehalt = Gehalt * 1,05
WHERE Lohngruppe <= 5;
```

In der Tabelle `MITARBEITER` werden alle Gehälter der Lohngruppen bis einschließlich Lohngruppe 5 um fünf Prozent erhöht. Hinter dem `UPDATE`-*Befehl* steht der Tabellenname, hinter dem `SET`-*Befehl* der Spaltenname!

DELETE

```
DELETE FROM tabellenname
WHERE kriterium;
```

Dies ist die SQL-Anweisung zum *Löschen von Datensätzen* in einer Datenbank. DELETE TABLE und DELETE DATABASE dienen dazu, eine ganze Tabelle oder eine ganze Datenbank zu löschen. Es gibt zwar noch eine Reihe weiterer interessanter SQL-Befehle wie z. B. INNER JOIN und OUTER JOIN, aber über die vorstehenden Ausdrücke werden Prüfungsfragen aller Wahrscheinlichkeit nicht hinausgehen.

Datenschutz
Unter Datenschutz versteht man alle Maßnahmen zum Schutz gegen *unbefugte Nutzung* einer Datenbank. Die wichtigsten Maßnahmen dazu sind *Zugriffskontrollen*, *kryptografische Verfahren* und *Firewalls*.

Zugriffskontrolle
Zugriffskontrollen umfassen die *Identifizierung* des Benutzers, die *Überprüfung* der Zugriffsrechte und die *Protokollierung* der Benutzerzugriffe in *log-Dateien*. Maßnahmen in der Praxis sind *Dongles* und *Passwörter*. Die Regeln zu der Erstellung von und dem Umgang mit Passwörtern wurden auch schon gefragt.
    [www.heise.de/security/artikel/Passwoerter-unknackbar-speichern-1253931.html]

Kryptografie
Die verschlüsselte Datenübertragung soll die *Vertraulichkeit* der übertragenen Daten schützen und ihre *Unverfälschtheit* und *Rechtsverbindlichkeit* gewährleisten.

Firewall
Firewalls sollen das *Eindringen* von Benutzern über das Internet in unternehmensinterne Netze verhindern und damit auch den Zugriff auf die Unternehmens-Datenbanken.

Recherche-Empfehlung

Recherchieren Sie die Regeln für die Erstellung von und den Umgang mit *Passwörtern* im Internet. Informieren Sie sich über *symmetrische und asymmetrische Verschlüsselungsverfahren*, holen Sie sich insbesondere Informationen über die Sicherheit der verschiedenen Verschlüsselungssysteme. Unternehmen Sie ferner eine Produktrecherche nach hard- und software-basierten *Firewall-Konzepten* und recherchieren Sie die einzelnen Funktionen und Schutzmechanismen, die dahinterstehen.

Datensicherheit
Vor allem beim *gleichzeitigen Zugriff* mehrerer Benutzer und bei *Störfällen* kann die *Integrität* der Daten gefährdet sein, z. B. wenn gleichzeitig mehrere Benutzer dieselben Daten

verändern wollen. Dies wird durch eine *Serialisierung* der Zugriffe (*Synchronisation*) verhindert.

Weitere Sicherungskonzepte für Datenbanken sind das *Before-Image* und das *After-Image*, vor allem aber die Schattendatenbank auf *RAID-Systemen*, das ist eine Kopie der Originaldatenbank, sodass bei Zerstörung der Originaldatenbank über eine *Recovery-Funktion* diese wiederhergestellt werden kann.

Database Administrator
Eine mögliche Prüfungsfrage kann sich auf die *Aufgaben eines Datenbank-Administrators* beziehen. Es sind dies:

Definition und Pflege der Daten
Festlegung und Verwaltung von Zugriffsrechten
Realisierung von Sicherungsmaßnahmen
Überwachung und Verbesserung der Performance

6.4 Vertiefung

6.4.1 Vertiefung IT-Systemelektroniker

Die folgende Abbildung zeigt die im Rahmenlehrplan festgelegten Inhalte des Lernfelds für IT-Systemelektroniker (Tab. 6.5).
[www.bueffelcoach.de/IHK-IT-Berufe/LF06_Synopse.PDF]

Tab. 6.5 Rahmenlehrplan IT-Systemelektroniker

Erstellen von Anwendungen		
Entwicklungs- strategien und Vorgehensmodelle der Anwendungs- entwicklung	Methoden der Ist-Analyse betrieb- licher Prozesse und des IT-Systems	Methoden und Werkzeuge zur Entwicklung eines Lösungskonzepts
Programmentwicklungsmethoden		
Grundlegende Algorithmen und Datenstrukturen	Strukturierung und Dokumentation	Praxisrelevante Softwareentwick- lungsumgebungen
Datenbankanpassung		
Architektur eines Datenbanksystems	Datendefinition, Abfragen in Datenbanken	Datenschutz- und Datensicherungs- konzepte für Datenbanken

Statt der „Projektierung von Anwendungssystemen" wird hier nur von dem „Erstellen von Anwendungen" gesprochen, d. h. das Thema *Projektmanagement* fehlt, für die Praxis ist dies in Grundzügen aber auch für das Berufsbild IT-Systemelektroniker relevant. Beim Thema Datenbanken fehlt hier die *Modellierung* und die *Manipulation* von Daten, die für das Verständnis der Zusammenhänge jedoch bedeutende Begriffe darstellen.

6.4.2 Vertiefung Fachinformatiker

Die folgende Abbildung zeigt die im Rahmenlehrplan festgelegten Inhalte des Lernfelds für Fachinformatiker. Die beiden beim Gliederungspunkt „*Programmentwicklungsmethoden*" in Klammern angegebenen Inhalte gelten nur für den Fachinformatiker Fachrichtung *Anwendungsentwicklung*. Dies ist der einzige Unterschied zwischen den beiden Spezialisierungsrichtungen (Tab. 6.6).
[www.bueffelcoach.de/IHK-IT-Berufe/LF06_Synopse.PDF]
Im Vergleich zu dem oben angegebenen allgemeinen Rahmenlehrplan kommen hier beim Thema Anwendungssysteme vor allem die Modelle und Verfahren der *Qualitätssicherung* von Software sowie die „*Ergonomische Gestaltung der Software*" hinzu. Im

Tab. 6.6 Rahmenlehrplan Fachinformatiker

Projektierung von Anwendungssystemen		
Modell des Projekt-managements	Entwicklungsstrategien und Vorgehens-modelle der Anwendungsentwicklung	Modelle und Verfahren der Qualitätssicherung
Methoden der Ist-Analyse betrieblicher Prozesse und des IT-Systems	Methoden und Werkzeuge zur Entwicklung eines Lösungskonzepts	Methoden und Werkzeuge zur Dokumentation
Programmentwicklungsmethoden		
Grundlegende Algorithmen und Datenstrukturen	Strukturierung und Doku-mentation	Programm-bibliotheken	Praxisrelevante Software-entwicklungs-umgebungen
(Grundlagen der strukturierten und objektorientierten Programmierung)	(Ergonomische Gestaltung der Software)		
Datenbankanpassung		
Architektur eines Daten-banksystems	Daten-definition	Daten-manipulation	Datenschutz- und Datensicherungs-konzepte für Datenbanken

Bereich Programmierung gibt es zusätzlich das Thema „*Programmbibliotheken*". Dass im Bereich Datenbanken die Datenmodellierung und die Datenbankabfragen nicht genannt werden, ist schwer nachvollziehbar, da sie doch eine wichtige Basis für das Verständnis von Datenbanken sind.

6.4.3   Vertiefung IT-Systemkaufleute und IT-Kaufleute

Die folgende Abbildung zeigt die im Rahmenlehrplan festgelegten Inhalte des Lernfelds für IT-Systemkaufleute und für IT-Kaufleute. Bei IT-Systemkaufleuten wird von „*betrieblichen*", bei IT-Kaufleuten von „*kundenspezifischen*" Anwendungssystemen gesprochen. Ansonsten sind beide Rahmenlehrpläne identisch (Tab. 6.7).

[www.bueffelcoach.de/IHK-IT-Berufe/LF06_Synopse.PDF]

Die Projektierung von Anwendungssystemen bezieht sich hier auf „betriebliche" bzw. „kundenspezifische" Anwendungssysteme. Beim Projektmanagement kommt noch die *Projektorganisation* hinzu. Bei der Entwicklung von Lösungskonzepten für Software-Probleme werden hier die Begriffe *Fachentwurf*, *Grobentwurf* und *Ergonomie* explizit genannt. Hinzu kommen *Wirtschaftlichkeitsvergleiche*, die den kaufmännischen Aspekt der

Tab. 6.7 Rahmenlehrplan IT-Systemkaufleute und IT-Kaufleute

Projektierung von betrieblichen/kundenspezifischen Anwendungssystemen			
Projekt- management und -organisation	Vorgehensmodell der Systemabwicklung, z. B. Phasenmodell, Modell zum Prototyping		Methoden der Ist- Analyse betrieb- licher Prozesse und des IT- Systems
Methoden und Werkzeuge zum Entwurf, z. B. - Methoden des Fachentwurfs und - des IT-Grobentwurfes, - ergonomische Gestaltung von Software, - Methoden der Wirtschaftlichkeitsvergleiche			Werkzeuge zur Doku- mentation
Programmentwicklung und -anpassung			
Algorithmen und Datenstrukt uren	Beschrei- bungs- verfahren	Grundlagen der strukturierten und objektorientierten Programmierung	Software- entwicklungs- umgebung
Datenbankentwicklung und -anpassung			
Architektur von Datenbanksystemen	Daten- modellierung	Daten- definition	Daten- manipulation
Praxisrelevantes Datenbank- managementsystem	Datenschutz- und Datensiche- rungskonzepte für Datenbanken		

Software-Entwicklung stärker herausstellen sollen (vgl. dazu auch Lernfeld 11 Controlling und Lernfeld 3 Planungs- und Entscheidungsmethoden). Statt „Abfragen in Datenbanken" wird hier von „Praxisrelevanten Datenbankmanagementsystemen" gesprochen, d. h. für den kaufmännischen Bereich ist die *Fähigkeit im Umgang mit Datenbanken* wichtig.

Vernetzte IT-Systeme

Zusammenfassung

Das Wichtigste: Planen und Einrichten von Netzwerken gemäß Kundenanforderungen

In diesem Lernfeld geht es um das *Einrichten von PC-Netzen*. Beachten Sie auch hier den auftragsbezogenen Denkansatz, d. h. es wird geprüft, ob Sie in der Lage sind, *gemäß Kundenanforderungen* ein Netzwerk zu planen, die notwendigen Komponenten dazu auszuwählen, zu installieren, zu konfigurieren und zu handhaben. Dabei ist zum einen wieder das Thema *Sicherheit* wichtig, zum anderen *Dokumentation und Präsentation* Ihrer Vorgehensweise.

Die Struktur der Lerninhalte dieses Lernfelds ist wieder für alle vier IT-Berufe gleich, Unterschiede ergeben sich aus der Tiefe, bis zu der Sie in den Stoff vordringen müssen. Von *IT-System-elektronikern* und *Fachinformatikern* wird hier umfangreicheres technisches Wissen verlangt, insbesondere IT-Systemelektroniker müssen über Kenntnisse im Bereich Elektrotechnik verfügen.

Schnittstellen dieses Lernfelds gibt es insbesondere zu *Lernfeld 4* „Einfache IT-Systeme", manche Netzwerkkomponente, z. B. die Netzwerkkarte, kann auch dort eingeordnet werden. Aber auch zu *Lernfeld 9* „Öffentliche Netze und Dienste" ist die Abgrenzung schwierig: hier geht es eher um unternehmensinterne Netze. Die Betreuung von Netzen lässt sich auch gut in *Lernfeld 10* „Betreuen von IT-Systemen" einordnen.

7.1 Prüfungsrelevanz des Lernfelds

Ausgangssituation für Prüfungsaufgaben zu Lernfeld 7 ist i. d. R ein *Kundenauftrag zur Einrichtung eines Netzwerks*, zu dem dann Fragen formuliert sind. Meist ist dazu ein Netzwerk zu *zeichnen* oder eine vorgegebene Zeichnung praxisbezogen zu ergänzen. Aufgaben

© Springer Fachmedien Wiesbaden 2014
M. Wünsche, *Prüfungsvorbereitung für IT-Berufe*,
DOI 10.1007/978-3-658-04414-5_7

zum Thema Netze können in der *Kernqualifikationsklausur* (Ganzheitliche II) auf einfacherem Niveau, für IT-Systemelektroniker und Fachinformatiker in der *Fachqualifikation* (Ganzheitliche I) mit mehr technischen Fragen kommen. Beachten Sie aber immer auch die kaufmännischen und juristischen Aspekte, z. B. die Auswahl von Komponenten mittels *Nutzwertanalyse* oder die *Vertragsgestaltung* für den Auftrag zur Einrichtung eines Netzwerks. Möglich ist in diesem Zusammenhang auch eine Aufgabe zur *Kalkulation* eines Netzwerks mit Kosten für Komponenten und Mannstunden mal Stundensatz für die Einrichtung bis zur Übergabe (siehe Lernfeld 11).

7.2 Übersicht Lernfeldinhalte

Die folgende Abbildung zeigt die im Rahmenlehrplan festgelegten Inhalte des Lernfelds, die für alle vier Berufsbilder relevant sind. Hinweise zu den einzelnen Berufen finden sich im Abschn. 7.4 (Tab. 7.1).

[www.bueffelcoach.de/IHK-IT-Berufe/LF07_Synopse.PDF]

Der Rahmenlehrplan ist nach der *praktischen auftragsbezogenen Vorgehensweise* strukturiert. Zunächst erfolgt die *Konzeption* des Netzwerks aufgrund der betrieblichen Gegebenheiten. Das Thema „Informationsübertragung in vernetzten IT-Systemen" behandelt die gesamten netzwerktechnischen Aspekte, in „Planung, Aufbau und Konfiguration" geht es um die für den Netzbetrieb notwendige *Hardware* und die *Software*, hier findet sich dann auch wieder das Thema *Datenschutz und Datensicherheit*. Und schließlich erfolgt „Inbetriebnahme und Übergabe", wobei es hauptsächlich um die *Benutzerverwaltung* geht, aber auch um die *Fehlerbehebung* und um die *Optimierung* der Ressourcen. Das Thema Dokumentation und Präsentation darf in keinem Lernfeld fehlen. Sie können

Tab. 7.1 Übersicht Rahmenlehrplan zu Lernfeld 7

Konzeption		
Bestandsaufnahme nach Anforderungs-analyse	Wechselwirkung von vernetzten IT-Produkten und betrieblicher Organisation	Projekt-doku-mentation
Informationsübertragung in vernetzten IT-Systemen		
Übertragungs-technik	Schichten-modell	Netzwerkarchitekturen, -protokolle und -schnittstellen
Planung, Aufbau und Konfiguration		
Servertypen	Endgeräte	Schnittstellen
Netzwerk-betriebssystem	Anwendungs-software	Datenschutz und Datensicherheit
Inbetriebnahme und Übergabe		
Benutzer- und Ressourcenverwaltung	Dokumentation und Präsentation	

gedanklich auch hier das *Phasenkonzept* aus Lernfeld 6 anwenden: Analyse, Entwurf, Realisierung, Einführung. Dazu gehören in der Analyse-Phase die *Ist-Analyse* und die *Soll-Konzeption*, ferner handelt es sich bei der Konzipierung eines Netzwerks um ein *Projekt*, auf das Sie Ihre Kenntnisse des Projektmanagements anwenden können, z. B. auch die Planungsmethode der Netzplantechnik (siehe Lernfeld 3). Verwechseln Sie Netzplan nicht mit Netzwerk!

7.3 Begriffe und Musteraufgaben

7.3.1 Konzeption

Bei der Konzeption eines Netzwerks starten Sie gemäß dem Phasenschema mit der *Ist-Analyse* und der *Soll-Konzeption*, und nehmen eine *Durchführungsplanung* vor. Dies verbirgt sich hinter dem Punkt „Bestandsaufnahme nach Anforderungsanalyse". Sie erstellen ein *Pflichtenheft* und führen die *Projektdokumentation*. Bei der Erarbeitung des Anforderungskatalogs müssen Sie die „Wechselwirkung von vernetzten IT-Produkten und betrieblicher Organisation" beachten, d. h. Sie holen Informationen über die *Organisationsstruktur* und die *Betriebsabläufe* ein. In Bezug auf die Konzeption eines Netzwerks sehen Sie also viele Anknüpfungspunkte zu *Lernfeld 2* „Geschäftsprozesse und betriebliche Organisation" und zu *Lernfeld 3*, dort vor allem zum Thema *Projektmanagement*, was ja auch in Lernfeld 6 eine Rolle spielt.

Aufgabe Konzeption

Sie erhalten den Auftrag, für ein neu zu gründendes kleines Unternehmen ein PC-Netzwerk einzurichten. Gemeinsam mit dem Unternehmensgründer, Herrn Schultberg, haben Sie in einem Vorgespräch eine Bestandsaufnahme gemacht und die einzelnen Anforderungen an das zu errichtende Netzwerk ermittelt und in einem Lastenheft zusammengestellt. Die wesentlichen Punkte sind folgende Vorgaben: Sterntopologie, zentrale Datenhaltung auf einem dedizierten Server, vier Arbeitsplatz-PCs, ein zentraler netzwerkfähiger Drucker, Internet-Zugang über xDSL mit Zugang von jedem Arbeitsplatz. Herr Schultberg bringt noch einen nicht netzwerkfähigen Plotter mit ein, der in das Netz eingebunden werden soll. Die Telefonanlage hängt an einem ISDN-NTBA.

a. Entwerfen Sie eine Skizze für das Netzwerk!

b. Nennen Sie stichpunktartig vier zusätzliche Informationen, die Sie benötigen, um das Netzwerk möglichst gut an die Bedürfnisse des Unternehmens anzupassen.

Lösung:

a   Netzwerk-Skizze

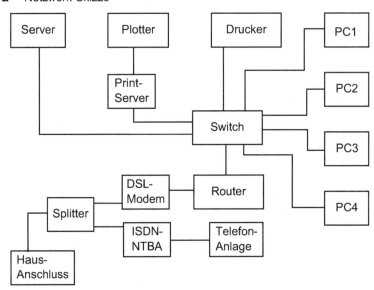

b   Baupläne, Fertigstellungs- und Übergabetermin, Innenausstatt-
    ungspläne, Budget, Organisationsstrukturen, Geschäftsabläufe,
    Arbeitsplatzbeschreibungen, IT-Kenntnisse der Mitarbeiter,
    Schulungsbedarf

Bearbeitungshinweise

Es besteht bei solchen Aufgaben zunächst einmal das grundsätzliche Problem, wie Sie
die einzelnen Komponenten grafisch anordnen sollen. Es empfiehlt sich daher, vorher
eine *grobe Skizze auf Konzeptpapier* zu machen, denn Ihre „offizielle" Darstellung sollte
übersichtlich sein. Am besten, Sie verwenden ein Schablonenlineal. Unsaubere und un-
übersichtliche Zeichnungen führen zu Punktabzug in der Bewertung.

Das zweite Problem ist, auch an alle *Komponenten* zu denken, z. B. muss hier der
nicht netzwerkfähige *Plotter* mit einem eigenen Print-Server ausgestattet werden, um mit
an den Switch angeschlossen zu werden. Wer den Server in die Mitte gestellt und den
Switch vergessen hat, erleidet auch Punktabzug, denn in der Aufgabenstellung wird von
einem *„dedizierten Server"* gesprochen: Dies bedeutet, er hat nur eine einzige Aufgabe,
hier die Datenhaltung. Deshalb muss auch ein extra *Router* die Aufgabe übernehmen, die
einzelnen PCs mit dem Internet zu verbinden. Und vergessen Sie den *Splitter* und die
Telefonanlage nicht. Zwar wird davon in der Aufgabenstellung nicht gesprochen, aber
praxisbezogen sollten Sie darauf kommen.

Es ist natürlich nicht erforderlich, exakt die in der Lösung vorgegebene Anordnung
der Komponenten zu treffen, aber es muss die *sternförmige Verkabelung* erkennbar sein.

Netzwerkkarten, Cat5-Kabel und USV-Anlage müssen nicht gezeichnet werden, es sei denn, dies ist in der Aufgabenstellung explizit angegeben.

Aufgabenteil b) bezieht sich auf die Wechselwirkung von vernetzten IT-Produkten und betrieblicher Organisation. Versetzen Sie sich hierzu gedanklich in die Überlegung hinein, welche Unterlagen und Informationen Sie in der Praxis brauchen, um ein Netz sinnvoll konzipieren zu können.

Recherche-Empfehlung

Vollziehen Sie das Thema *Projektmanagement* inklusive *Lastenheft* noch einmal, auch in Ihrem IT-Handbuch, und versuchen Sie, anhand des Phasenkonzepts die *Vorgehensweise bei der Einrichtung von Netzwerken* selbstständig nachzuvollziehen. Führen Sie sich die Kernaussagen von Lernfeld 2 „*Geschäftsprozesse und betriebliche Organisation*" unter dem Gesichtspunkt Vernetzung der PCs im Unternehmen vor Augen. Recherchieren Sie die Vor- und Nachteile von WLAN in Unternehmen und von IP-Centrex.

[www.heise.de/artikel-archiv/ct/2011/6/138_kiosk]
[www.heise.de/artikel-archiv/ct/2011/2/118_kiosk]

7.3.2 Informationsübertragung in vernetzten IT-Systemen

Übertragungstechnik

Das Thema *Übertragungstechnik* umfasst elektrotechnische und elektronische Grundlagen, *Übertragungsmedien* (= Kabel oder Funkstrecken), *Kopplungselemente* (= Router, Bridge, Repeater, Gateway, etc.) und *Übertragungswege* (= Verbindungen). Der erste Schritt zum Verständnis dieses Themas ist ein Überblick über den hier üblichen Begriffsapparat, der teilweise sehr theoretisch abstrakt formuliert ist.

Datenstationen

Ein *Datenübertragungssystem* besteht aus mindestens zwei *Datenstationen*, die durch den *Übertragungsweg* miteinander verbunden sind. Datenstationen bestehen aus *Datenendeinrichtung* und *Datenübertragungseinrichtung*. Zwischen diesen beiden Komponenten liegt eine *Schnittstelle*. Datenendeinrichtungen sind PCs, Terminals, Drucker, Geldausgabeautomaten, etc. Datenübertragungseinrichtungen, z. B. Modems, bestehen aus *Signalumsetzer*, *Anschalteinheit* und evtl. *Synchronisiereinheit*.

Übertragungswege

Übertragungswege werden mittels *Übertragungsmedien* hergestellt, auf ihnen werden *Übertragungsverfahren* eingesetzt. Als Übertragungsmedien werden *Kabelverbindungen* (Adernpaare, Koaxialkabel, Lichtwellenleiter), *Funkverbindungen* (Wireless LAN, Blue-Tooth, Satellitenfunk) oder *optische Verbindungen* (Infrarot, Sichtverbindung erforderlich) eingesetzt.

Vorteile von Lichtwellenleitern gegenüber Kupferleitern sind: hohe Übertragungsge-schwindigkeit, große Übertragungsbandbreite, Überbrückung großer Entfernungen, geringe Signaldämpfung, geringe Alterung, hohe Abhörsicherheit, Blitzschutz, chemische und thermische Stabilität, wesentlich geringeres Gewicht u. a.

Das *Institute of Electrical and Electronics Engineers* (IEEE) hat eine Reihe von *Standards* für Übertragungsmedien definiert: *Wireless-LAN* ist in IEEE 802.11 geregelt, *Bluetooth* in IEEE 802.15.1. Merkmale dieser Übertragungsstandards werden praxisbezogen in Prüfungsaufgaben gefragt. Die verschiedenen Standards lassen sich vor allem nach folgenden *Kriterien* unterscheiden:

Leistungsverbrauch
Anzahl verbindbarer Geräte
Übertragungsgeschwindigkeit
Kosten
Reichweite

Übertragungsverfahren

Bei den technischen Verfahren zur Datenübertragung unterscheidet man die *Zeichenüber-tragungsverfahren* (bitseriell oder bitparallel), die *Gleichlaufverfahren* (synchron oder asynchron), die *Signalübertragungsverfahren* (analog oder digital) und die *Betriebsver-fahren* (simplex, halbduplex, duplex).

Bei den *Zeichenübertragungsverfahren* ist ein wichtiger Begriff die *Übertragungs-rate*, gemessen in Bit pro Sekunde. Die Übertragungsrate ergibt sich aus der *Taktrate* (gemessen in Baud) mal der pro Takt übertragenen Bits. Die Taktübereinstimmung der beiden Datenstationen wird mittels der *Synchronisiereinheit* sichergestellt. Üblich ist die *bitserielle Übertragung*, da die *bitparallele Übertragung* einiges aufwändiger ist. Mittels Datenkompression lässt sich die Übertragungsleistung steigern.

Beim asynchronen *Gleichlaufverfahren* wird jedes übertragene Zeichen mit einem *Startbit* und einem *Stoppbit* versehen. Wird ein längeres Zeitraster synchron geschaltet, können eine Reihe von Zeichen ohne Start- und Stoppbit dazwischen übertragen werden (*synchrone Übertragung*), was die Übertragungsleistung erhöht.

Die analoge *Signalübertragung* findet im traditionellen Telefonnetz statt. Ein *Modem* (Modulator/Demodulator) setzt dazu die Bitfolgen in analoge Signale um (Modulation). Beim Empfänger werden sie demoduliert, d. h. wieder in Bitfolgen umgewandelt.

Bei den *Betriebsverfahren* spricht man vom *Richtungsbetrieb* (simplex), wenn Signale nur in eine Richtung übermittelt werden, z. B. bei Pagern. *Wechselbetrieb* (halb-duplex) liegt vor, wenn die Übertragungsrichtung gewechselt werden kann, z. B. bei Sprechfunk. Um *Gegenbetrieb* (duplex) handelt es sich, wenn gleichzeitig in beide Richtungen über-tragen werden kann.

Recherche-Empfehlungen

Recherchieren Sie die Arten, Merkmale, Eigenschaften und Funktionsweisen von *Kopplungselementen* (Router, Bridge, Repeater, Gateway, etc.). Prüfen Sie Ihr IT-Handbuch, welche Informationen es dazu enthält.

Recherchieren Sie die verschiedenen *Kabeltypen* (STP, UTP, Koaxial, LWL) und sammeln Sie dazu wesentliche Merkmale und Eigenschaften. Nehmen Sie eine Internet-Recherche zum Thema „Powerline" vor.

Recherchieren Sie die *IEEE-Standards* und erstellen Sie sich eine Übersicht nach den Kriterien Leistungsverbrauch, Kosten, Anzahl verbindbarer Geräte, Reichweite und Übertragungsgeschwindigkeit.

Zu den *Übertragungsverfahren* recherchieren Sie vor allem in der Konfiguration Ihrer Netzwerkkarte, welche Betriebsverfahren dort eingestellt werden können. Setzen Sie sich mit der technischen Funktionsweise eines Modems auseinander und ermitteln Sie die konkrete Bedeutung der verschiedenen *Zugriffsverfahren*, vor allem CSMA/CD, CSMA/CA und Token.

Schichtenmodell

Der *Ablauf jeder Übertragung* besteht aus fünf Phasen: Zunächst muss die Verbindung technisch hergestellt werden. Daraufhin erfolgt die Aufforderung zur Übertragung, dann die Übertragung selbst. Dann wird die Übertragung beendet, und die Verbindung kann wieder abgebaut werden. Auf diesem Gedankenmodell baut das *ISO-OSI-Referenzmodell* oder Schichtenmodell auf. *OSI* steht dabei für „Open Systems Interconnection", also die Verbindung offener Systeme. Für das Verständnis des Schichtenmodells ist es wichtig, dass die tatsächliche Datenübertragung über das Kabel erfolgt, und das Schichtenmodell nur versucht deutlich zu machen, was in dieser Leitung geschieht, d. h. welche Aspekte bei der Kommunikation beachtet werden müssen und wie sie technisch ausgestaltet werden können. Falls es in der Prüfung tatsächlich gefragt wird, sollten Sie es in Ihrem IT-Handbuch finden können. Eine mögliche Frage kann die *Zuordnung von Protokollen* zu den einzelnen Schichten sein.

Netz-Topologien

Prüfungsaufgaben zu Netz-Topologien beziehen sich vor allem darauf, die jeweilige Topologie zu zeichnen und die entsprechenden Eigenschaften zu benennen. Dabei werden i. d. R nur Stern-, Bus- und Ring-Topologie gefragt (Tab. 7.2, 7.3, 7.4).

Schnittstellen

Die Verbindung zwischen PC (= *Datenendeinrichtung*) und Datenübertragungsweg (= *Datenübertragungseinrichtung*) wird als *Schnittstelle* bezeichnet. Es gibt inzwischen eine Reihe von standardisierten Schnittstellendefinitionen. Bedeutsam sind vor allem die *V.24* (für analoge Übertragung), die *X.21* (für synchronen Betrieb in Datennetzen) und die *X.25* (für Paketvermittlung). Eine Prüfungsaufgabe dazu kann gängige Standards und Übertragungsgeschwindigkeiten abfragen.

Tab. 7.2 Stern-Topologie

Beschreibung	Alle Workstations sind sternförmig an einem Netzwerkknoten angeschlossen. Alle Informationen im Netz laufen ausschließlich und zentral über den Server.
Zugriffsverfahren	CSMA/CD bzw. Ethernet/ArcNet
Verkabelung	leicht durchführbar, teuer: Jede Workstation braucht ein separates Kabel, zusätzlicher Kabelaufwand bei nicht zentral gelegenem Server. Twisted-Pair (10Base-T), STP oder UTP, Netzkarte muss RJ45-Anschluss haben.
Erweiterbarkeit	einfach, durch direkten Anschluss an Hub bzw. Switch, dafür allerdings zusätzliche Verkabelung notwendig
Übertragungs-geschwindigkeit	zwischen Workstation und Server hoch, keine direkte Weiterleitung an benachbarte Stationen, daher dann niedrigere Geschwindigkeit
Ausfallsicherheit	Bei Ausfall des zentralen Vermittlers ist keine Kommunikation mehr möglich.
Hierarchie	Server-Client-Architektur, durch Kaskadierung weitere Untergliederung möglich (Client-Server-Struktur)
Fehler-lokalisierung	Kabelfehler sind gut zu lokalisieren.
Kommunikations richtung	Informationen können in beide Richtungen fließen.

Aufgabe Protokolle

Beim Austausch von Daten in einem Netzwerk haben Übertragungsprotokolle für Sender und Empfänger der Daten eine wichtige Funktion. Beschreiben Sie, wozu Protokolle benötigt werden.

Lösung:

Sender und Empfänger sind gehalten, bestimmte Übertragungsregeln einzuhalten.

Protokolle regeln z. B. den Auf- und Abbau einer Verbindung und legen das Format der übertragenen Daten fest.

Protokolle erkennen und melden Übertragungsfehler.

Tab. 7.3 Ring-Topologie

Beschreibung	Workstations sind untereinander zu einem Ring verbunden; jede besitzt einen eindeutigen Vorgänger und Nachfolger.
Zugriffsverfahren	Token Passing / FDDI
Verkabelung	relativ preiswert, geringer Kabelbedarf, STP oder UTP, bei großen Ringen Fibre-Optic-Kabel (10Base-F), zur Absicherung oft Doppelauslegung, dann Kommunikation auch in beide Richtungen möglich
Erweiterbarkeit	leicht: Zwischen zwei Workstations im Ring wird einfach eine weitere zwischen-geschaltet.
Übertragungs-geschwindigkeit	hohe Übertragungsdauer bei sehr vielen Netzstationen, da Übertragung immer nur in einer Richtung erfolgt
Ausfallsicherheit	bei Ausfall einer Workstation ist keine Kommunikation mehr möglich
Hierarchie	Alle Workstations sind gleichrangig, es gibt keine zentrale Vermittlungsstelle (Peer-to-Peer-Struktur).
Fehler-lokalisierung	Kabelfehler sind gut zu lokalisieren.
Kommunikations-richtung	Informationen können nur in eine Richtung fließen.

Bearbeitungshinweise

Ein *Protokoll* ist grundsätzlich eine standardisierte Vereinbarung über die Art und Weise des Datenaustauschs. Wichtig ist, dass auf allen Rechnern dieselben Protokolle eingerichtet sind, damit sich die Rechner untereinander verstehen können. Üblich in der Praxis ist mehr und mehr das *TCP/IP-Protokoll*, das auch für das Internet verwendet wird. Ferner gibt es Betriebssystem-spezifische Protokolle wie SPX/IPX bei Novel Netware oder spezielle Protokolle für Internetanwendungen, z. B.UDP für Online-Spiele.

Protokolle werden dazu benötigt, dass die im Netzwerk miteinander verbundenen Rechner untereinander kommunizieren können, sich also gegenseitig verstehen können.

Recherche-Empfehlung

Recherchieren Sie insbesondere die Fachbegriffe aus der Darstellung der *Topologien*. Ermitteln Sie, mit welchen *Schnittstellen* Sie in der Praxis zu tun haben (z. B. auch VPN), und prägen Sie sich dazu die wichtigsten Eigenschaften ein. Recherchieren Sie im Internet nach weiteren *Protokollen* und Ihren Einsatzbereichen, vor allem auf

Tab. 7.4 Bus-Topologie

Beschreibung	Server und Workstation sind an einem Kabelstrang, dem Bus, angeschlossen. Der Bus wird als eine Art Hauptleitung von allen Stationen gemeinsam genutzt.
Zugriffsverfahren	CSMA/CD bzw. Ethernet
Verkabelung	relativ preiswert, geringer Kabelbedarf, Koaxial-Kabel (10Base-2), Netzkarte muss BNC-Anschluss haben, Anschluss über T-Stücke, Terminatoren an den Enden des Busses
Erweiterbarkeit	leicht und ohne Unterbrechung des Netzbetriebs mit relativ geringem Kabelaufwand, erweiterbar zur Baumstruktur über Koppelelemente
Übertragungs-geschwindigkeit	Jede Workstation kann mit jeder anderen direkt kommunizieren. Kollisionsgefahr bei hoher Netzauslastung verschlechtert die Performance.
Ausfallsicherheit	unabhängige Arbeitsweise: Der Ausfall einer Station beeinträchtigt nicht die anderen. Kabelbruch im Bus führt zu Ausfall des gesamten Netzes.
Hierarchie	wegen ständiger Zugriffsmöglichkeit komplizierte Zugriffsmethode, erweiterbar zur Baumstruktur
Fehler-lokalisierung	Kabelfehler sind schwer zu lokalisieren.
Kommunikations-richtung	Informationen können in beide Richtungen fließen.

welcher Schicht des ISO-OSI-Referenzmodells sie angewandt werden. Was verstehen Sie in diesem Zusammenhang unter QoS? Schauen Sie zu allen Themengebieten auch nach, was Ihr IT-Handbuch dazu zu bieten hat.

[de.wikipedia.org/wiki/Internetprotokollfamilie]

7.3.3 Planung, Aufbau und Konfiguration

Servertypen

Die Benennung der verschiedenen Servertypen ergibt sich aus ihrer Funktion: *Drucker*-Server, *E-Mail*-Server, *LAN*-Server, *Datei*-Server, *Applikations*-Server, etc. Eine mögliche Prüfungsaufgabe dazu ist, solche Typen zu benennen und ihre Aufgaben zu erläutern.

Proxy-Server

Eine mögliche Prüfungsaufgabe kann sich auf die Erläuterung des „*Proxy-Servers*" beziehen: Bei der Vergabe von IP-Adressen in einem Netzwerk ist in *private und öffentliche IP-Adressen* zu unterscheiden. Man kann innerhalb eines Netzwerks sogenannte „private Adressräume" benutzen, und zwar folgende IP-Adressen:

10.0.0.0 bis 10.255.255.255

172.16.0.0 bis 172.31.255.255

192.168.0.0 bis 192.168.255.255

Um aber von einem Rechner mit einer solchen Adresse ins Internet zu gelangen, muss ein Proxy-Server eingesetzt werden, der die interne Adresse durch seine Internet-Adresse austauscht. Man spricht hier auch von *Maskerading*, d. h. Außenstehende können den tatsächlichen Rechner, von dem die Anfrage ausgeht, nicht identifizieren.

Endgeräte und Schnittstellen

Mit Endgeräten sind vor allem die Geräte gemeint, die am Netzwerk angeschlossen sind: Server, Client-PCs, Drucker, etc. Fragen dazu sind daher eher in Lernfeld 4 „Einfache IT-Systeme" einzuordnen, wie z. B. das Kriterium „Netzwerkfähigkeit" bei Druckern, oder Eigenschaften von Netzwerkkarten. Dementsprechend sind auch die Schnittstellen eher Lernfeld 4 zuzuordnen.

Aufgabe Netzwerkbetriebssysteme

Sie erhalten den Auftrag, für ein Unternehmen ein Client-Server-Netzwerk einzurichten und dazu auch das geeignete Serverbetriebssystem auszuwählen.

a. Nennen Sie vier gängige Serverbetriebssysteme.

b. Nennen Sie vier Kriterien, die bei Auswahl eines Serverbetriebssystems beachtet werden sollten.

Lösung:

a. Windows NT 4.0, Windows Server 2008, Linux, Novell Netware, u. a.

b. Hardware-Anforderungen

Softwarekompatibilität

Total cost of ownership: Anschaffungspreis, Wartungskosten

Anpassungsfähigkeit

Einarbeitungszeit/ Qualifikation der Administratoren

Stabilität/ Absturzsicherheit

Bedienerfreundlichkeit

Skalierbarkeit

Energieeffizienz

u. a.

Bearbeitungshinweise

Es kommt in der Prüfung gelegentlich auch zur Abfrage von *Produktnamen*, aber nur von solchen, die im IT-Bereich allgemein bekannt sein dürften. Das ist wieder eine „u. a.“-Aufgabe, d. h. auch wenn Sie andere sinnvolle Namen hingeschrieben haben, erhalten Sie dafür Punkte.

Total Cost of Ownership (TCO) bedeutet, nicht nur die direkten IT-Kosten, sondern auch die indirekten Kosten mit zu berücksichtigen. Als indirekte Kosten werden *Anwenderkosten* und *Effizienzverluste* bezeichnet. Sie entstehen durch Systemausfälle, Behebung von Fehlerquellen, Störungen usw. Die Erfahrungen der Praxis zeigen, dass der ganzheitlichen Kostenbetrachtung, wie sie den TCO-Modellen zugrunde liegt, noch wenig Beachtung geschenkt wird. Zwar werden die Betriebskosten verstärkt in die Überlegungen mit einbezogen, aber nach wie vor wird der eigentliche Beschaffungspreis als alleiniges Potential zur Kosteneinsparung betrachtet. Dies kommt oft daher, dass der Beschaffungspreis und die Betriebskosten aus verschiedenen Budgets bezahlt werden, für die die Verantwortung bei verschiedenen Personen liegt. Da fließen dann z. B. auch Schulungskosten für die Administratoren mit ein, weshalb immer noch die Entscheidung gelegentlich gegen Linux ausfällt.

Anwendungs-Software

Mit Anwendungssoftware im Zusammenhang mit Netzwerken ist in erster Linie Groupware gemeint. *Groupware* ist spezifische Software, mit der mehrere Mitarbeiter gleichzeitig, im Team, arbeiten können. Anwendungsbereiche sind z. B. in der *Entwicklungsabteilung* (computerunterstütztes Produktdesign), bei *Office-Anwendungen* (gleichzeitig Nutzung von Datenbanken, Kalkulationstabellen, Text-Dokumenten durch mehrere Anwender, Austausch von Adressbeständen, etc.), oder als *Management-Informations-System* für die Geschäftsleitung. Aber hier gehört auch Software für die unternehmensinterne Kommunikation und *Messaging-Software* mit hinein.

Datenschutz und Datensicherheit

Datenschutz und Datensicherheit in Netzwerken bedeuten zum einen eine sachgemäße *Benutzerverwaltung* und die *Hochverfügbarkeit*, zum anderen die *Sicherung* der Datenbestände auf geeigneten Medien.

Recherche-Empfehlungen

Formulieren Sie zu jedem *Servertyp*, der Ihnen in den Sinn kommt, eine einfache Definition. Schauen Sie sich Produktbeschreibungen von *Netzwerkbetriebssystemen* an und recherchieren Sie die dort angegebenen Begriffe. Informieren Sie sich über *netzwerkfähige Anwendungssoftware* und ermitteln Sie Kriterien für ihre Auswahl. Recherchieren Sie die *Anlage zu § 9 Bundesdatenschutzgesetz* und unterscheiden Sie die verschiedenen dort genannten Kontrollen anhand praktischer Beispiele. Diskutieren Sie die Vor- und Nachteile der Auslagerung von Server und ‚Anwendungen in eine Cloud.

7.3.4 Inbetriebnahme und Übergabe

Benutzer-Verwaltung

Unter Benutzerverwaltung versteht man die Verwaltung aller Daten der Benutzer eines Netzes, insbesondere die *Zugriffsrechte* auf Daten, Programme und Geräte. Die Benutzerverwaltung obliegt dem Netzwerk-Administrator, der dafür von der *Personalabteilung* die entsprechenden Rechte der Benutzer übermittelt bekommen muss. Er richtet für jeden Benutzer ein *Benutzerkonto* ein und überwacht die *Passwörter*.

Recherche-Empfehlung

Recherchieren Sie im Internet, wie die Benutzerverwaltung in den verschiedenen *Serverbetriebssystemen* gehandhabt wird. Informieren Sie sich z. B. über die *Active Directory* bei Windows. Ermitteln Sie, wie die Benutzerverwaltung bei *Servern ohne Domäne* erfolgt.

Ressourcen-Verwaltung

Die Ressourcenverwaltung betrifft zum einen die *Pflege und Optimierung* des Netzwerks, zum anderen die *Fehlerbeseitigung*. Ein wichtiges Kriterium dazu ist die Hochverfügbarkeit. Eine Prüfungsaufgabe könnte lauten:

Aufgabe Hochverfügbarkeit

Sie haben sich auf die Stelle eines Netzwerkadministrators beworben und werden nun im Vorstellungsgespräch zu Ihren diesbezüglichen Kenntnissen und Fähigkeiten befragt: Nennen Sie vier Maßnahmen, durch die ein Netzwerk hochverfügbar wird.

Lösung:

Redundante Netzwerkstrecken, ausreichende Bandbreiten, Redundanz bei Switches/Routern/Firewalls, Serverfarmen, USVs, Cluster, RAID-Systeme, Notstromversorgung, Klimaanlage, Feuerschutzzonen, Notfallpläne

Dokumentation

Die *Netzwerkdokumentation* ist eine wichtige Basis für die Ressourcenverwaltung. Sie umfasst Übersichtspläne, Netzwerkdiagramme, Verkabelungspläne, Verzeichnis der angeschlossenen Geräte und der installierten Software.

Recherche-Empfehlung

Recherchieren Sie die einzelnen genannten Begriffe, insbesondere *Cluster*, *USV* und *RAID*-Systeme. Erkundigen Sie sich beim Administrator Ihres Ausbildungsbetriebs über Pläne und Vorgehensweisen bei der *Ressourcenverwaltung*. Lassen Sie sich die zugehörigen *Dokumentationen* zeigen. Überlegen Sie, welche Ihrer Tätigkeiten in Ihrem Ausbildungsbetrieb mit Ressourcenverwaltung zu tun haben und welche Dokumentationen Sie bisher dazu genutzt haben.

Aufgabe Subnetze

Sie haben bei der Einrichtung eines Netzwerks mit mehreren Subnetzen für ein größeres Unternehmen mitgewirkt.

a. Nennen Sie drei Gründe für die Bildung von Subnetzen.

b. Erläutern Sie die Funktion der Subnet-Mask.

Lösung:

a. Gründe für die Bildung von Subnetzen

Geringerer Wartungsaufwand

Größere Flexibilität bei Netzwerkerweiterungen

Geringerer Umfang von Routing-Tabellen

Bessere Durchführung von Domänenkonzepten

u. a.

b. Die Subnet-Mask ist eine 32 Bit breite Maske, deren gesetzte Bits bestimmen, welcher Teil der ebenfalls 32 Bit breiten IP-Adresse der Subnet-Adresse angehört.

Bearbeitungshinweise

Die Bildung von Subnetzen macht vor allem in größeren Unternehmen Sinn. Jede Abteilung oder zumindest jeder Gebäudeteil erhält sein eigenes Netz, also auch einen eigenen Server, auf dem die Benutzerverwaltung eingerichtet werden kann, was zu einer größeren Übersichtlichkeit führt.

Geringerer Wartungsaufwand: Wenn jedes Subnetz seinen eigenen Administrator hat, so wird die zentrale Administration entlastet. Auch lassen sich Hardware-Fehler schneller lokalisieren.

Größere Flexibilität bei Netzwerkerweiterungen: Neue Subnetze einzubinden erfordert geringeren Aufwand beim zentralen Server, da nur der Subnet-Server eingebunden und mit ihm eine Vertrauensstellung eingegangen werden muss.

Geringerer Umfang von Routing-Tabellen: Eine Routing-Tabelle beinhaltet für den jeweiligen Router die Information, in welche Richtung ein Datenpaket weiterzuleiten ist. Sogenannte Einzelprotokoll-Router verbinden LAN-Subnetze auf der Basis eines einzelnen LAN-Protokolls.

Bessere Durchführung von Domänenkonzepten: Eine Domäne dient der zentralen Verwaltung eines Netzwerks. Der Administrator kann damit beispielsweise von seinem PC aus festlegen, wer Zugriff auf das Netzwerk haben darf und welchen Einschränkungen er dabei unterliegt. In einer Domäne werden also alle Informationen über Benutzer, Gruppen und Rechte an Dateien, Verzeichnissen und Funktionen abgelegt, während ein alleinstehender Server nur über eine lokale Benutzer-Konten-Datenbank verfügt. Wenn Benutzerzahl und Ressourcen so groß werden, dass sie nicht mehr strukturiert werden können, stoßen Domänen an ihre Grenzen, und es macht Sinn, für Subnetze „vertraute" Domänen einzurichten.

Eine *IP-Adresse* (v4) besteht aus 32 Bits, die der Übersicht halber in vier Hexadezimal- oder Dezimalzahlen aufgegliedert werden, z. B. 145.10.0.0 oder:

10010001.00001010.00000000.00000000

Diese 32 Bits lassen sich in zwei Teile gliedern, den *Netzteil* und den *Hostteil*. Wo die Grenze zwischen Net-ID und Host-ID liegt, wird durch die sogenannte *Subnet-Mask* angegeben.

Bei einer Klasse-B-Adresse sind die ersten beiden Gruppen je acht Bits auf Eins gesetzt: *255.255.0.0*. Die dritte Gruppe dient dann zur Festlegung der Subnet-Masken für die einzelnen Subnetze. Werden die ersten beiden Bits der dritten Gruppe auf Eins gesetzt, so lautet die Subnet-Mask *255.255.192.0*. Der für alle IP-Adressen in einem Subnetz identische Teil sind dann die ersten zwei Bits der dritten Gruppe, weshalb sich *vier Subnetze* bilden lassen (00, 01, 10 und 11). Beachten Sie den Unterschied zwischen IP-Adresse und Subnet-Mask. Bei der Subnet-Mask müssen die ersten beiden Bits auf 1 und die restlichen auf Null stehen, bei der IP-Adresse können Sie die ersten beiden Bits der dritten Gruppe variieren. Die ersten beiden Gruppen von je acht Bits sind extern vom Provider vorgegeben. Alle Rechner eines Subnetzes haben dann die ersten beiden Bits der dritten Gruppe gleich.

Werden die ersten drei Bits der Subnetmaske auf 1 gesetzt, dann lautet die Subnetmask *255.255.224.0*. Es lassen sich *acht Subnetze* bilden, deren IP-Adressen in der dritten Gruppe dann von 000 bis 111 reichen.

Beachten Sie auch den Unterschied zwischen der IP-Adresse und der *MAC-Adresse* der Netzwerkkarte, die hardwaremäßig vorgegeben ist.

Recherche-Empfehlung

Überprüfen Sie Ihre Fähigkeit, von *Dual-* in *Dezimal-* und *Hexadezimalzahlen* umzurechnen. Recherchieren Sie, inwieweit die *Klasseneinteilung von Internet-Adressen* heute noch von Bedeutung ist und wie weit die Umstellung auf *IPv6* schon vorangeschritten ist. [www.heise.de/thema/IPv6] Schauen Sie sich auch den Aufbau der neuen IPv6-Adressen an. Ermitteln Sie, ob in Ihrem Ausbildungsbetrieb *Subnetze* existieren und schauen Sie sich die IP-Adressen und Subnetmasks dazu an. Ist dies nicht der Fall, überlegen Sie, wie man das Unternehmensnetz sinnvoll in Subnetze einteilen könnte. Vergeben Sie die IP-Adressen und Subnetzmasken dazu.

7.4 Vertiefung

7.4.1 Vertiefung Fachinformatiker

Die Rahmenlehrpläne zu Lernfeld 7 sind für die beiden Richtungen Systemintegration und Anwendungsentwicklung identisch (Tab. 7.5).
[www.bueffelcoach.de/IHK-IT-Berufe/LF07_Synopse.PDF]
Es ist schwierig, Prüfungsaufgaben auftragsbezogen zu formulieren, die die Grundlagen der *Elektronik* abfragen. Daher kommen solche Themen eher als kleine Teilaufgaben in komplexeren Handlungsschritten in der Prüfung vor.

Tab. 7.5 Rahmenlehrplan Fachinformatiker

Konzeption		
Bestandsaufnahme nach Anforderungs- analyse	Wechselwirkung von vernetzten IT-Produkten und betrieblicher Organisation	Projekt- doku- mentation
Informationsübertragung in vernetzten IT-Systemen		
Grundlagen der Elektronik	Grundlagen der Übertragungstechnik	
Schichtenmodell	Netzwerkarchitekturen, -protokolle und -schnittstellen	
Planung, Aufbau und Konfiguration		
Produkte, Preise, Konditionen	Servertypen und Endgeräte	Schnittstellen
Übertragungsmedien und Kopplungs- elemente	Messen und Prüfen	Netzwerk- betriebssystem
Anwendungssoftware	Datenschutz und Datensicherheit	Qualitätssicherungs- elemente
Inbetriebnahme und Übergabe		
Benutzer- und Ressourcenverwaltung	Dokumentation und Präsentation	

Zum Thema „Produkte, Preise, Konditionen" lässt sich gut das Entscheidungsinstrument der *Nutzwertanalyse* (siehe Lernfeld 3) als Prüfungsaufgabe einsetzen.

Verschaffen Sie sich einen Überblick über *Messgeräte* und *Prüftools*, die Sie bei der Qualitätssicherung von Netzwerken einsetzen können.

Beachten Sie, dass die *ISO 9000* als Qualitätssicherungsverfahren [BWL für IT-Berufe 3.1 und 4.3.3] weit über das Thema Netze hinausgeht. Es geht hier eher um ein gesamt-unternehmensbezogenes Qualitätsmanagement, das sich vor allem auf vollständige Dokumentation und Mitarbeiterschulung bezieht.

7.4.2   Vertiefung IT-Systemelektroniker

Der Rahmenlehrplan zu Lernfeld 7 für IT-Systemelektroniker entspricht exakt dem Rahmenlehrplan für *Fachinformatiker* (s. o.), aber es gibt zusätzlich das Thema „Elektroinstallation", dessen Inhalt die folgende Übersicht zeigt (Tab. 7.6).

[www.bueffelcoach.de/IHK-IT-Berufe/LF07_Synopse.PDF]

Tab. 7.6 Ergänzung Rahmenlehrplan IT-Systemelektroniker

Elektroinstallation		
Netzformen	Installationstechniken	Messen und Prüfen
Dimensionierung von Leitungen nach VDE und TAB	Dimensionierung von Stromversorgungen	

Tab. 7.7 Rahmenlehrplan T-Kaufmann und IT-Systemkaufmann

Konzeption		
Bestandsaufnahme und Anforderungs- analyse	Wechselwirkung von vernetzten IT-Produkten und betrieblicher Organisation und IT-Struktur	Projekt- doku- mentation
Informationsübertragung in vernetzten IT-Systemen		
Schichtenmodell	Übertragungsmedien und Koppelungselemente	
Übertragungswege und Eigenschaften	Netzwerkarchitekturen, -protokolle und -schnittstellen	
Aufbau und Konfiguration		
Server	Endgeräte	Schnittstellen
Netzwerk- betriebssystem	Standard- software	System- dokumentation
Datenschutz und Datensicherheit	Lizenzen und Urheberrecht	Benutzer- und Ressourcenverwaltung
Inbetriebnahme, Übergabe und Nutzung		
Systemstart	Fehlersuche	Präsentation

Recherchieren Sie die hier zusätzlich genannten Begriffe in Ihren Lernunterlagen, in Ihrem IT-Handbuch und im Internet und erarbeiten Sie sich zu jedem Begriff die wichtigsten Zusammenhänge und Kernaussagen.

7.4.3 Vertiefung IT-Systemkaufleute und IT-Kaufleute

Die Rahmenlehrpläne zu Lernfeld 7 (siehe nächste Seite) sind für IT-Systemkaufleute und IT-Kaufleute identisch.

Im kaufmännischen Bereich kommt vor allem das juristische Thema Lizenzen hinzu. Eine *Lizenz* ist im Wesentlichen das Recht zur Nutzung einer Software, hat also eigentlich im Bereich „Vernetzte IT-Systeme" wenig zu suchen. Das Lizenzrecht basiert auf dem *Urheberrecht*, dem Recht des Erfinders, Entwicklers an seinem Produkt.

Schauen Sie sich die *Lizenzvereinbarungen* zu verschiedenen Software-Produkten an und versuchen Sie, dazu die Kernaussagen herauszuarbeiten. Eine Prüfungsaufgabe könnte lauten: „Nennen Sie wesentliche Bestandteile von Lizenzvereinbarungen!" Recherchieren Sie auch die Abkürzung „GPL". *GPL*-Software darf verändert oder teilweise in anderen Programmen eingesetzt und auch vermarktet werden, jedoch der Quellcode muss offengelegt werden (Tab. 7.7).

[www.bueffelcoach.de/IHK-IT-Berufe/LF07_Synopse.PDF]

Zusammenfassung

Das Wichtigste: Informationen beschaffen, IT-Lösungen auswählen und vermarkten

Das Lernfeld 8 lässt sich grob mit dem Schlagwort *„Marketing"* umschreiben. Die Struktur der Lerninhalte dieses Lernfelds ist wieder für alle vier IT-Berufe gleich, Unterschiede ergeben sich aus der Tiefe, bis zu der Sie in den Stoff vordringen müssen.

Von *IT-Systemelektronikern* und *Fachinformatikern* werden hier nur *Grundkenntnisse* erwartet, die Rahmenlehrpläne für diese beiden Berufsbilder sind identisch. Sie sind in der Lage, Informationen auszuwerten, um kundengerechte IT-Lösungen zu beschaffen.

IT-Systemkaufleute und *IT-Kaufleute* haben zu diesem Lernfeld wesentlich umfangreichere und detailliertere Rahmenlehrpläne, die sich im Wesentlichen aber auch gleichen. Sie sind in der Lage, Informationen auszuwerten und daraufhin für ein Produkt eine *Marketing-Konzeption* zu erstellen.

Der wichtigste Denkansatz im Bereich Marketing ist *„Kundenorientierung"*, wobei Sie beachten müssen, dass unternehmensinterne Abteilungen wie externe Kunden behandelt werden sollten. Und zudem können und sollen Sie das *Phasenkonzept* aus Lernfeld 6 hier anwenden, denn auch im Marketing steht am Anfang die *Analyse*, daraufhin erfolgt die *Festlegung von Anforderungen*, die *Planung* und die tatsächliche *Durchführung* von Marketing-Maßnahmen und am Ende die *Erfolgskontrolle*.

[BWL für IT-Berufe Kap. 3 sowie 4.2 und 4.3.5]

© Springer Fachmedien Wiesbaden 2014
M. Wünsche, *Prüfungsvorbereitung für IT-Berufe,*
DOI 10.1007/978-3-658-04414-5_8

8.1 Prüfungsrelevanz des Lernfelds

Aufgaben zu Lernfeld 8 sind sehr *praxisorientiert*, Ihnen werden also keine theoretischen Definitionen abverlangt. Sowohl in der Kernqualifikation (Ganzheitliche I) als auch in der Fachqualifikation (Ganzheitliche II) können Aufgaben zu Lernfeld 8 vorkommen, meist zur *Gestaltung oder Auswahl von Angeboten*. Häufig gibt es Aufgabenkombinationen mit anderen Lernfeldern, insbesondere mit Lernfeld 2 „Geschäftsprozesse". Führen Sie sich den *Gesamtunternehmensprozess*, von der *Beschaffung* von Gütern und Dienstleistungen bis hin zu ihrer *Vermarktung* vor Augen! Verbindungen zum juristischen Teil von Lernfeld 1 betreffen insbesondere die *Vertragsgestaltung* und auch die *Kaufvertragsstörungen*. [BWL für IT-Berufe 2.3.2 und 2.3.3]

Das Thema *Beschaffung* kann mit *Lernfeld 6* kombiniert sein, z. B. Erstellung einer Lagerhaltungsdatenbank. Auch Erstellung und Vermarktung einer Software ist eine mögliche Kombination. Die *Angebotskalkulation* ist eine Schnittstelle zu *Lernfeld 11* „Rechnungswesen und Controlling". Zu *Lernfeld 4* „Einfache IT-Systeme" ist vor allem das Thema *Angebotsauswahl* relevant.

Für *IT-Systemkaufleute* und *IT-Kaufleute* können sich in der Fachqualifikation (Ganzheitliche I) ganze Handlungsschritte nur mit dem Thema Marketing beschäftigen, vor allem mit der *Marketing-Konzeption* und den verschiedenen Analyseverfahren der *Marktforschung*.

Für alle Berufsbilder gedanklich besonders wichtig ist die Verbindung zu *Lernfeld 3* „Informationsquellen und Arbeitsmethoden": *Informationsbeschaffung* und *Angebotsauswahl* mittels Nutzwertanalyse. Aufgaben zum Thema *Kundenberatung* sind sehr praxisbezogen, also mit gesundem Menschenverstand und genügend Praxiserfahrung gut lösbar.

8.2 Übersicht Lernfeldinhalte

Die folgende Abbildung zeigt die im Rahmenlehrplan festgelegten Inhalte des Lernfelds, die für alle vier Berufsbilder relevant sind. Sie entspricht dem Rahmenlehrplan für *IT-Systemelektroniker* und *Fachinformatiker*. Die detaillierter ausgestalteten Rahmenlehrpläne für IT-Systemkaufleute und IT-Kaufleute finden Sie in Abschn. 8.5 (Tab. 8.1).

Der erste Schritt bei der Vermarktung eines Produkts ist die Informationsbeschaffung und -auswertung, d. h. die *Marktforschung*. Aufgrund der Ergebnisse aus dem ersten Schritt kann ein *Angebot erstellt* und die *Kundenberatungsleistung* geplant werden. Um die für den Kunden notwendigen Leistungen bereitzustellen, müssen unter Umständen *Fremdleistungen*, d. h. Vorprodukte und Dienstleistungen beschafft werden. Der Rahmenlehrplan folgt also einer praxisbezogenen Logik.

[www.bueffelcoach.de/IHK-IT-Berufe/LF08_Synopse.PDF]

Tab. 8.1 Übersicht Rahmenlehrplan zu Lernfeld 8

Mitwirkung bei Marktbeobachtung und Marktforschung		
Interne und externe Informationsquell en	Kunden- analyse	Mitwirkung bei Marketing- und Verkaufsförderungsmaßnahmen
Kundenberatung, Angebots- und Vertragsgestaltung		
Bestandsaufnahme und Konzeption		Präsentation und Demonstration von Produkten und Dienstleistungen
Finanzierungsmöglichkeiten		Angebotserstellung
Beschaffung von Fremdleistungen		
Bedarfsermittlung	Angebotsvergleiche	Bestellvorgang

8.3 Überblick Marketing

Unter Marketing versteht man die *bewusst marktorientierte Führung eines Unternehmens*. Durch eine Befriedigung der Kundenbedürfnisse soll der Erfolg des Unternehmens bewirkt werden. Dieser Denkansatz ist relativ neu und gerät auch leicht wieder in Vergessenheit. Es geht heute angesichts gesättigter Märkte nicht mehr darum, den Kunden mit allen Mitteln zum Kauf des hergestellten Produkts zu bewegen, auch wenn er anschließend nicht zufrieden ist, sondern es geht darum, die Unternehmensleistung so bereitzustellen, dass eine langfristige *Zufriedenheit der Kunden* eintritt.

Am besten lässt sich die praktische Vorgehensweise im Marketing anhand des *Marketing-Management-Prozesses* zeigen (Tab. 8.2):

Analyse und Prognose

In der *Analysephase* [BWL für IT-Berufe 3.2.1] werden die verschiedenen Methoden der *Marktforschung, Kunden- und Konkurrenzanalyse* eingesetzt. In der *Prognosephase* [BWL für IT-Berufe 3.2.2] wird versucht, die *zukünftige Entwicklung* abzusehen, was durchaus nicht einfach ist: Häufig kommt es zu *Trendbrüchen* oder anderen unerwarteten Ereignissen oder Entwicklungen, die nicht vorhersehbar sind.

Strategie

Aufgrund der bis hierhin gesammelten und ausgewerteten Informationen wird eine *grundsätzliche Marschrichtung* festgelegt, die sogenannte *Marketing-Strategie*. Dies beginnt bei der *Segmentierung*, d. h. der Einteilung des Gesamtmarktes *in Zielgruppen* nach Kriterien wie Alter, Familienstand, Einkommen, etc. Die Auswahl der zu bedienenden Zielgruppen, auf die sich das Angebot richten soll, ist eine zu treffende *Entscheidung*, aber auch welche Regionen oder Gebiete bedient werden sollen, wie mit der Konkurrenz umgegangen werden soll, etc. Begreifen Sie die Strategie-Festlegung als eine *Grundsatzentscheidung*, für

Tab. 8.2 Marketing-Management-Prozess

Analysephase	Wo stehen wir?
Prognosephase	Wohin geht die Entwicklung?
Strategiephase	Was wollen wir erreichen? Welche grundlegenden Stoßrichtungen sind bei der Marktbearbeitung zu verfolgen?
Maßnahmenphase	Welche Maßnahmen ergreifen wir im Leistungs-, Distributions-, Kommunikations-, Preis- und Konditionen-Mix?
Kontrollphase	Haben wir unser Ziel erreicht?

die als Entscheidungskriterium der bestmögliche Erfolg des Unternehmens gilt. [BWL für IT-Berufe 3.2.3]

Maßnahmen

Zu der gewählten grundsätzlichen Vorgehensweise (Strategie) werden dann die Maßnahmen ausgewählt, mit der die festgelegten Ziele erreicht werden können. [BWL für IT-Berufe 3.2.4] Dies beginnt bei der *Produktgestaltung*, geht über die Festlegung des *Vertriebswegs* bis hin zur Formulierung der passenden *Werbebotschaft* und der *Verkaufsförderungsmaßnahmen*, sowie auch der kundenorientierten Gestaltung der *Lieferungs- und Zahlungsbedingungen*.

Den Katalog möglicher Marketing-Maßnahmen, aus dem hierbei die passendsten, für die gewählten Strategien geeignetsten Maßnahmen ausgewählt werden können, bezeichnet man als *Marketing-Mix*. Stellen Sie sich diesen Mix wie die Palette eines Malers vor, der sich daraus die besten Farben zusammenmischt. Der Marketing-Mix wird in vier Bereiche eingeteilt:

Produkt-Mix

Im *Produkt-Mix* geht es um die Gestaltung der *Produktqualität*, um die Festlegung des *Sortiments* und die Gestaltung der *Kundendienstleistungen*, die zum Produkt noch angeboten werden sollen, wie z. B. eine Kunden-Hotline für IT-Produkte. Es stellt sich hier auch die Frage, ob eine *Marke* definiert werden soll: Der *Vorteil* eines Markenprodukts für das Unternehmen ist der höhere Verkaufspreis und die stabilere Nachfrage, für den Kunden ist es die gleichbleibende hohe Qualität, die ihm den Auswahlprozess beim Einkauf erleichtert.

Kontrahierungs-Mix

Im *Kontrahierungs-Mix* geht es um die Gestaltung des *Produktpreises* und der *Zahlungsbedingungen*: Der Preis eines Produkts kann aufgrund einer *Kostenkalkulation* (mit Gewinnaufschlag), oder an den *Preisen der Konkurrenz* orientiert festgelegt werden. Oder es wird mittels Marktforschung ermittelt, was der Kunde denn bereit wäre zu zahlen, und das ist dann der festgesetzte Preis. Bei der Gestaltung der *Zahlungsbedingungen* geht es vor allem um die Frage, ob dem Kunden *Rabatt* oder/und *Skonto* gewährt werden soll oder gar eine *Ratenzahlung* oder andere Form der Kreditgewährung, um den Verkauf zu fördern.

Distributions-Mix

Unter *Distribution* versteht man alle Entscheidungen und Handlungen im Zusammenhang mit dem Weg eines Produkts vom Hersteller zum Endabnehmer. Dabei geht es zum einen um die Wahl der *Absatzkanäle*, d. h. Direktvertrieb mit eigenem Vertriebssystem oder Einschaltung von *Absatzmittlern* (= Handel) und *Absatzhelfern* (= Transportunternehmen, etc.). Das zweite Thema der Distribution ist die *Logistik*, das ist ein Sammelbegriff für all die Tätigkeiten, die in Verbindung mit Transport- und Lagervorgängen durchgeführt werden, also die technische Abwicklung des Vertriebs.

Kommunikations-Mix

Unter *Kommunikation* ist das zu verstehen, was vielfach mit Marketing gleichgesetzt wird: *Werbung* und *Verkaufsförderung*. Der Unterschied ist, dass bei Verkaufsförderung die *Zielgruppe* direkt angesprochen wird, Werbung ist allgemeiner und trifft auch Personen, die keinerlei Bedarf für das Produkt haben. Denken Sie hier an die Fernsehwerbung und an spezielle Angebote, die Sie erhalten, weil Sie z. B. eine IT-Fachzeitschrift abonniert haben.

Zur Kommunikation gehört auch die *Öffentlichkeitsarbeit* (Public Relations), d. h. wie sich das Unternehmen in der Öffentlichkeit präsentiert, z. B. ein Tag der offenen Tür oder die Organisation von Straßenfesten, Bäumepflanzaktionen, u. ä. Und schließlich wird zur Kommunikation auch das *Kundenberatungsgespräch* gerechnet, d. h. die Schulung der Verkäufer im Verhalten gegenüber dem Kunden.

Kontrolle

Ein wichtiger Bestandteil des Marketing-Prozesses ist die ständige *Kontrolle*, ob die gesetzten Ziele erreicht worden sind, denn aus dieser Kontrolle ergeben sich *neue Informationen* für eine verbesserte Planung der Maßnahmen.

8.4 Begriffe und Musteraufgaben

8.4.1 Marktbeobachtung und Marktforschung

Zum Thema *Marktforschung* wird vor allem der Unterschied zwischen Primär- und Sekundärforschung gefragt: Bei der *Primärfor*schung nehmen Sie selbst die Erhebung des Datenmaterials vor, bei der Sekundärforschung verwenden Sie von anderen, insbesondere Marktforschungsinstituten und Branchenverbänden erhobenes Informationsmaterial. Der

Nachteil der Sekundärforschung liegt darin, dass Sie nicht unbedingt genau die Informationen erhalten, für die Sie sich speziell interessieren.

Bei der Primärforschung werden insbesondere die *Methoden* gefragt: *Befragung, Beobachtung* und *Experiment*. Den Kunden in seinem Verhalten beobachten, z. B. welche Wege er durch ein Geschäft wählt, wo er länger stehen bleibt, etc., kann Informationen über seine Interessen liefern. Das Experiment als Methode der Primärforschung bedeutet, dass der Kunde Produkte ausprobieren und vergleichen kann, und aus den Ergebnissen werden Informationen gewonnen. In der Prüfung kommt in Aufgaben hauptsächlich die *Befragung* vor, und zwar werden Sie dazu aufgefordert, zu einem bestimmten Thema Fragen an den Kunden zu formulieren.

Aufgabe Befragung

Im Rahmen Ihrer Tätigkeit erhalten Sie den Auftrag, einen Kunden beim Kauf eines neuen Druckers zu beraten. Formulieren Sie fünf Fragen an den Kunden, die Ihnen die für eine erfolgreiche Beratung notwendigen Informationen verschaffen können.

Lösung:

Wie viel Euro sind Sie bereit, für den Drucker auszugeben?

Wollen Sie nur Schwarz-Weiß oder auch in Farbe drucken?

Wollen Sie eher Text oder eher Bilder drucken?

Wie viel werden Sie voraussichtlich drucken?

Wie wichtig ist Ihnen die Druckqualität, z. B. bei Fotos?

o. ä.

Bearbeitungshinweise

Das „o. ä." bedeutet, dass andere sinnvolle Fragen auch als richtig bewertet werden sollen. Wie Sie sehen, ist dies eine Aufgabe, die sich gut mit gesundem Menschenverstand lösen lässt. Sie müssen bei der Frageformulierung nicht auf besonders gute Formulierung achten, wichtiger ist, überhaupt fünf Fragen hinzuschreiben, die einigermaßen Sinn machen. Und die Fragen dürfen sich auch inhaltlich überschneiden.

Kunden-Analyse

Es gibt eine Reihe von sehr theoretischen psychologischen Ansätzen zur *Analyse des Kundenverhaltens*, diese können aber in Ihrer Prüfung nicht gefragt werden. Was Sie jedoch kennen sollten, ist das sogenannte *AIDA-Konzept*, das den Ablauf der Kaufentscheidung beim Kunden beschreibt (Tab. 8.3):

Recherche-Empfehlung

Überprüfen Sie anhand des AIDA-Konzepts Ihr *eigenes Kaufverhalten*. Überlegen Sie sich ferner, welche weiteren *Informationen* Sie über einen Kunden einholen könnten und worauf Sie bei einem Gespräch mit einem Kunden grundsätzlich zu achten haben.

Tab. 8.3 AIDA-Konzept

A = Attention = Aufmerksamkeit	Zunächst muss der Kunde eine Werbung, ein Angebot, ein Produkt überhaupt erst wahrnehmen.
I = Interest = Interesse	Vieles, was wir im Alltag kurz wahrnehmen, wird sofort wieder vergessen: Aufgrund der Wahrnehmung des Kunden muss sich bei ihm Interesse an dem Produkt einstellen.
D = Desire = Kaufwunsch	Nachdem der Kunde sich näher für das Produkt interessiert und eine Reihe von Informationen dazu erhalten hat, kann sich bei ihm der Kaufwunsch einstellen.
A = Action = Aktion, Kauf	Der Kaufwunsch alleine reicht jedoch noch nicht, der Kunde muss, nach Überprüfung seiner finanziellen Möglichkeiten, den Entschluss fassen, tatsächlich das Produkt auch zu erwerben.

Recherchieren Sie *Kriterien zur Segmentierung* von Märkten und überlegen Sie z. B., in welche Gruppen Sie Käufer von Druckern einteilen würden. Es werden hierzu von Ihnen keine Lehrbuchantworten, sondern praxisbezogene Aussagen erwartet. Nehmen Sie einmal an, Sie sollen eine *Konkurrenzanalyse* vornehmen, welche Informationen über ein Konkurrenzunternehmen würden Sie einholen?

Aufgabe Marketing

Die Ewald GmbH ist ein mittelständisches Unternehmen mit Sitz in Bergmannsthal, das im Kundenauftrag PCs zusammenbaut und nach Kundenwunsch konfiguriert. Die Firma Ewald spricht dabei in erster Linie Privatkunden an. Das Unternehmen hat 20 interne Mitarbeiter und weitere 10 Außendienstmitarbeiter, die die Beratung und Auftragserfassung beim Kunden vor Ort vornehmen.

Herr Fritz Ewald, der alleinige Geschäftsführer der Ewald GmbH und neben Familienmitgliedern Hauptgesellschafter, erkundigt sich nach Ihren Marketing-Kenntnissen, um sie gewinnbringend für sein Unternehmen einzusetzen.

a. Erläutern Sie die nachfolgenden Marketing-Strategien und nennen Sie für jede ein Beispiel, wie die Ewald GmbH diese einsetzen kann.

    aa) Marktdurchdringung

    ab) Marktentwicklung

    ac) Produktentwicklung

ad) Diversifikation

ae) Kostenführerschaft

af) Qualitätsführerschaft

b. In Marketingkreisen wird häufig von dem AIDA-Konzept gesprochen. Erläutern Sie für Herrn Ewald seine Bedeutung.

c. Erklären Sie Herrn Ewald, was unter einer Unique Selling Position (Einzigartige Verkaufsstellung, USP) zu verstehen ist und begründen Sie, worin die USP der Ewald GmbH besteht.

d. Herr Ewald entschließt sich, aufgrund Ihrer Beratung, den Markt einer angrenzenden Region zu entwickeln. Schlagen Sie Herrn Ewald geeignete Werbe- und Verkaufsförderungsmaßnahmen für diese Strategie vor.

e. Erläutern Sie die Bedeutung einer ISO 9000-Zertifizierung unter Marketing-Gesichtspunkten.

Lösung:

a. Marketing-Strategien

aa) Marktdurchdringung: bisheriges Produkt auf bisherigem Markt intensiver verkaufen, z. B. durch mehr Werbung

ab) Marktentwicklung: bisheriges Produkt auf neuem Markt verkaufen, z. B. Ausdehnung über das Gebiet hinaus

ac) Produktentwicklung: auf dem bisherigen Markt ein neues Produkt verkaufen, z. B. PDAs

ad) Diversifikation: ein neues Produkt auf einem neuen Markt verkaufen, z. B. Server an Unternehmen

ae) Kostenführerschaft: hoher Umsatz aufgrund großer Verkaufmengen und dadurch niedriger Preise, z. B. Ausdehnung des Verkaufsgebietes, um so Mengenvorteile an Kunden weiterzugeben

af) Qualitätsführerschaft: hoher Umsatz durch hohe Qualität = hoher Preis bei geringerer Stückzahl, z. B. durch Definition und Umsetzung einer Marke

b. AIDA-Konzept

Attention	Aufmerksamkeit erregen
Interest	Interesse wecken
Desire	Kaufwunsch auslösen
Action	den Kunden dazu bringen, den Kaufwunsch auch umzusetzen

c. USP = Unique selling position = Was ist das Besondere an Ewalds Produkten, das Einzigartige, auf das die Werbebotschaft aufbauen kann?

d. Werbung: Radiospot im regionalen Radiosender, Plakatwände mieten, Anzeigen in Regionalzeitungen, o. ä.

Verkaufsförderung: Info-Stände in der Fußgängerzone oder in Einkaufszentren, Gewinnspiele, etc.

e. Eine ISO 9000-Zertifizierung kann werbewirksam eingesetzt werden, um sich von der nicht zertifizierten Konkurrenz abzuheben. Der Kunde verbindet mit dem Zertifikat besonders hohe Produkt- und Prozessqualität.

Bearbeitungshinweise

Die vorstehende Aufgabe ist ein Beispiel dafür, wie ein ganzer Handlungsschritt in der Fachqualifikation (Ganzheitliche I) für *IT-Systemkaufleute* oder *IT-Kaufleute* aussehen kann, aber sie kann auch *IT-Systemelektronikern* und *Fachinformatikern* das notwendige Grundverständnis für Marketing vermitteln.

Meist lässt sich an der Formulierung des Begriffs sein Inhalt ersehen, und die geforderten Antworten sind praxisbezogen. Ähnliche sinnvolle Antworten erzielen natürlich auch Punkte.

Eine ähnliche Aufgabenstellung kann die sogenannte *Portfolio-Matrix* betreffen, in der mehrere Produkte nach *Marktanteil* und *Marktwachstum* in einem Schaubild grafisch dargestellt werden. Dazu haben Sie in der Aufgabenstellung für jedes Produkt die Werte für die beiden Achsen gegeben und müssen sie nur einzeichnen. Je nach Position ergeben sich vier verschiedene Strategien. Die Portfolio-Matrix hängt mit dem *Produktlebenszyklus* eng zusammen. Dieser fußt auf der Annahme, dass jedes Produkt eine *begrenzte Lebensdauer* hat.

Recherche-Empfehlung

Recherchieren Sie alle genannten Begriffe im Internet und in Ihrem IT-Handbuch und versuchen Sie, weitere Praxis-Beispiele zu den genannten Strategien und Maßnahmen zu finden. Schauen Sie sich *Werbeprospekte* und *Zeitungsanzeigen* für IT-Produkte an. Welche Werbebotschaften finden Sie? Auf welche *Produkteigenschaften* wird besonders hingewiesen? Welche *Zielgruppen* werden angesprochen? Wie beurteilen Sie die Wirksamkeit von *Fernsehwerbung*, wenn es eine ganz bestimmte Zielgruppe zu erreichen gilt? Achten Sie auch auf die farbliche Gestaltung von Prospekten und Fernseh-Werbespots und recherchieren Sie den Begriff „*Corporate Identity*". [BWL für IT-Berufe 3.1] Schauen Sie sich auch die Strategien der *Portfolio-Matrix* und die Phasen des *Produktlebenszyklus* an. Recherchieren Sie die *ISO 9000 ff.* und überlegen Sie, wie sich die dort genannten Kriterien auf die Produkt- und Prozessqualität auswirken. [BWL für IT-Berufe 3.2.1]

8.4.2 Kundenberatung, Angebots- und Vertragsgestaltung

Der erste Schritt, um mit einem Kunden einen Vertrag schließen zu können, ist die *Aufnahme des Problems*, das der Kunde hat. Daraufhin können Sie dem Kunden *Lösungen* für sein Problem anbieten und ihn dahingehend beraten. Dabei sind bestimmte *Verhaltensregeln* zu beachten.

Aufgabe Kundenberatung

Im Rahmen Ihrer beruflichen Tätigkeit wirken Sie an der Erbringung von IT-Support-Leistungen für Fremdfirmen, insbesondere Administration und Wartung von LAN mit. Ein mittelständisches Unternehmen fragt aufgrund von häufigen Server-Abstürzen bei Ihrem Unternehmen um Rat und möchte von Ihnen Lösungsvorschläge unterbreitet haben.

a. Nennen Sie drei Merkmale für eine gute Kundenberatung.
b. Nennen Sie drei Kriterien für eine gute Servicequalität.
c. Nennen Sie vier Möglichkeiten, die Zufriedenheit der Kunden Ihres Unternehmens zu ermitteln.
d. Erläutern Sie den Vorteil, der sich aus der systematischen Auswertung von Kundenbeschwerden ergibt.

Lösung:

a. Merkmale für eine gute Kundenberatung:
   - Vorteil bzw. Nutzen für den Kunden betonen
   - Überzeugen, nicht überreden
   - interne Kunden wie externe Kunden behandeln
   - u. a.

b. Kriterien für Servicequalität
   - Termintreue
   - Schnelligkeit
   - Zuverlässigkeit

c. Messung Kundenzufriedenheit
   - Anstieg der Kundenzahl
   - Anzahl der Abschlüsse von Serviceverträgen
   - Häufigkeit von Folgegeschäften
   - Anzahl der Kundenbeschwerden
   - Weitervermittlung von Neukunden
   - u. a.

d. Informationsgewinnung zur Verbesserung der Produktqualität und der Geschäftsprozesse, damit Erhöhung der Kundenzufriedenheit

Bearbeitungshinweise

Die Aufgabenstellung lässt zunächst vermuten, dass es sich um eine Netzwerk-Aufgabe oder um eine technische Aufgabe zu Server-Problemen handelt, aber es geht um das Thema *Kundenorientierung*. Häufig kommen Aufgaben zur *Kundenzufriedenheit*, da diese ein wichtiges Kriterium für den Erfolg von Unternehmen ist. Die Antworten sind praxisbezogen und lassen sich gut nachvollziehen. Das „u. a." signalisiert, dass andere sinnvolle Antworten genauso akzeptiert werden.

Rechnen Sie mit einer solchen oder ähnlichen Aufgabe in der Prüfung, z. B. können zu den einzelnen Schritten des *Beratungsgesprächs* wichtige Kriterien, d. h. Ansprüche oder

Tab. 8.4 Kundenberatung

Beratung und Verkauf	Freundlichkeit, Fachkompetenz, Berücksichtigung individueller Wünsche, Verbindliche Aussagen, tatsächliches Problem erkennen, u. a.
Produkte	Qualität, Erweiterbarkeit/Aufrüstbarkeit, Design, Preis-Leistungs-Verhältnis, Umweltverträglichkeit, u. a.
Konditionen	Skonto, Rabatt, Garantie, Lieferungs- und Zahlungsbedingungen, Vertragsgestaltung, Kulanz, u. a.
Service	Rund-um-die-Uhr-Service, Hotline, Updates, Schulungen, Vorinstallation Software, Reparatur- und Ersatzteilservice, u. a.

Erwartungen des Kunden abgefragt werden und wie Sie diese Ansprüche erfüllen würden (Tab. 8.4):

Präsentation

Da Sie in der Praxis dem Kunden Lösungen für sein IT-Problem präsentieren müssen, kann auch hierzu eine Frage kommen, z. B. zur *Gestaltung von Kundenpräsentationen*, und zwar in Bezug auf die Regeln für eine gute Präsentation (siehe *Lernfeld 3*) oder die Aufzählung von verschiedenen *Präsentationsmedien* wie Laptop und Beamer, Tageslichtprojektor und Folien, Flipchart, etc.

Finanzierung

Prüfungsaufgaben zum Thema Finanzierungsmöglichkeiten sind eher selten. [BWL für IT-Berufe Kap. 6] Unter *Finanzierung* versteht man die Beschaffung finanzieller Mittel, und dabei wird einerseits *Innen- und Außenfinanzierung*, andererseits *Eigen- und Fremdfinanzierung* unterschieden. Als Prüfungsaufgabe kommt aus diesem Zusammenhang am ehesten das Thema Außenfinanzierung als Fremdfinanzierung in Frage, d. h. die *Kreditfinanzierung*.

Aufgabe Finanzierung

Im Rahmen der Vertragsgestaltung mit einem Kunden bietet Ihr Unternehmen dem Kunden folgende Finanzierungsmöglichkeit: Kreditbetrag: 60.000 €, Laufzeit: 3 Jahre, Zinssatz: 5 % p.a.

a. Erstellen Sie für dieses Darlehen einen Zins- und Tilgungsplan. Das Darlehen soll in jährlich gleichbleibenden Raten getilgt werden. Die Zinszahlung ist jeweils am Ende des Jahres fällig.

b. Nennen Sie drei Vorteile einer Finanzierung über Leasing gegenüber dem kredit-
finanzierten Kauf.

Lösung:

a. Tilgungsplan

Jahr	Restschuld zu Beginn des Jahres	Tilgung	Zinsen
1	60.000	20.000	3000
2	40.000	20.000	2000
3	20.000	20.000	1000
	0		

b. Vorteile Leasing: keine Kapitalbindung, neueste Technik, steuerliche Absetzbarkeit
der Leasingrate als Aufwand, u. a.

Bearbeitungshinweise

Zunächst teilen Sie den Kreditbetrag durch die Laufzeit, um den *jährlichen Tilgungsbe-
trag* zu erhalten, den ziehen Sie Jahr für Jahr von der *Restschuld* ab. Die *Zinsen* berechnen
Sie nur auf den Betrag, der als Kredit noch offen ist. Und die Zinsen werden nicht von der
Restschuld abgezogen. Zinsen stellen ein *Entgelt* für das Zurverfügungstellen des Kredits
dar. In der Regel sind bei solchen Aufgaben die Zahlen so gewählt, dass sich keine „krum-
men" Werte aus der Berechnung ergeben. Wenn Sie das Gefühl haben, dass die von Ihnen
ermittelten Werte „seltsam" aussehen, prüfen Sie Ihren Rechenansatz nach. Eine wichtige
Kontrolle bei einer solchen Aufgabe ist, dass am Ende der Laufzeit der Kredit vollständig
getilgt sein muss, also eine Null da stehen muss. Ist dies nicht der Fall, dann haben Sie sich
verrechnet oder einen falschen Ansatz gewählt.

Rechtlich gesehen ist der *Leasing-Vertrag* ein Mietvertrag, allerdings gibt es strenge
steuerliche Vorschriften dafür, die Sie nicht kennen müssen. Die *Absetzbarkeit* der Leasingrate als Vorteil ist insofern nicht richtig, als beim Kauf Kreditzins und Abschreibung
als *Kosten* den zu versteuernden Gewinn mindern. Mit einer Rechenaufgabe zum Vergleich von Kredit und Leasing ist eher nicht zu rechnen.

Kalkulation

Zum Thema *Angebotserstellung* gehört vor allem die Kalkulation, die in Lernfeld 11 im
Rahmen der *Kostenrechnung* noch ausführlicher besprochen wird (siehe 11.3.2). Für den
IT-Bereich üblich ist die *Zuschlagskalkulation*, d. h. zu den für den jeweiligen Auftrag
direkt ermittelbaren Kosten werden aus Erfahrungswerten prozentuale Zuschläge zur
Deckung der nicht direkt zurechenbaren Kosten vorgenommen. Die direkt ermittelbaren
Kosten nennen sich *Einzelkosten* (im Handel: *Wareneinsatz*). Es sind vor allem *Material-
kosten und Arbeitslohn*. Die nicht direkt zurechenbaren Kosten nennen sich *Gemeinkosten*
(in der Handelskalkulation: *Handlungskosten*), dabei handelt es sich um Verwaltungskos-

ten, Miete für Büroräume, das Gehalt der Sekretärin und des Geschäftsführers sowie Abschreibungen auf Maschinen o. ä.

Nachdem Sie die *Selbstkosten* ermittelt haben, schlagen Sie den *Gewinnzuschlag* auf und erhalten den *Barverkaufspreis*. Dann wird *Skonto* zugeschlagen, das ergibt den *Zielverkaufspreis*. Und schließlich noch den *Rabatt*-Zuschlag, dann erreichen Sie den *Listenverkaufspreis*. Hinzu kommt die *Mehrwertsteuer*, die der gewerbliche Kunde als Vorsteuer vom Finanzamt zurückerhält. [BWL für IT-Berufe 8.4]

Der Kunde versucht dann in der Verhandlung, ausgehend vom Listenverkaufspreis, einen möglichst hohen *Rabatt* auszuhandeln bei der Bezahlung nutzt er den *Skontoabzug* und zahlt den Barverkaufspreis. *LZB* = „Liste, Ziel, Bar" ist eine gute *Merkregel* für diese doch etwas voluminösen Begriffe.

Recherche-Empfehlung

Recherchieren Sie die verschiedenen *Formen der Finanzierung* und die *Kalkulationsschemata der Zuschlagskalkulation* in Ihrem IT-Handbuch und im Internet. Zum Thema Finanzierung finden Sie im Internet sehr viele und teilweise sehr theoretische Darstellungen, lassen Sie sich dadurch nicht verwirren. [BWL für IT-Berufe Kap. 6] Zum Thema Kalkulation beachten Sie den Unterschied der Begriffe im Handel und in der Industrie, inhaltlich ist es dasselbe.

Lassen Sie sich in Ihrem Ausbildungsbetrieb *Auftragskalkulationen* zeigen und überlegen Sie, ob das Verfahren der *Divisionskalkulation*, d. h. Summe aller Kosten eines Monats durch Anzahl der Aufträge, für IT-Produkte Sinn machen könnte.

Einen einfach gehaltenen Überblick über das *Unternehmenssteuerrecht* finden Sie in [BWL für IT-Berufe Kap. 8], mehr Informationen über *Leasing* in [BWL für IT-Berufe 6.3.3].

8.4.3 Beschaffung von Fremdleistungen

Beschaffung

Beschaffung als betriebliche Funktion geht der Frage nach, was wann wo in welcher Menge und zu welchem Preis beschafft werden soll. Wird ein Unternehmen kundenorientiert geführt, richtet sich die Beschaffung danach, was für die Leistungen an den Kunden benötigt wird. Dies wird als *produktions- oder kundenorientierte Bedarfsermittlung* bezeichnet. Daneben gibt es noch die *verbrauchsorientierte Bedarfsermittlung*, typisch bei Büromaterial: Aufgrund des Verbrauchs in der Vergangenheit wird die Bestellmenge festgelegt.

Optimale Bestellmenge

Unter der *optimalen Bestellmenge* wird diejenige Bestellmenge verstanden, bei der die Kosten der Beschaffung am geringsten sind. Aufgaben dazu enthalten verschiedene Kostenangaben, die sich aus *zunehmenden Lagerkosten* und *abnehmenden Bestellkosten* ergeben. Bei großen Bestellmengen muss entsprechender Lagerraum zur Verfügung stehen, aber es können z. B. Mengenrabatte ausgehandelt werden.

Bestell-Systeme

Denkbar sind auch Aufgabenstellungen zu den zwei Arten von Bestellsystemen, dem Bestellpunktsystem und dem Bestellrhythmussystem. Beim *Bestellrhythmussystem* werden zu regelmäßigen Zeitpunkten, d. h. im zeitlichen Rhythmus die Nachbestellungen ausgelöst und dazu wird anhand der *Disposition* der jeweilige Bedarf ermittelt, d. h. die Bestellmenge hängt davon ab, wie viel tatsächlich verbraucht wurde. Beim *Bestellpunktsystem* wird die Bestellung in unregelmäßigen Zeitabständen ausgelöst, und zwar dann, wenn das Lager den *Meldebestand* erreicht hat. Die Bestellmenge ist hingegen dann immer die gleiche, d. h. das Lager wird wieder aufgefüllt. Hier setzt das Thema optimale Bestellmenge und damit auch optimale Lagergröße an. Der Meldebestand setzt sich zusammen aus dem *Sicherheitsbestand* (eiserne Reserve) *plus* dem *Verbrauch* bis zum Zeitpunkt des Eingangs der bestellten Ware. Die Berechnung dieses Verbrauchs erfolgt, indem man den durchschnittlichen Tagesverbrauch mit der Anzahl an Tagen zwischen Auslösung der Bestellung und Eingang der Ware multipliziert. Eine Aufgabe zu diesem Thema kann die Erläuterung der beiden Bestellsysteme und die Ermittlung des Meldebestands verlangen.

[BWL für IT-Berufe 4.2, insb. 4.2.5 zum *E-Procurement*]

Lagerhaltung

Abgesehen von einer Kombinationsaufgabe mit *Lernfeld 6* zur Einrichtung einer *Lagerdatenbank*, vielleicht noch in Verbindung mit der *ABC-Analyse*, können zum Thema Lagerhaltung nur noch die *Lagerkennzahlen* gefragt werden. Der *durchschnittliche Lagerbestand* ergibt sich allgemein, wenn Sie den Bestand am Anfang einer Periode und den Bestand am Ende der Periode *addieren* und die Summe durch 2 teilen. Wichtig sind die Lagerkennzahlen aus Controlling-Gesichtspunkten (siehe 11.3.3), denn je größer die Lagerhaltung, umso höher sind die Kosten. Deshalb geht man in der Praxis, da wo es möglich ist, mehr und mehr auf das *Just-in-time-Konzept* (fertigungssynchrone Anlieferung) über, das benötigte Material wird in dem Moment angeliefert, wo es in der Produktion gebraucht wird. Dabei wird in den Verträgen das Risiko auf die Lieferanten abgewälzt, weshalb unsere Autobahnen so voll mit LKWs sind, man spricht von *rollenden Lagern*.

Recherche-Empfehlung

Recherchieren Sie in Ihrem IT-Handbuch und im Internet die *Lagerkennziffern* und die *Bestellsysteme*. Erkundigen Sie sich, wie in Ihrem Ausbildungsbetrieb Bestellungen abgewickelt werden und zeichnen Sie dazu eine Ereignisgesteuerte Prozesskette.

Informieren Sie sich darüber, was bei Eingang der bestellten Ware zu beachten ist, insbesondere wie die *Wareneingangsprüfung* und die *Reklamation* bei nicht ordnungsgemäßer Ware abläuft.

Angebots-Vergleich

Das wichtigste Prüfungsthema, das immer wieder in Prüfungsaufgaben vorkommt, ist der *Angebotsvergleich*. Häufig erhalten Sie drei verschiedene Angebote und sollen sich anhand von *Auswahlkriterien* für eines der drei Angebote entscheiden. Das Instrument dazu ist die *Nutzwertanalyse*. [BWL für IT-Berufe 1.3.2] Wählen Sie kaufmännische und technische Kriterien, die Punktevergabe soll sich aus den Unterschieden in den drei Angeboten ergeben. Ist die *Gewichtung* der Kriterien nicht in der Aufgabenstellung vorgegeben, können Sie sie selbst festlegen. Am einfachsten ist dabei eine Gleichgewichtung aller Kriterien. Lesen Sie jedoch in der Aufgabenstellung z. B. „der Geschäftsführer legt besonders hohen Wert auf eine kostengünstige Lösung" o. ä., dann ist das Kostenkriterium mit der höchsten Gewichtung einzubeziehen.

Als *technische Kriterien* können Sie die Angaben aus den Angeboten nehmen, z. B. Taktfrequenz des Prozessors, Größe des Arbeitsspeichers, Datensicherungssystem, Größe der Festplatte, etc. Die *kaufmännischen Kriterien* im Angebotsvergleich sind der Preis, die Lieferungs- und Zahlungsbedingungen sowie der Service. Wichtig ist, dass Sie die *Angebote genau lesen* und vergleichen. So kann bei einem Angebot zwar der Preis günstiger sein, aber in den Lieferungsbedingungen noch von zusätzlichen Bezugskosten die Rede sein. Ein anderes Angebot kann durch Skonto-Abzugsmöglichkeit günstiger werden.

Aufgabe Angebotsvergleich

Sie erhalten den Auftrag, für die Anschaffung eines neuen Servers Angebote einzuholen und aufgrund eines Angebotsvergleichs der Geschäftsleitung einen Vorschlag zu unterbreiten.

a. Nennen Sie vier Möglichkeiten zur Beschaffung externer Bezugsquellen für Lieferanten.

b. Nennen Sie fünf Inhalte, die die Angebote jeweils enthalten sollten.

c. Nennen Sie fünf Inhalte, die eine Rechnung enthalten sollte.

Lösung:

a. externe Bezugsquellen für Lieferanten

    Prospekte, Werbung, Zeitschriften, Kataloge

    Messen- und Ausstellungen

    Informationen der IHK

    Adressverzeichnisse: Bücher, CD-ROMs, Internet

b. fünf Inhalte von Angeboten

    Bezeichnung der Ware: Bestell-, Artikel-, Typennummer, Beschreibung, etc.

    Mengenbezeichnung: Stückzahl, Größe, Gewicht

    Preis pro Stück und Gesamtpreis, Währungsangabe

Vereinbarte Preisnachlässe: Mengenrabatt, Bonus

Lieferungsbedingungen: Liefertermin, Bezugskosten, Verpackung, etc.

Zahlungsbedingungen: gegen Rechnung, Nachnahme, Zahlungsziel, Skonto, Ratenzahlung, etc.

c. fünf Inhalte von Rechnungen

Namen und Anschrift des Lieferanten

Namen und Anschrift des Empfängers

Menge und Bezeichnung der Ware

Zeitpunkt der Lieferung

Rechnungsbetrag (Entgelt)

Umsatzsteuerbetrag

Bearbeitungshinweise

Weitere Aufgabenstellungen zum Thema Angebotsvergleich sind kaum denkbar, und die
Antworten können Sie mit gesundem Menschenverstand finden. Weitere Fragen in einer
solchen Aufgabe könnten sich auf die *Wareneingangsprüfung* oder die *Kaufvertragsstörungen* (Leistungsstörungen) beziehen.

Recherche-Empfehlung

Schauen Sie sich verschiedene Angebote an, vielleicht haben Sie für Ihre betriebliche
Projektarbeit auch Angebote eingeholt. Recherchieren Sie das Entscheidungsinstrument *Nutzwertanalyse* im Internet. Prüfen Sie Ihr IT-Handbuch, welche Informationen
es zum Thema Angebote und Nutzwertanalyse enthält.

Die gesetzlichen Vorschriften über die Pflichtbestandteile von Rechnungen finden
Sie in [BWL für IT-Berufe 8.4]

8.5   Vertiefung IT-Systemkaufleute und IT-Kaufleute

Der Unterschied zu den Fachinformatikern und zu den IT-Systemelektronikern besteht
zum einen darin, dass zwei Themen zusätzlich aufgeführt sind: das eine ist bei IT-Systemkaufleuten die *„Planung von IT-Systemen"*, bei IT-Kaufleuten der *„Marketing-Mix"*. Das
andere Thema ist für beide die *„Fakturierung"*. Zusätzlich sind die Bereiche „Kundenberatung, Angebots- und Vertragsgestaltung" und „Beschaffung von Fremdleistungen"
etwas weiter aufgegliedert, für die beiden hier betroffenen Berufsbilder identisch. Recherchieren Sie die zusätzlichen Begriffe Ihrer Rahmenlehrpläne in Ihrem IT-Handbuch und
im Internet.

Tab. 8.5 Übersicht Rahmenlehrplan IT-Systemkaufleute

Marktbeobachtung und Marktforschung		
Interne und externe Informationsquellen	Produkt-analyse	Anbieter-analyse
Planung von IT-Systemen		
Anforderungen der Fachabteilung	Pflichtenheft	Kontrahierungs-politik
Standard- oder Individuallösungen unter den Aspekten Wirtschaftlichkeit, Erweiterbarkeit und Wartungsaufwand	System-kompo-nenten	Präsentation der Ent-scheidungen

Kundenberatung, Angebots- und Vertragsgestaltung		
Kunden-anforderungen	Bestands-aufnahme und Konzeption	Präsentation und Demon - stration von Produkten und Dienstleistungen
Typische Verhaltensmaßnah-men in Verkaufssituationen	Verkaufs-kalkulation	Möglichkeiten der Finanzierung
Angebots-erstellung	Kauf-, Service- und Leasingverträge	Allgemeine Geschäftsbedingungen
Beschaffung von Fremdleistungen				
Bedarfs-ermittlung	Bezugs-quellen	Anfragen	Angebots-vergleiche	Bestellung
Aufgaben und Probleme der Lagerhaltung		Waren-annahme		Leistungs-störungen
Fakturierung		
Rechnungsstellung	Zahlungsvorgang	Mahnwesen

8.5.1 Vertiefung IT-Systemkaufleute

Die folgende Abbildung zeigt den Rahmenlehrplan zu Lernfeld 8 für IT-Systemkaufleute (Tab. 8.5).

[www.bueffelcoach.de/IHK-IT-Berufe/LF08_Synopse.PDF]

Anders als bei den anderen Berufsbildern wird hier noch die *Planung von IT-Systemen* gesondert genannt. Die Inhalte dazu entsprechen aber den bereits in den Lernfeldern 4, 6 und 7 abgehandelten Themen. Sie ermitteln die *Anforderungen der Fachabteilung* und erfassen diese im *Pflichtenheft*. Recherchieren Sie dazu in Ihrem IT-Handbuch, welche Inhalte das Pflichtenheft umfasst.

Eine sehr kaufmännisch orientierte Frage ist die, ob für ein IT-Problem eine *Standard- oder eine Individuallösung* ausgewählt werden soll. Auch hier können Sie das Instrument der *Nutzwertanalyse* anwenden, mit den Kriterien Wirtschaftlichkeit, Erweiterbarkeit und Wartungsaufwand. Recherchieren Sie hierzu noch die *Make-or-Buy-Analyse*, d. h. die Analyse, ob eine selbsterstellte oder eine gekaufte Lösung für das Problem sinnvoller ist.

Tab. 8.6 Übersicht Rahmenlehrplan IT-Kaufleute

Marktbeobachtung und Marktforschung		
Interne und externe Informationsquellen	Instrumente der Marktforschung	
Kundenanalyse	Konkurrenzanalyse	
Marketing-Mix		
Produkt- und Sortimentspolitik	Kommunikationspolitik	
Kontrahierungspolitik	Distributionspolitik	
Kundenberatung, Angebots- und Vertragsgestaltung		
Kundenanforderung, Bestandsaufnahme und Konzeption	Präsentation und Demonstration von Produkten und Dienstleistungen	
Typische Verhaltensmaßnahmen in Verkaufssituationen	Verkaufskalkulation	Möglichkeiten der Finanzierung
Angebotserstellung	Kauf-, Service- und Leasingverträge	Allgemeine Geschäftsbedingungen
Beschaffung von Fremdleistungen		
Bedarfsermittlung	Bezugsquellen	Anfragen	Angebotsvergleiche	Bestellung
Aufgaben und Probleme der Lagerhaltung		Warenannahme	Leistungsstörungen	
Fakturierung		
Rechnungsstellung	Zahlungsvorgang	Mahnwesen

8.5.2   Vertiefung IT-Kaufleute

Die folgende Abbildung zeigt den Rahmenlehrplan zu Lernfeld 8 für IT-Kaufleute (Tab. 8.6).

[www.bueffelcoach.de/IHK-IT-Berufe/LF08_Synopse.PDF]

Im Vergleich zu den anderen Berufsbildern ist hier noch der *Marketing-Mix* zusätzlich aufgeführt. Recherchieren Sie die einzelnen Maßnahmen in Ihrem IT-Handbuch und im Internet, und ferner die Begriffe *„Sponsoring"* und *„Event-Marketing"*. Informieren Sie sich über das Thema *„Allgemeine Geschäftsbedingungen"* und recherchieren Sie die verschiedenen *Vertragsarten*. [BWL für IT-Berufe 2.3.2] Zeichnen Sie sich eine Ereignisgesteuerte Prozesskette zum *Mahnwesen*.

Öffentliche Netze und Dienste

9

Zusammenfassung

**Das Wichtigste: IT-Systeme an das öffentliche Netz anbinden und geeignete Diens-
te auswählen**

Lernfeld 9 knüpft direkt an *Lernfeld 7* „Vernetzte IT-Systeme" an. Hier geht es
um die *Anbindung* von PCs und PC-Netzwerken *an das öffentliche Netz* und um die
Nutzung der verschiedenen im öffentlichen Netz bereitgestellten unentgeltlichen und
entgeltlichen *Dienste*. Dabei steht die Auswahl geeigneter Dienste unter kaufmännischen Gesichtspunkten im Vordergrund, was allerdings eine Kenntnis der verschiedenen *Dienstemerkmale* voraussetzt. *Auswahlkriterien* sind Leistungs-, Sicherheits- und
Wirtschaftlichkeitsmerkmale der zur Verfügung stehenden Dienste.

IT-Systemelektroniker und *Fachinformatiker* sind zudem in der Lage, den Zugang
zum öffentlichen Netz und zu den angebotenen Diensten einzurichten sowie *Diagnose-
mittel* einzusetzen und *Messungen* an den Systemschnittstellen durchzuführen.

Wichtigster Zugang zum Verständnis der Inhalte dieses Lernfelds ist der Unterschied zwischen Netzen und Diensten. *Netze* sind die physikalischen Leitungen und
Anschlüsse mit ihrer Leistungsfähigkeit, die im Prinzip zunächst nur von der Art des
Anschlusskabels abhängt. *Dienste* sind alle über das Netz angebotenen Dienstleistungen, und da gibt es eine große Vielfalt.

9.1 Prüfungsrelevanz des Lernfelds

Prüfungsfragen zu Lernfeld 9 sind eher selten anzutreffen, sie beziehen sich meist auf
den Funktionsumfang von *ISDN*, die sogenannten *Dienstemerkmale*. Gelegentlich gibt
es einfache Fragen zu *Internet-Diensten* wie *E-Mail* oder *FTP*, auch in Kombination mit
E-Commerce. Hier ist die stärkste Verbindung zu *Lernfeld 8* „Markt- und Kundenbezie-

© Springer Fachmedien Wiesbaden 2014
M. Wünsche, *Prüfungsvorbereitung für IT-Berufe*,
DOI 10.1007/978-3-658-04414-5_9

hungen" zu sehen, dies betrifft auch den *Web-Auftritt* eines Unternehmens, z. B. Kriterien zur Gestaltung einer Website.

In Verbindung mit *Lernfeld 4* „Einfache IT-Systeme" und *Lernfeld 7* „Vernetzte IT-Systeme" sind ferner Hardware-Fragen möglich, die sich auf *Netzwerkkomponenten* für die Anbindung an das öffentliche Netz beziehen, z. B. zu Router, Firewall oder Modem. Software-seitig sind vor allem die verschiedenen *Netzzugangsprotokolle*, von TCP/IP bis VPN, wichtig.

Weitere Aufgaben können sich auf das Thema *„Einrichten einer TK-Anlage"* beziehen, hier aber insbesondere die verschiedenen Anschlussmöglichkeiten. Auch das Thema *Funknetze*, insbesondere die technischen Merkmale von *GSM* und *UMTS* bzw. bald *LTE*, rücken mehr und mehr in den Vordergrund.

Bei der *kaufmännischen Beurteilung von Diensten* können vor allem die *Kriterien* gefragt werden: Leistung, Sicherheit und Wirtschaftlichkeit, d. h. das Preis-Leistungs-Verhältnis, z. B. ihre Anwendung für eine dargestellte Fallsituation.

Aufgaben zu Lernfeld 9 sind meist auch *auftragsbezogen*, d. h. *„Beraten Sie"* oder *„Beschreiben Sie Ihre Vorgehensweise"*, z. B. bei der Einrichtung eines Internet-Anschlusses für ein Rechnernetzwerk.

9.2   Übersicht Lernfeldinhalte

Die folgende Abbildung zeigt die im Rahmenlehrplan festgelegten Inhalte des Lernfelds, die für alle vier Berufsbilder relevant sind. Die Rahmenlehrpläne für die einzelnen Berufsbilder finden Sie in Abschn. 9.4. Sie enthalten keine weiteren Themen, sind nur für IT-Systemelektroniker und Fachinformatiker etwas weiter aufgegliedert (Tab. 9.1).

[www.bueffelcoach.de/IHK-IT-Berufe/LF09_Synopse.PDF]

Sie können hier eine klare Trennung in den kaufmännischen und den technischen Aspekt öffentlicher Netze und Dienste erkennen. Im oberen Teil geht es um die *Auswahl von geeigneten Diensten* unter Beachtung der Wirtschaftlichkeit. Im unteren Teil werden die *technischen Merkmale* von öffentlichen Netzen behandelt. Mit *Universalnetz* ist ausschließlich ISDN gemeint, wobei es da das normale und das Breitband-ISDN (ATM) gibt.

Tab. 9.1 Übersicht Rahmenlehrplan zu Lernfeld 9

Beurteilung von aktuellen Informationsdiensten	
Gegenüberstellung wesentlicher Leistungs- und Sicherheitsmerkmale	Wirtschaftlichkeits-betrachtung
Kommunikationsnetze und deren Dienste	
Netze zur Sprach-, Text-, Daten- und Bildkommunikation	Netzzugang und -übergänge
Universalnetz, Dienstmerkmale	Technische Voraussetzung für die Nutzung von Informations- und Kommunikationsdiensten

9.3 Begriffe und Musteraufgaben

9.3.1 Beurteilung von aktuellen Informationsdiensten

Prüfungsaufgaben zur Beurteilung von aktuellen Informationsdiensten beziehen sich zum einen darauf, die *Inhalte gängiger Dienste* zu erläutern, zum anderen auf die Nennung von *Kriterien zur Beurteilung* dieser Dienste im Rahmen der Wirtschaftlichkeitsbetrachtung. Wir müssen zum Verständnis hier schon Grundkenntnisse zu den öffentlich verfügbaren Netzstrukturen voraussetzen, die vertieft erst im zweiten Abschn. (siehe 9.3.2) behandelt werden. Dabei handelt es sich hauptsächlich um das *Internet* als Netz der Netze. Hinzu kommt das klassische Telekommunikationsnetz, und beide hängen eng zusammen.

Dienste
Bei den öffentlichen Diensten lassen sich grundsätzlich Basisdienste und Anwendungsdienste unterscheiden. *Basisdienste* dienen eher der technischen Abwicklung der Datenübertragung, während *Anwendungsdienste* die wirklichen Mehrwertdienste darstellen, die auf die Basisdiensten aufbauen.

Basisdienste
Die nachfolgend dargestellten Basisdienste werden *von Internet Service Providern* (Internet-Dienste-Anbietern) zur Verfügung gestellt. Für die Prüfung sollten Sie in der Lage sein, die genannten Dienste kurz erläutern zu können.

http
Zunächst ist hier der *Hypertextdienst* zu nennen, das „World Wide Web", das auf dem *http-Protokoll* (Hypertext Transfer Protocol) aufbaut und damit Informationen mittels Browser abrufbar zur Verfügung stellt. Dazu wird grundsätzlich eine statische *Seitenbeschreibungssprache* (HTML) verwendet, die mit ihrer Hypertext-Funktionalität, d. h. der Möglichkeit, über Hyperlinks anknüpfende und weiterführende Informationen „auf einen Klick" erreichen zu können, die Informationsbeschaffung erheblich erleichtert.

Dynamisierungen des Hypertextdienstes können Server-seitig durch *CGI-Skripte* (Generierung von WWW-Seiten aus Datenbanken), bzw. durch *PHP-*, *ASP-* oder *JSP-Skripte* (interaktive Inhalte auf WWW-Seiten) erfolgen. Client-seitig sind Dynamisierungen über in die HTML-Seiten eingebettete Programme möglich: *Plug-ins* (z. B. Flash), *Skripte* (z. B. Javascript) oder *Applets* (z. B. Java) und die erweiternde Funktionalität von HTML 5.

smtp
Der *E-Mail-Dienst*, über das *smtp-Protokoll* (Simple Mail Transfer Protocol), ist heute als Kommunikationsmedium aus der Geschäftswelt wie auch aus dem Privatbereich nicht mehr wegzudenken. Überlegen Sie sich, welche *Kostenersparnis* (Papier, Porto) und *Geschwindigkeitsvorteile* sich aus der E-Mail-Funktionalität ergeben. Probleme beim E-Mail-Dienst sind *Spam* (unerwünschte Mails) und *Authentifizierung* (Echtheit und Un-

verfälschtheit von Mails). Eine Prüfungsaufgabe hierzu kann lauten: Erläutern Sie die Vorteile und Probleme des smtp-Dienstes, und nennen Sie Maßnahmen zur Problemvermeidung: Spamfilter, unternehmensinterne Vorschriften zur Gestaltung von Mails, elektronische Signatur, etc. [BWL für IT-Berufe 2.3.7]

ftp

Der *Dateiübertragungsdienst* mittels *ftp-Protokoll* (File Transfer Protocol) ermöglicht zum einen, Dateien mit gewünschten Informationen aus dem Internet herunterzuladen (Download) oder auch Dateien upzuloaden, wozu jedoch eine *ftp-Client-Software* benötigt wird. Betriebliche Anwendungsmöglichkeiten liegen vor allem in der Übertragung von Dateien von einer Filiale zu einer anderen oder zur Zentrale des Unternehmens.

nntp

Der *Nachrichtendienst* setzt auf dem *nntp-Protocol* (Network News Transfer Protocol) auf. Das *Usenet* dient dem Informationsaustausch über das Internet und ist in über 20.000 zum Teil hochspezialisierte *Newsgroups* gegliedert. Damit Sie an dem Informationsaustausch teilnehmen können, ist eine *Newsreader-Software* erforderlich, die in einige gängige Browser integriert ist. Gerade im Bereich IT-Support und Trouble Shooting sind Newsgroups betriebswirtschaftlich enorm wichtig, weil sie Zeit und damit Kosten sparen.

Telnet

Der *Terminal Emulations Dienst* setzt auf dem *Telnet Protokoll* auf und emuliert auf dem Client eine Benutzeroberfläche, mit der Programme auf dem Server genutzt werden können. Das Prinzip wird bei *Terminalnetzen* (z. B. Bildschirmterminals in Banken oder Reisebüros) oder zum *Remote Control* von entfernten Rechnern, aber auch zur *Abfrage in Datenbanken* oder zur *Konfiguration von Serverfunktionen* eingesetzt. Der betriebswirtschaftliche Vorteil liegt hier zum einen in der Ersparnis von Wegekosten, zum anderen im Zugriff auf entfernt gespeicherte Informationen. Aus Sicherheitsgründen (Verschlüsselung) wird das alte Telnet-Protokoll durch das SSH-Protokoll verdrängt.

vpn

Das *Virtuelle LAN* basiert auf dem *vpn-Protokoll* (Virtual Private Network) und ermöglicht es, das Internet wie ein unternehmensinternes Netzwerk zur Verbindung weit auseinanderliegender Unternehmensteile zu nutzen. Dazu werden die TCP/IP-Pakete zusätzlich verschlüsselt, so dass ein Zugriff von außen auf die Daten nicht möglich ist. Dieses Verfahren bezeichnet man als *Tunneling*. Der betriebswirtschaftliche Vorteil liegt vor allem in der Kostenersparnis, da kein eigenes Netz installiert werden muss, um den Informationsaustausch zwischen einzelnen Unternehmensteilen schnell und effizient abzuwickeln.

Anwendungsdienste

Die *Anwendungsdienste* setzen auf die Basisdienste auf. Es handelt sich dabei um *Speicherdienste* (z. B. Mailbox, Online-Backup, Terminkalender), *Verteildienste* (z. B. Rundmails), *Transaktionsdienste* (z. B. Online-Reservierung), *Informationsdienste* (z. B. Kontostandsabfrage), *Verarbeitungsdienste* (z. B. Nutzung von Software auf fremden Rechnern) sowie *Überwachungs-, Steuerungs- und Wartungsdienste* (z. B. Zählerstände, Alarmanlagen, Verkehrsleitsysteme).

Wirtschaftlichkeit

Unter Wirtschaftlichkeit versteht man das *Verhältnis zwischen Leistung und Kosten*, und das kaufmännische Instrument zur Beurteilung der Wirtschaftlichkeit ist die *Kosten-Nutzen-Analyse*. Während die Kosten meist gut ermittelbar sind, ist es oft wesentlich schwieriger, den Nutzen in Euro zu bemessen. Dann reicht es, den Nutzen *verbal* zu beschreiben, z. B. „Verkürzung der Prozessdauer" oder „einfachere Erlernbarkeit". Bei Zeitbetrachtungen haben Sie grundsätzlich immer die Möglichkeit, die *Zeitersparnis* mit einem Durchschnittsstundenlohn in Euro umzurechnen.

Grenzen Sie das Instrument der Kosten-Nutzen-Analyse von dem der Nutzwert-Analyse ab. Letzteres dient dazu, mehrere Alternativen in Bezug auf unterschiedliche Ziele zu vergleichen. Sie können auch beide Instrumente miteinander kombiniert einsetzen, indem Sie z. B. zuerst mittels Nutzwert-Analyse die beste Alternative auswählen und dann mittels Kosten-Nutzen-Analyse die Vorteilhaftigkeit (Wirtschaftlichkeit) dieser Alternative ermitteln bzw. beurteilen.

Recherche-Empfehlung

Recherchieren Sie alle vorstehend genannten Begriffe in Ihrem IT-Handbuch und im Internet und suchen Sie vor allem für die genannten *Anwendungsdienste* nach weiteren Beispielen. Schauen Sie dabei insbesondere nach *Zugangsvoraussetzungen, Leistungsmerkmalen, Sicherheitsaspekten* und *Kosten* der Nutzung dieser Dienste. In welchem Umfang lassen sich Cloud-Dienste nutzen? Welche Dienste nutzen Sie auf Ihrem Smartphone?

Zur Anwendung der Kosten-Nutzen-Analyse [BWL für IT-Berufe 1.3.3] bei den Internet-Diensten ermitteln Sie die Kosten des jeweiligen Dienstes und beschreiben verbal den kaufmännischen Nutzen, der sich durch diesen Dienst ergibt: *Effizienzsteigerung, Prozessbeschleunigung* (vgl. Lernfeld 2). [BWL für IT-Berufe 5.2]

9.3.2 Kommunikationsnetze und deren Dienste

Kommunikationsnetze lassen sich grob unterscheiden in Festnetze und Funknetze. Bei den *Funknetzen* lässt sich prinzipiell noch eine Aufteilung in *Mobilfunknetze, Satellitenfunknetze* und *Richtfunknetze* vornehmen. Bei den *Festnetzen* kann nach der *Kabelart* vor allem in „normale" und Breitbandkabelnetze oder auch in Kupferdraht- und Glasfasernetze unterschieden werden.

Merkmale von Netzen

Die *Abgrenzungen* zwischen den einzelnen Netzarten sind aber *eher juristischer oder tariflicher Art*. Als Merkmale von Netzen sollten Sie die Art der *Signalübertragung* (analog oder digital), die *Bitfehlerwahrscheinlichkeit* (Maß für die Leitungsqualität), die maximale *Übertragungsrate* (Daten, Steuerbits, Fehlererkennung und -korrektur) und die *Vermittlungsart* (Leitungs- oder Paketvermittlung) kennen.

Die Unterscheidung der Netze in *Sprach-, Text-, Daten- und Bildkommunikationsnetze* ist nur theoretisch, einzig bei der Bewegtbildkommunikation (z. B. Videokonferenzen, IPTV, Video-Streaming) sind Netze höherer Leistungsfähigkeit erforderlich. Auch die Unterscheidung in *analoge und digitale Netze* ist nicht wichtig, weil außer der letzten Meile im T-Net (analoges Telefonnetz) die Übertragung weitgehend digitalisiert erfolgt. Die Unterscheidung in *Wählverbindung und Festverbindung* (Standleitung) hatte einen kaufmännischen Hintergrund: Bei einer Festverbindung fallen fixe Kosten an, die Kosten bei einer Wählverbindung hängen von der Nutzungsdauer und dem jeweiligen Tarif ab. Eine Aufgabe dazu könnte den *Kostenvergleich* und die Frage nach den *Nutzungsmöglichkeiten* beinhalten. Beachten Sie bei der Wählverbindung vor allem die Verbindungsaufbauzeit als Kriterium, und auch die *Absicherungen* von Festverbindungen, z. B. durch Wähl-Backup.

Besonders bedeutsam ist hingegen die Abgrenzung der *Vermittlungsverfahren*: Bei der *Leitungsvermittlung* wird über die gesamte Dauer der Datenübertragung eine Verbindung geschaltet, während bei der *Paketvermittlung* bzw. im ATM der *Zellvermittlung* die zu übermittelnden Daten in Pakete bzw. Zellen verpackt werden: Dadurch kann über *Routing* eine höhere Netzauslastung erreicht werden.

Aufgabe Übertragungsrate

Von der ländlichen Filiale eines größeren Konzernunternehmens werden jede Nacht Verkaufsdaten an die Zentrale übermittelt, über einen ISDN-Basisanschluss mit Kanalbündelung. Das Datenvolumen beträgt im Durchschnitt 28 MByte. Man geht dabei von einer effektiven Übertragungsgeschwindigkeit von 70 % der maximalen Übertragungsrate aus. Ermitteln Sie die durchschnittliche Dauer der Übertragung.

Lösung:

Maximale Übertragungsrate: 128 KBit/s = 16.000 Byte/s

Effektive Übertragungsrate: 70 % = 11.200 Byte/s

Übertragungsdauer: 28.000.000/11.200 = 2500 s = 41,66 min.

Bearbeitungshinweise

Zunächst mussten Sie hier wissen, dass ein *ISDN*-Basisanschluss je Kanal eine maximale Übertragungsrate von *64 KBit/s* und zwei B-Kanäle hat, die gebündelt werden können. Davon 70 % ergibt die effektive Übertragungsrate, und dann müssen Sie nur noch das Datenvolumen durch die effektive Übertragungsrate teilen. Die Umrechnung von MByte in Byte erfolgt der Einfachheit halber mit 1000 statt mit 1024. Sofern Sie mit 1024 gerechnet haben, erhalten Sie eine etwas längere Dauer (42,67 min.), bewertet wird der richtige *Rechenweg*.

Allgemein rechnet man mit einer *maximalen Bandbreitenausnutzung* von 2 Bit/Hz, so beträgt etwa bei einer Cat. 5 Verkabelung mit 100 MHz die theoretische maximale Übertragungsrate 200 MBit/s.

Recherche-Empfehlung

Recherchieren Sie die *Netzarchitektur des Telefonnetzes*. Unterscheiden Sie dabei in die *Zentralvermittlungsstellen* (Maschen-Topologie), *Haupt-, Knoten- und Ortsvermittlungsstellen* (Stern-Topologie). Recherchieren Sie, welche Funktion die „grauen Kästen" haben, die man überall am Straßenrand sieht. Es sind die *Netzknoten*. Recherchieren Sie die Begriffe *„letzte Meile", NGN, DSLAM, TDM* und *VoIP*. Recherchieren Sie die Verfügbarkeit von UMTS und DSL im ländlichen Raum. Welche Alternativen gibt es?

Ermitteln Sie die verschiedenen *Angebote zu Festverbindungen* und die damit verbundenen Kosten. Unterscheiden Sie dabei vor allem *Datendirektverbindung* und *Standardfestverbindung*. Recherchieren und überlegen Sie, welche Kosten bei einer Anbindung an *Breitband-ISDN* (ATM) entstehen und welche Nutzungsmöglichkeiten eines Breitband-Anschlusses es gibt. Ermitteln Sie die wesentlichen Unterschiede (Übertragungsrate, Kosten) zwischen ATM und Frame Relay.

Ermitteln Sie die *Bitfehlerwahrscheinlichkeiten* unterschiedlicher Netze. Recherchieren Sie ferner Größe und Aufbau eines *Pakets* (bei der Paketvermittlung) bzw. einer *Zelle* (bei Zellvermittlung). Welche Informationen enthält der *Header* (Kopf), wie ist er aufgebaut? Wozu dient der *Trailer* (Schwanz)? Wie hoch ist die Verzögerung bei der paketvermittelten Sprachkommunikation (VoIP) und wodurch entsteht sie vor allem? Welche Internet-Angebote gibt es von Kabelfernsehbetreibern und wie unterscheiden sie sich von DSL?

Aufgabe Hotline

Die IT Solutions GmbH bietet IT-Support-Leistungen für mittelgroße Firmenkunden an. Sie hat dazu ein Filialnetz mit Standorten in ganz Deutschland aufgebaut. Bisher können die Kunden das Unternehmen nur über die örtlichen Rufnummern der einzelnen Filialen erreichen. Es soll nun eine zentrale Hotline eingerichtet werden. Sie sind an der Entscheidungsvorbereitung dazu beteiligt und werden gebeten, folgende Sachverhalte zu klären.

a. Für die zentrale Service-Nummer stehen 0800-, 0180- oder 0900-Nummern zur Auswahl. Erläutern Sie, wer bei diesen Service-Nummern in welchem Umfang die Kosten trägt.

b. Alle Filialen der IT Solutions GmbH haben Telefonanschlüsse über ISDN. Erläutern Sie fünf Dienstemerkmale von ISDN.

c. Die IT Solutions GmbH überlegt, für die Kundenbetreuung ein Call Center einzurichten. Erläutern Sie in diesem Zusammenhang den Unterschied zwischen Inbound

und Outbound und dazu die Anwendungsmöglichkeiten von CTI (Computer Telefon Integration).

d. Sie erhalten den Auftrag, einen groben Ablaufplan für die Einrichtung des Call Centers zu entwerfen. Nennen Sie die wesentlichen Aspekte, die Sie bei der Planung dieser Anlage berücksichtigen müssen.

e. Nehmen Sie eine Make or Buy Analyse vor. Nennen Sie dazu je einen Vorteil und einen Nachteil des eigenen Call Centers und der Fremdvergabe.

Lösung:

a. Service-Nummern

Nr.	Bezeichnung	Erläuterung
0800	Freephone-Dienst	Anruf ist für Kunden kostenlos, IT Solutions GmbH trägt alle Kosten
0180	Service-Dienst (Shared Cost)	Kosten werden zwischen IT Solutions GmbH und Kunde geteilt
0900	Mehrwert-Dienst (Premium Rate)	Kunde zahlt für den Service über höhere Telefonkosten (früher 0190), IT Solutions GmbH erzielt Erträge

b. Dienstemerkmale von ISDN:

Rückruf bei besetzt: telefoniert ein angerufener Teilnehmer, kann man sich automatisch von dessen Apparat zurückrufen lassen.

Anklopfen: während eines Telefonats wird ein weiterer Anrufer durch Anklopfton bemerkbar gemacht.

Rückfrage/Makeln/Halten: Wechsel zwischen zwei Gesprächspartnern, z. B. bei Anklopfen.

Anrufumleitung: über zweiten B-Kanal wird Gespräch auf ein anderes Gerät (z. B. Handy) umgeleitet (zusätzliche Kosten).

Anrufweiterschaltung: Vermittlungsstelle schaltet Anruf auf anderes Gerät weiter (nur bei Komfort-Anschluss).

Dreier-Konferenz: Gespräch mit zwei Teilnehmern gleichzeitig. Aktivierung meist über hook flash (kurzes Drücken der Gabel) und Wahl der Nummer des dritten Teilnehmers.

Nummern-Sperre: Sperrung bestimmter Telefonnummern für abgehende Gespräche, z. B. für Premium Rate-Dienste (0900).

Kanalbündelung: Surfen im Internet mit doppelter Geschwindigkeit über beide B-Kanäle (128 KBit/s, doppelte Gebühren).

Gebührenanzeige: Übermittlung der Verbindungsentgelte (nur bei Komfort-Anschluss, nicht bei Call-by-Call)

u. a.

c. Inbound = eingehende Anrufe von Kunden, werden über ACD-Anlage (Automatic Call Distribution) auf Agenten-Plätze verteilt, Kundendaten können auf den Bildschirm geholt werden (mittels CLIP oder Kunden-Nummer).

Outbound = Agenten rufen Kunden an (Verkaufsförderung), automatischer Verbindungsaufbau, Wahlwiederholung, Abruf von Kundendaten, z. B. vergangene Aufträge.

d. Dimensionierung der Anlage (Anzahl Agenten-Plätze)

Anschaffung der ACD-Anlage und der Call Center Software

Anschaffung und Einrichtung der Terminal-PCs

Auswahl, Einstellung und Schulung der Call Center Agents

e. Eigenes Call Center:

Vorteil: bessere Qualifikation/Kontrolle der Agents

Nachteil: höhere Kosten (insb. Hardware, Raumkosten)

Fremdvergabe:

Vorteil: keine Einrichtungskosten, vorhandenes Know How

Nachteil: geringere Kontrolle und Steuerungsmöglichkeit

Bearbeitungshinweise

Die Frage zur Auswahl der geeigneten *Service-Nummer* ist eine kaufmännische Fragestellung, da für das Unternehmen u. U. *Kosten* kalkuliert und in einer Kosten-Nutzen-Analyse berücksichtigt werden müssen. Der Nutzen liegt in einer höheren *Kundenzufriedenheit* und damit höherem Umsatzvolumen, das aber schwierig zu schätzen ist.

Die *Dienstemerkmale* des Universalnetzes *ISDN* sind eine beliebte Aufgabenstellung, entweder als „*Nennen Sie!*"-Aufgabe, oder mit einer geringeren Anzahl als „*Erläutern Sie!*"-Aufgabe. Es reichen kurze Stichworte, die das Wesentliche charakterisieren. Sie müssen dazu wissen, dass ISDN über zwei B-Kanäle mit je 64 KBit/s Übertragungsgeschwindigkeit und einen D-Kanal als Steuerkanal verfügt, über den eine Reihe zusätzlicher Informationen übermittelt werden können. Es gibt den ISDN-Anschluss als *Standard- oder Komfort-Anschluss*, der Unterschied liegt darin, dass beim Komfort-Anschluss zusätzliche Leistungsmerkmale freigeschaltet sind und er deshalb teurer ist. Es ist in dem Sinne also kein technischer, sondern ein *Marketing-Unterschied*. Ferner gilt es, den *Mehrgeräte*-Anschluss und den *Anlagen-Anschluss* zu unterscheiden. Beim Mehrgeräte-Anschluss haben Sie i. d. R. drei Telefon-Nummern, wovon aber nur zwei gleichzeitig erreichbar sind. Für den Anlagen-Anschluss benötigen Sie eine *TK-Anlage*, auf der Sie ein Nummernspektrum von 000 bis 999 für die letzten drei Ziffern der Telefonnummer wählen können.

Ferner können Sie bei ISDN unterscheiden zwischen *Basis-Anschluss* (zwei B-Kanäle) und *Primärmultiplex-Anschluss* (30 B-Kanäle). Für ein kleines Unternehmen, das z. B. 14 Kanäle für gleichzeitige Gespräche benötigt, stellt sich kaufmännisch die Frage, ob sieben Basis-Anschlüsse oder ein Primärmultiplex-Anschluss kostengünstiger ist. In Prüfungsaufgaben zu diesem Thema bekommen Sie die *Anschlusskosten* für beide Anschlüsse gegeben, müssen also nur die Kosten des Basisanschlusses durch zwei teilen und mit der Anzahl gewünschter freier Kanäle multiplizieren, um die Vergleichsgröße zu den Kosten des Primärmultiplex-Anschlusses zu haben.

Die *Call Center* Aufgabe ist auch kaufmännisch orientiert, denn eine jederzeitige Erreichbarkeit des Unternehmens (*inbound*) verbessert die Kundenzufriedenheit. Außerdem kann ein Call Center für die Verkaufsförderung eingesetzt werden (*outbound*). Ein weiterer Aspekt dieser Aufgabe ist die „*Make or Buy*"-Frage, d. h. soll ein eigenes Call Center eingerichtet werden oder die Dienstleistung eines bestehenden Call Centers genutzt werden. Wie müssen die *ACD-Anlage* (Automatic Call Distribution) und die *Terminal-PCs* dimensioniert und konfiguriert werden, d. h. mit wie vielen Anrufen muss gerechnet werden? Über welche Qualifikation müssen Agents verfügen und wie sollen sie geschult werden? Wie ist die Besetzung der Plätze zeitlich zu planen, insbesondere bei einer 24-Stunden-Hotline? Es gibt mittlerweile aus Kapazitätsgründen rund um den Erdball, z. B. in USA und Japan, Call Center, die mittels Voice over IP eine kostengünstige optimale Auslastung der Call Center rund um die Uhr gewährleisten.

Recherche-Empfehlung

Recherchieren Sie die unterschiedlichen *Gebührenstrukturen* bei Freephone-, Service- und Mehrwert-Diensten. Ermitteln Sie durch Internet-Recherche das Leistungsspektrum des *ISDN-Anschlusses* und die dazu anfallenden Kosten bzw. Gebührenstrukturen. Recherchieren Sie ferner die nachfolgenden Fragen: Worin besteht der Unterschied zwischen einer *TAE*, einer *IAE* und einer *UAE*? Welche Bedeutung hat die „erste TAE" und worin liegt der Unterschied zwischen dem S_0-Bus und dem UK_0-Bus? Wie erfolgt die Vergabe der *MSN-Nummern* beim Mehrgeräte-Anschluss und wie lässt sich eine *TK-Anlage* konfigurieren; welche Geräte lassen sich daran anschließen und was ist alles technisch dabei zu beachten? Beachten Sie, dass in Prüfungsaufgaben nur grundsätzliche und keine produktspezifischen Kenntnisse dazu gefragt werden. Anhand eines konkreten Produkts wie z. B. der *Eumex*-Anlage, können Sie sich die Grundzusammenhänge jedoch gut klarmachen. Welchen Einfluss hat die zunehmende Verbreitung von DSL-Anschlüssen und IP-Telefonie sowie die immer höheren Datenübertragungsraten im Mobilfunk auf den Marktanteil von ISDN-Anschlüssen? Was ist das Besondere am BlackBerry?

Informieren Sie sich im Internet über *Angebote von Call Centern*, insbesondere welche Dienstleistungen angeboten werden, und recherchieren Sie die technischen Merkmale und Leistungskriterien von *ACD-Anlagen*.

Aufgabe Funknetze

Die Ewald GmbH ist ein mittelständisches Unternehmen mit Sitz in Bergmannsthal, das im Kundenauftrag PCs zusammenbaut und nach Kundenwunsch konfiguriert. Sie spricht dabei in erster Linie Privatkunden an. Das Unternehmen hat 20 interne Mitarbeiter und weitere 10 Außendienstmitarbeiter, die die Beratung und Auftragserfassung beim Kunden vor Ort vornehmen.

Herr Ewald überlegt, die Außendienstmitarbeiter des Unternehmens mit Mobilstationen (Handys) auszurüsten und bittet Sie deshalb um eine diesbezügliche Beratung.

a. Erläutern Sie Herrn Ewald jeweils eine Besonderheit von Mobiltelefonnetzen gegenüber Festnetzen und Funkrufnetzen.

b. Neben Funkfeststationen (FuFSt) und Funkvermittlungsstationen (FuVermSt) gehören zu einem Mobiltelefonnetz die Heimatdatei, die Aufenthaltsdatei und der Organisationskanal.

   ba) Nennen Sie drei der in der Heimatdatei (Home Location Register/HLR) gespeicherten Fixdaten.

   bb) Erläutern Sie die Funktion der Aufenthaltsdatei (Visitor Location Register/ VLR).

   bc) Erläutern Sie die Funktion des Organisationskanals.

c. Herr Ewald fragt Sie nach UMTS. Er sieht den Vorteil von UMTS darin, dass schneller Daten übertragen werden können, hat aber in der Presse die Diskussion um die schleppend voranschreitende Anbindung insbesondere ländlicher Gebiete gelesen, so dass die angekündigten hohen Datenübertragungsraten auf absehbare Zeit nur in städtischen Ballungsgebieten nutzbar sein werden. Außerdem wird in der Presse diskutiert, dass nur drei der geplanten Zellgrößen umsetzbar sind, weil sich UMTS als Weltstandard aufgrund der in USA und Japan herrschenden Standards nicht durchsetzen können wird. In diesem Zusammenhang hat Herr Ewald auch von dem GPRS-Standard gehört, der wie UMTS auf dem GSM aufsetzt.

   ca) Erläutern Sie kurz, wofür GSM steht.

   cb) Nennen Sie die drei Zelltypen von UMTS und geben Sie ihre Reichweite an.

   cc) Was ist LTE?

Lösung:

a. Vorteil ggü. Festnetz: die Mobilität der Teilnehmer
   Vorteil ggü. Funkrufnetzen: bidirektionale Kommunikation

b. Funknetz-Elemente
   ba) Heimatdatei: eingerichtete Dienste, Aufenthaltsadresse, internationale Rufnummer, internationale Funkerkennung, Authentifikationsschlüssel, alle Gesprächsdaten
   ba) Die Aufenthaltsdatei speichert alle Daten der im Bereich der FuVermSt eingebuchten Mobilteilnehmer, sie enthält alle Grunddaten, ermöglicht Aufenthaltsbereichserkennung, temporäre Funkerkennung. Sie entlastet die Heimatdatei und reduziert den Datenaustausch.
   bc) Der Organisationskanal dient der Verwaltung und Führung der Mobilteilnehmer im Stand-by-Betrieb.

c. GSM und UMTS

ca) Global System for Mobile Communication. Europaweit eingeführtes Mobil-
funksystem, Dienste im GSM orientieren sich an den Diensten im ISDN, neben
Sprachdiensten werden auch Datendienste angeboten. Versorgungsgebiet ist in
Funkbereiche aufgeteilt (Funkzelle max. 35 km Durchmesser).

cb) Picozelle: kleinste Zelle mit einem Radius von unter 100 m, die für die Versorgung im Gebäude und Grundstücksbereich sorgt.

Mikrozelle: die nächst größere Zelle kann Stadtbereiche versorgen und hat eine
Ausdehnung von bis zu mehreren Kilometern.

Makrozelle: für Vororte und ländliche Bereiche, die einen Versorgungsbereich
von 20 km und mehr abdeckt.

cc) LTE steht für Long-Term-Evolution, den neuen Mobilfunkstandard, der voraussichtlich UMTS ablösen wird.

Bearbeitungshinweise

Die Vorteile gegenüber Festnetzen und Funkrufnetzen sind so einfach, dass es schwierig ist, darauf zu kommen. Oft genug haben Prüfungsaufgaben diesen Charakter, dass
wenn man die Lösung sieht, überrascht ist, dass man darauf nicht gekommen ist. Das
ist das Schwierige an den „einfachen" Aufgaben! Die Kennzeichnung der technischen
Organisation von Funknetzen ist hingegen eine Wissensfrage. Hinzu kommt die etwas
gewöhnungsbedürftige Begrifflichkeit: Das Handy ist eine *Mobilstation*, die Sende- und
Empfangsanlage (oft auf Kirchtürmen zu finden) ist eine *Funkfeststation*, die an die *Funk-
vermittlungsstation* (einen Netzknoten) angeschlossen ist.

Die *GSM- und UMTS-Aufgabe* ist ein Beispiel dafür, dass Sie in manchen Aufgaben
zunächst sehr viel Text lesen müssen, dessen Inhalt Sie zur Beantwortung der Frage aber
überhaupt nicht brauchen. Lassen Sie sich durch solche Aufgaben nicht verwirren. Zu
den verschiedenen Zellen von *UMTS* finden sich in der Literatur recht widersprüchliche
Angaben. Die Entscheidung, die Zellgrößen unterschiedlich zu gestalten, hat einen wirtschaftlichen Hintergrund, denn Ballungsgebiete lassen sich so mit einer höheren Leistung
bedienen, und in ländlichen Bereichen ist damit die Übertragungsrate geringer, aber die
flächendeckende Versorgung kostengünstiger. Für eine noch größere Flächenabdeckung
sollten die *Hyper-Zelle* (Radius bis zu einigen hundert Kilometern) und die *Umbrella-Zel-
le* eingerichtet werden, beide werden häufig auch als *Welt-Zelle* zusammengefasst. Angesichts der anderen Mobilfunkstandards in USA und in Japan ist dies jedoch eher Wunsch-
denken als zukünftige Wirklichkeit.

Recherche-Empfehlung

Informieren Sie sich über die verschiedenen Arten von *Funkrufnetzen* und überlegen
Sie sich ihre Bedeutung für die betriebliche Praxis. Recherchieren Sie ferner die Fre-
quenzbänder des *GSM-Standards* und informieren Sie sich darüber, wie im Funknetz
die *Abhörsicherheit* hergestellt werden kann (Verschlüsselung, Frequency Hopping).

Überlegen Sie sich, welche betriebswirtschaftlichen Vorteile die Nutzung von *UMTS* z. B. für Außendienstmitarbeiter bringen könnte und ermitteln Sie aktuelle Leistungs- merkmale von UMTS-Handys, insbesondere auch die verfügbaren Datenübertragungs- raten und die derzeitige Netzverfügbarkeit. Recherchieren Sie den Begriff „*Roaming*".
[http://www.heise.de/thema/GSM]
[www.heise.de/thema/LTE]

Netz-Zugang – juristisch und kaufmännisch
Juristische Basis für den Netzzugang ist der Vertrag mit einem *Carrier* (Netzbetreiber). Angesichts der vielfältigen Ausgestaltungsmöglichkeiten von Netzzugangsverträgen können in der Prüfung dazu nur allgemeine Aspekte gefragt werden. Wesentlich ist, dass der Carrier sich zur Bereitstellung des Netzzugangs verpflichtet, und er unterliegt dabei zahlreichen juristischen Regelungen zum *Verbraucherschutz* und zur Sicherung des *Wett- bewerbs*, insbesondere dem *Telekommunikationsgesetz* (TKG). Die früher geltende *Tele- kommunikations-Kundenschutzverordnung* (TKV) wurde vom Gesetzgeber Anfang 2007 in das TKG integriert. Interessant sind vor allem *Teil 3* „Kundenschutz", *Teil 6* „Univer- saldienst" und *Teil 7* „Fernmeldegeheimnis, Datenschutz, Öffentliche Sicherheit". [BWL für IT-Berufe 2.3.7]
Der *Vertragsinhalt* bestimmt den Leistungsumfang, der dem Nutzer des Netzes auf Basis der technischen Möglichkeiten zur Verfügung gestellt wird. Beim *Telefonnetz* unter- scheiden Sie zwischen dem analogen und dem digitalen Anschluss sowie den Möglichkei- ten *Call-by-Call* und *Preselection*. Um das Internet und seine Dienste nutzen zu können, bedarf es eines Vertrags mit einem *Internet Service Provider* (ISP), wobei hier auch *Inter- net by Call* möglich ist. Das Spektrum der Vertragsgestaltungsmöglichkeiten reicht vom einfachsten Fall der *dynamische IP-Adressen-Zuweisung*, über die Zurverfügungstellung von *Webspace* für die eigene Homepage, die *statische IP-Adresse*, bis hin zu komplettem *Server-Hosting* und *Webmastering*. Ein weiteres Vertrags-Kriterium ist die *Geschwindig- keit* des Netzzugangs und die *Tarifgestaltung*. Bei DSL-Anschluss können Sie zwischen Flat Rate, Volumentarif oder Zeittarif (z. B. im Internet-Café) wählen sowie zwischen ver- schiedenen Geschwindigkeiten für Upload und Download. So manche Flatrate entpuppt sich bei genauerem Hinsehen als Volumen-Tarif: Ist ein bestimmtes Übertragungsvolu- men überschritten, wird die Geschwindigkeit gedrosselt.
Bei *E-Mail* spielen die Anzahl E-Mail-Adressen und das Protokoll (POP oder IMAP) sowie Spamfilter eine Rolle. Die Ausgestaltungsmöglichkeiten von Netzzugangsverträgen sind so vielgestaltig, dass in der Prüfung hier nur das Grundverständnis von Begriffen ge- fragt werden kann.

Netz-Zugang – technisch
Das Thema *technische Einrichtungen* für den Zugang zu öffentlichen Netzen lässt sich auch in *Lernfeld 4* „Einfache IT-Systeme" oder *Lernfeld 7* „Vernetzte IT-Systeme" ein- ordnen. Erwartet wird von Ihnen für die Prüfung die Kenntnis der grundlegenden techni-

schen Merkmale von *TK-Anlagen*, *Modems*, *DSL-Modems*, *Splitter*, *Router* u. ä., sowie die praktische Vorgehensweise bei der *Konfiguration* der Hardware und Software für den Netzzugang, bei den beiden technischen Berufen (Fachinformatiker und IT-Systemelektroniker) tiefergehender als bei den beiden kaufmännischen Berufen (IT-Systemkaufmann und IT-Kaufmann).

Recherche-Empfehlung

Schauen Sie sich das *TKG* und auch das neue Telemediengesetz (TMG) an. Werfen Sie auch noch einmal einen Blick in das *Bundesdatenschutzgesetz* (BDSG). Gesetze sind grundsätzlich so aufgebaut, dass im vorderen, allgemeinen Teil viele zum Teil etwas befremdende Begriffsdefinitionen genannt sind, die aber i. d. R. in der Prüfung nicht abgefragt werden. In den einzelnen Regelungen werden diese Begriffe dann verwendet, und gelegentlich ist es zum Verständnis hilfreich, die Begriffsdefinition vorne nachzuschlagen.

Recherchieren Sie die verschiedenen Vertragsgestaltungsmöglichkeiten von *DSL* und die damit verbundenen Kosten. Überlegen Sie sich, bei welchen betrieblichen Nutzungen eher ein symmetrisches oder ein asymmetrisches DSL erforderlich ist, welche Hardware-Einrichtung zur Nutzung von DSL notwendig ist, wie der DSL-Anschluss konfiguriert wird und welche genaue Funktion der *Splitter* hat. Ermitteln Sie den Unterschied zwischen *POP* und *IMAP sowie zwischen ADSL und VDSL* und finden Sie heraus, wie „*Least Cost Routing*" funktioniert.

Ermitteln Sie die Ausgestaltungsmöglichkeiten von *Hosting-Verträgen* sowie den Unterschied zwischen statischer und dynamischer *IP-Adresszuweisung*. Schauen Sie sich die wesentlichen Leistungsmerkmale der verschiedenen technischen Netzzugangsmöglichkeiten an und recherchieren Sie den Unterschied zwischen *statischem und dynamischem Routing*. Gehen Sie dazu auch noch einmal in das *Lernfeld 7* „Vernetzte IT-Systeme", um die Hardware-Komponenten für Netze zu recherchieren.

Recherchieren Sie die Vor- und Nachteile von Internet per TV-Kabel sowie von FTTN und FTTB. Welche Tuning-Maßnahmen können Sie an Ihrem PC oder im Firmen-Netzwerk vornehmen, um die höheren Datenübertragungsraten effizient zu nutzen?

[www.heise.de/artikel-archiv/ct/2010/25/96_kiosk]

9.4 Vertiefung

9.4.1 Vertiefung IT-Systemelektroniker und Fachinformatiker

Die folgende Abbildung zeigt den für IT-Systemelektroniker und Fachinformatiker identischen Rahmenlehrplan (Tab. 9.2).

[www.bueffelcoach.de/IHK-IT-Berufe/LF09_Synopse.PDF]

Tab. 9.2 Übersicht Rahmenlehrplan IT-Systemelektroniker und Fachinformatiker

Beurteilung von aktuellen Informationsdiensten		
Gegenüberstellung wesentlicher Leistungs- und Sicherheitsmerkmale	Wirtschaftlichkeits- betrachtung	
Architektur verschiedener Kommunikationsnetze und deren Dienstmerkmale		
Netze zur Sprach-, Text-, Daten- und Bildkommunikation	Netzstruktur und Netzknoten: Festnetze, Funknetze	
Netzübergänge	Universalnetz, Dienstmerkmale	
Zugang zu Informations- und Kommunikationsdiensten		
Technische Voraussetzung für die Nutzung	Anbindung eines einfachen IT- Systems	
Netzzugangs- protokolle	System- schnittstellen	Datenschutz und Datensicherheit

Der Unterschied zu dem oben dargestellten allgemeinen Rahmenlehrplan liegt darin, dass die *technischen Aspekte* von öffentlichen Netzen weiter aufgegliedert sind, insbesondere die Unterscheidung zwischen *Festnetzen* und *Funknetzen* sowie die *Netzzugangs-protokolle* und *Schnittstellen*. Zudem wird das Thema *„Anbindung eines einfachen IT-Systems"* gesondert aufgeführt, in Kombination mit Datenschutz und Datensicherheit, also insbesondere die Anbindung des Rechnernetzes an das Internet.

9.4.2 Vertiefung IT-Systemkaufleute und IT-Kaufleute

Die folgende Abbildung zeigt den für IT-Systemkaufleute und IT-Kaufleute identischen Rahmenlehrplan (Tab. 9.3).
[www.bueffelcoach.de/IHK-IT-Berufe/LF09_Synopse.PDF]

Tab. 9.3 Übersicht Rahmenlehrplan IT- Systemkaufleute und IT- Kaufleute

Beurteilung von aktuellen Informationsdiensten		
Marktrelevante Dienste und deren Nutzung aus betrieblicher Sicht	Gegenüberstellung wesentlicher Leistungs- und Sicherheitsmerkmale	Wirtschaftlichkeits- betrachtung
Kommunikationsnetze und deren Dienste		
Netze zur Sprach-, Text-, Daten- und Bildkommunikation	Netzzugang und -übergänge	
Universalnetz, Dienstmerkmale	Technische Voraussetzung für die Nutzung von Informations- und Kommunikationsdiensten	

Der einzige Unterschied zu dem oben dargestellten allgemeinen Rahmenlehrplan liegt darin, dass zu dem Thema „Beurteilung von aktuellen Informationsdiensten" eine weitere Position „*Marktrelevante Dienste und deren Nutzung aus betrieblicher Sicht*" eingefügt ist. Damit soll die kaufmännische Sichtweise betont werden.

Betreuen von IT-Systemen 10

Zusammenfassung

Das Wichtigste: PCs und Netze warten, Fehler beheben, Schulungen vorbereiten, Service-Verträge gestalten

Dieses Lernfeld baut direkt auf *Lernfeld 4* „Einfache IT-Systeme" und *Lernfeld 7* „Vernetzte IT-Systeme" auf. Es geht hier um das *Warten und Betreuen* von IT-Systemen. Dabei sind die Themen *Datensicherheit* und *Fehlerbehebung* die bedeutendsten. Aber auch die Konzeptionierung und Durchführungen von *Einweisungen* und *Schulungen* an IT-Systemen, also sowohl an Hardware als auch an Software, und die Inhalte sowie die Kalkulation von *Serviceverträgen* gehören in dieses Lernfeld.

Die Erstellung von *Dokumentationen* und das Thema *Datenschutz* tauchen in beinahe jedem Lernfeld auf, also auch hier. Insgesamt ist die *Abgrenzung* dieses Lernfelds gegenüber *Lernfeld 4 und Lernfeld 7* schwierig, da die dort erworbenen Kenntnisse, z. B. wie man einen Drucker einrichtet, auch hier bei der Fehlersuche vorhanden sein müssen.

Die Inhalte dieses Lernfelds sind für alle vier Berufsbilder im Wesentlichen gleich, auch wenn in den Rahmenlehrplänen teilweise unterschiedliche Formulierungen verwendet werden. Einzig für *Fachinformatiker* der Fachrichtung *Systemintegration* sind etwas tiefergehende Kenntnisse zu *Administration* und *Experten- und Diagnosesystemen* gefordert, was aus dem Rahmenlehrplan jedoch nicht hervorgeht.

10.1 Prüfungsrelevanz des Lernfelds

Prüfungsaufgaben zu Lernfeld 10 „Betreuen von IT-Systemen" kommen eher selten vor, in der Kernqualifikation (Ganzheitliche II) auf recht einfachem Niveau, in den eher technisch geprägten Berufen, insbesondere bei *Fachinformatikern* Fachrichtung *Systemintegration*, in der Fachqualifikation (Ganzheitliche I) etwas komplexeren Inhalts.

© Springer Fachmedien Wiesbaden 2014
M. Wünsche, *Prüfungsvorbereitung für IT-Berufe,*
DOI 10.1007/978-3-658-04414-5_10

Angesichts der Vielzahl und Besonderheit möglicher *Störfälle* ist es jedoch schwierig, hierzu Prüfungsfragen zu formulieren, die so allgemein sind, dass die Kenntnis der Antwort erwartet werden kann. Deshalb beziehen sich die meisten Fragen auf das Thema *Datensicherheit*, insbesondere Datensicherungsmaßnahmen und *Schutz vor Beeinträchtigungen* durch Viren, etc. In Bezug auf die *Störungsanalyse* wird vor allem Ihre grundlegende Vorgehensweise abgefragt. Das sind meist Aufgaben, die mit gesundem Menschenverstand und etwas Praxiserfahrung gut gelöst werden können. Das Thema *Schulung*, so wichtig es als Ausbildungsinhalt ist, eignet sich wenig zur Formulierung von Prüfungsaufgaben.

Kombinationen mit anderen Lernfeldern betreffen hauptsächlich *Lernfeld 4* „Einfache IT-Systeme" und *Lernfeld 7* „Vernetzte IT-Systeme", sowie auch *Lernfeld 11* „Rechnungswesen und Controlling", insbesondere die *Kalkulation von Serviceleistungen*.

10.2   Übersicht Lernfeldinhalte

Die folgende Abbildung zeigt die im Rahmenlehrplan festgelegten Inhalte des Lernfelds. Sie sind für alle vier Berufsbilder weitgehend identisch. In der Vertiefung (siehe Abschn. 10.4) sind die Unterschiede erläutert, die aber im Wesentlichen nur in der Formulierung der relevanten Themen bestehen (Tab. 10.1).

[www.bueffelcoach.de/IHK-IT-Berufe/LF10_Synopse.PDF]

Sie können in dem vorstehenden Rahmenlehrplan eine Dreiteilung erkennen. *Systembetreuung* behandelt die technischen Aspekte, *Dokumentation und Kundenbetreuung* den Bezug zum Kunden, d. h. die kaufmännischen oder gar Marketing-Aspekte, und *Serviceleistungen* die juristische und die kalkulatorische Seite, in dem Sinne also auch kaufmännische Aspekte. Prüfungsaufgaben zu diesem Lernfeld richten sich in erster Linie auf die für die Praxis besonders wichtigen technischen Aspekte.

Tab. 10.1 Übersicht Rahmenlehrplan zu Lernfeld 10

Systembetreuung (Warten und Instandhalten)		
Hard- und Software-komponenten	Datenträger, Datenformate, Datenaustausch	Störungs-analyse und -beseitigung
Datenschutz, Datensicherung, Datenarchivierung	Virenschutz und Virenbeseitigung	
Dokumentation und Kundenbetreuung		
Dokumentation von Produktinformationen, Konfiguration und Abläufen	Visualisierung, Präsentation	Einweisung, Schulung
Serviceleistungen		
Servicekonzepte und -verträge	Kalkulation und Abrechnung	

10.3 Begriffe und Musteraufgaben

10.3.1 Systembetreuung

Das Thema *Hard- und Softwarekomponenten* wurde bereits in *Lernfeld 4* „Einfache IT-Systeme" und *Lernfeld 7* „Vernetzte IT-Systeme" behandelt. Gleiches gilt für die *Datenträger*. Mit *Datenformate* sind die verschiedenen Datei-Endungen gemeint. Unterscheiden Sie *Textdateien* (txt, rtf, doc, odt, etc.), *Grafikdateien* (bmp, gif, jpg, tif, etc.), *Musik- und Videodateien* (wmf, mp3, mid, wav, avi, etc.) und schauen Sie sich im Windows Explorer bei den Ordneroptionen die weiteren *Dateitypen* an. Prüfungsaufgaben dazu fragen allenfalls nach den Unterschieden, z. B. zwischen Vektorgrafik und Bitmap-Grafik. Prüfungsaufgaben zum Thema *Datenaustausch*, z. B. in einem LAN, sind schwierig zu formulieren.

Fehleranalyse
Sofern Sie es nicht bereits machen, gewöhnen Sie sich an, bei jedem IT-Problem, mit dem Sie konfrontiert sind, wenigstens eine kleine Notiz mit Ihren wesentlichen Überlegungen und unternommenen Schritten anzufertigen, und geben Sie ihr einen Titel, der aussagefähig genug ist, dass Sie später wieder wissen, um welches Problem es ging. Diese „*Dokumentation*" verhilft Ihnen zu einer systematischeren und damit effizienteren Störungsbeseitigung. Und Sie können hier auch wieder das *Phasenkonzept* aus *Lernfeld 6* anwenden: *Ist-Analyse, Soll-Konzeption, Planung* der Maßnahmen zur Fehlerbehebung, *Durchführung* und *Erfolgskontrolle*. Aufgaben zur Störungsanalyse und -beseitigung sind praxisbezogen, können aber angesichts der Vielzahl möglicher Störungen in der Praxis nur allgemein bekannte Problemzusammenhänge und grundsätzliche Vorgehensweisen fragen.

Aufgabe Fehleranalyse

Im Rahmen Ihrer Tätigkeit in der IT-Support-Abteilung eines größeren mittelständischen Unternehmens sind Sie mit verschiedenen Störfällen und IT-Problemen beschäftigt.

a. Sie erhalten den Auftrag, der von einem Anwender übermittelten Fehlermeldung „Festplatte beim Booten nicht ansprechbar" nachzugehen. Beschreiben Sie stichwortartig Ihre Vorgehensweise bei der Fehleranalyse und -behebung.

b. Nennen Sie drei mögliche Ursachen, weshalb beim Booten ein auf einer Festplattenpartition frisch installiertes Betriebssystem nicht gestartet werden kann.

c. Sie vermuten auf einem Rechner einen Virenbefall. Beschreiben Sie Ihre Vorgehensweise bei der Überprüfung und Behebung des Problems.

d. Aufgrund von Hardware-Problemen bei einem älteren Motherboard entschließen Sie sich, ein Firmware-Update durchzuführen. Beschreiben Sie Ihre Vorgehensweise.

Lösung:
a. Festplatte beim Booten nicht ansprechbar
   mit CD/DVD oder USB-Stick booten
   Diagnosesoftware starten, z. B. Chkdsk oder Scandisk, Knoppix
   korrekten Sitz aller Kabel überprüfen
   Kabel defekt? Kabel austauschen
   Controller defekt? Festplatte austauschen
   Festplatte defekt? Festplatte in anderen Rechner einbauen
b. Betriebssystem wurde nicht auf primärer Partition installiert.
   Bei Partitionierung wurde die primäre Partition nicht aktiviert.
   Die Festplatte mit dem Betriebssystem ist nicht als Master, sondern als Slave an-
   gemeldet.
   Das Betriebssystem wurde nicht korrekt installiert.
c. Rechner ausschalten und vom LAN trennen. Mit CD/DVD oder USB-Stick booten
   und Festplatte mit aktuellem Virenscanner prüfen und evtl. gefundene Viren beseitigen. Dafür Sorge tragen, dass in Zukunft Anti-Viren-Software stets aktuell ist, z. B.
   durch Anwenderschulung.
d. Firmware-Update: Daten sichern, Mainboardversion ermitteln, neue BIOS-Version
   sowie Flash-Tool aus dem Internet laden und auf einen USB-Stick packen, BIOS-
   Update „erlauben" (Jumpern oder FLASH WRITE PROTECT im BIOS deaktivie-
   ren, über USB-Stick booten, alte BIOS-Version sichern, neue BIOS-Version flashen,
   beim Booten Startmeldungen prüfen.

Bearbeitungshinweise
Hier haben wir eine praxisbezogene Aufgabe, die *verschiedene mögliche Störfälle* beschreibt und Ihre *Vorgehensweise* dazu abfragt. Ihre Antworten können in der knapp be-
messenen Zeit der Prüfungssituation nur stichwortartig und oberflächlich ausfallen. Alternativ könnte statt einer Aufzählung auch eine grafische Darstellung Ihrer Vorgehensweise
verlangt werden, z. B. mittels Programmablaufplan.

Zu *Aufgabenteil a)* könnte auch die Ausstattung eines bootfähigen USB-Sticks gefragt
werden – Sie können natürlich z. B. auch eine Knoppix-CD oder ein von DVD lauffähiges Linux verwenden. Aber über ein wenig *DOS-Kenntnisse* sollten Sie schon verfügen,
um einen Diagnose-Datenträger zusammenstellen, sich im Komandozeileneditor bewegen
(DIR, CD, etc.) und die einfachen und kleinen *Diagnose-Tools* von der Shell aus starten
zu können, sofern Sie nicht sowieso mit Linux arbeiten. Dass Sie im BIOS die Bootrei-
henfolge entsprechend anpassen müssen, könnte auch Inhalt einer Prüfungsfrage sein, und
diesen Aspekt hätte man auch noch in der Antwort mit angeben können. Beachten Sie,
dass Sie alle möglichen *Fehlerquellen* nennen, darauf gibt es die Punkte. Wie macht man
einen USB-Stick bootfähig?

Prüfungsaufgaben zur Installation mehrerer Betriebssysteme auf einer Festplatte sind
eher nicht zu erwarten, aber die Bedeutung des *Master Boot Record* (MBR) und die Funk-

tionsweise eines *Bootloaders* sollten Ihnen schon bekannt sein. Auch das Thema Virtuali-
sierung gewinnt mehr und mehr an Aktualität.

Das Thema *Viren* ist eine beliebte Prüfungsfrage, die sich auch auf die Arten von Viren
beziehen kann oder auch auf die Konfiguration einer *Firewall* und die Funktionsweise von
Anti-Viren-Software. Beachten Sie, dass die *Anwender-Schulung* im Umgang mit dem PC
hier ein wichtiges Thema ist, andere *Schutzmaßnahmen* sind Installationssperren für mit-
gebrachte Software oder gar Sperrung/Ausbau des DVD-Laufwerks, und auch Wächterkarten zum Schutz der Betriebssystempartition.

Die *BIOS-Flash-Frage* ist sicherlich eine schwierigere, alternativ könnte hier auch die
Speicherart des *CMOS-Chips* gefragt werden. Eine Aufgabe zur Bedeutung der *BIOS-
Beep-Codes* ist jedoch nicht denkbar, weil diese auch je nach BIOS-Hersteller unter-
schiedlich sind. Auf eine Frage nach dem Vorteil aktueller *Treiber-Updates* für Hardware-
Komponenten ist die Standard-Antwort: bessere Performance der Komponente.

Das Ziel von Prüfungsaufgaben zu Störungsanalyse ist festzustellen, ob Sie die *systematische Vorgehensweise* beherrschen, d. h. zunächst Analyse und Dokumentation des
Problems, dann Recherche und Auswahl möglicher Lösungen, Dokumentation der Ergebnisse. Versuchen Sie, an solche Aufgaben mit System und mit gesundem Menschenverstand heranzugehen. Viel praktische Erfahrung im Trouble Shooting allein reicht nicht.
Sie sollten auch in der Lage sein, Ihre systematische Vorgehensweise in einfachen Worten
zu beschreiben.

Recherche-Empfehlungen

Recherchieren Sie weitere *Diagnose-Tools* zur Festplatten-Analyse und für andere An-
wendungszwecke. Welche *Analyse-Tools* zur Ist-Analyse der Rechner-Konfiguration
kennen Sie und über welche Funktionalitäten verfügen diese? Wie sieht es mit Ihren
Kenntnissen über *Benchmark-Software* aus? Schauen Sie sich grundlegende *DOS-Be-
fehle* und den Aufbau eines Bootmediums an. Informieren Sie sich über die wesentliche
Funktionsweise der *Windows Recovery Konsole* und die Funktion von *Wiederherstel-
lungszeitpunkten*. Recherchieren Sie auch die Funktionalität von *Imaging-Tools* und
überlegen Sie sich, welchen Sinn Ihr Einsatz unter betriebswirtschaftlichen Gesichtspunkten macht.

Recherchieren Sie die einzelnen Schritte bei der *Installation eines Betriebssystems*
und informieren Sie sich darüber, was im Einzelnen genau beim Einschalten eines
Rechners geschieht und welche Funktionen der *MBR* dabei erfüllt. Recherchieren Sie
die verschiedenen *Dateisysteme* FAT, FAT32, NTFS und ihre Unterschiede. Welche
Linux-Dateisysteme kennen Sie? Welchen Sinn und Zweck hat es, Festplatten zu par-
titionieren und welche Tools dazu kennen Sie? Welche Funktion hat der Kommando-
zeilenbefehl *msconfig* und was ist eine *Registry*? Wozu dienen *Batch*-Dateien? Wann
brauchen Sie Remote-Tools und welche kennen Sie?

Welche Betriebssysteme kommen in Ihrem Ausbildungsbetrieb zum Einsatz und
warum? Wie aktuell sind sie?

Recherchieren Sie die verschiedenen *Viren-Arten* und schauen Sie sich den Funktionsumfang diverser *Anti-Viren-Software* und von *Wächterkarten* an. Was verstehen Sie unter *Spyware, Worms* und *Hoaxes*? Welche Funktion hat ein *Dialblocker*? Was sind *Rootkits* und wie geht man dagegen vor? Welche Vorteile hat ein früher gezogenes *Image* der Betriebssystempartition *bei Virenbefall*? Was verstehen Sie unter *Phishing*?

Versuchen Sie, die *Motherboardversion* Ihres Rechners zu ermitteln und recherchieren Sie im Internet nach *BIOS-Updates*. Schauen Sie sich ferner die *Treiberversionen* der aktuell installierten Hardware-Komponenten an und recherchieren Sie hier ebenfalls im Internet nach Update-Möglichkeiten.

[www.heise.de/artikel-archiv/ct/2011/19/134_kiosk]

Recherchieren Sie schließlich in Ihrem IT-Handbuch, welche Informationen zur *Störungsanalyse und -beseitigung* Sie ihm in der Prüfungssituation bei Bedarf entnehmen können.

Datensicherheit

Datenschutz regelt die Vorschriften und Maßnahmen zur Sicherstellung der Recht- und Ordnungsmäßigkeit im Umgang mit personenbezogenen Daten. Dabei stehen die Speicherung, Veränderung, Übertragung und Weitergabe von personenbezogenen Daten im Vordergrund. Die Privatsphäre von Personen soll vor *Datenmissbrauch* bewahrt werden. Missbrauch personenbezogener Daten ist unter Strafe gestellt. Informationsverarbeitende Systeme müssen z. B. durch *Zugangskontrollen* und *Passwörter* geschützt werden. Jeder Mitarbeiter, der in einer Unternehmung mit personenbezogenen Daten arbeitet, darf dies nur nach einer entsprechenden *Verpflichtung* tun.

Unter *Datensicherung* versteht man die Summe aller Maßnahmen, Methoden und technischen Einrichtungen, die zum Schutz von Daten entwickelt, vorgenommen und installiert werden. Daten sollen vor *Verlust, Beschädigung oder Verfälschung* geschützt werden.

Aufgabe Datensicherheit

Im Rahmen Ihrer Tätigkeit erhalten Sie den Auftrag, für Ihr Unternehmen ein Datensicherheitskonzept zu konzeptionieren.

a. Entwickeln Sie stichwortartig Vorschläge, die Ausfallsicherheit des zentralen Servers Ihres Unternehmens zu gewährleisten.

b. Erläutern Sie stichwortartig das Großvater-Vater-Sohn-Prinzip der Datensicherung.

c. Nennen Sie drei Regeln für die Bildung eines Passworts.

Lösung:

a. zweiten Sicherungsserver oder RAID-System einrichten
   − Unterbrechungsfreie Stromversorgung (USV)
   − Server-Hosting bei einem Rechenzentrum oder in der Cloud

b. Datensicherungsprinzip z. B. bei der allabendlichen Sicherung auf Bandlaufwerken: drei Bänder, am ersten Abend das erste Band, am zweiten Abend das zweite, am dritten Abend das dritte, am vierten Abend wieder das erste, etc. Schlägt Sicherung fehl, kann auf zwei Bänder zurückgegriffen werden.

c. Mindestlänge des Passworts: zwölf Zeichen, besser mehr
Passwort nicht in einem Wörterbuch
kein erkennbarer Zusammenhang mit der Person
Kombination aus Buchstaben, Zahlen und evtl. Sonderzeichen
Kombination von Groß- und Kleinschreibung
u. a.

Bearbeitungshinweise

Zunächst einmal lassen Sie sich nicht von der „Konzeptionierung eines Datensicherungskonzepts" verschrecken, diese Formulierung ist nur dazu da, einen Zusammenhang zwischen den einzelnen Fragen herzustellen, die nun alle etwas mit Datensicherheit zu tun haben.

Es können auch die verschiedenen *RAID Level* und ihre Funktionsweise gefragt werden. Wichtig bei der *USV* ist zum einen der Ausgleich von Spannungsspitzen, zum anderen das ordnungsgemäße Herunterfahren aller Rechner bei Stromausfall. Bei *hochverfügbaren Rechnern* muss eine Ersatzstromversorgung vorhanden sein. Diese Aufgabe kann auch kombiniert werden mit *Kostenrechnung*, insbesondere mit Angabe der Kosten des Server-Hosting, d. h. der Auslagerung. Beachten Sie dabei, dass bei Auslagerung auch *Administrator-Mannstunden* eingespart werden können.

Es können weitere Fragen zur Datensicherung gestellt werden, wie z. B. *Backup-Strategien* (siehe *Lernfeld 4*) oder Funktionsweise und technische Parameter von *Streamern* oder *Bandlaufwerken*. Sinnvoll sind ein RAID-System für die *Ad hoc-Sicherung* (sofort) und Bandlaufwerke für die allabendliche Sicherung.

Recherche-Empfehlung

Recherchieren Sie alle in der vorstehenden Aufgabenstellung genannten Begriffe, auch in Ihrem IT-Handbuch. Informieren Sie sich insbesondere über die Funktionsweise eines *RAID-Systems* und ermitteln Sie technische Parameter von *Bandlaufwerken* und *Streamern*. Recherchieren Sie im Internet nach Kosten für das *Server-Hosting* und Versionen sowie technische Parameter von *USV-Anlagen*. Recherchieren Sie auch noch einmal die *Anlage zu § 9 BDSchG*: Zugangskontrolle, Zugriffskontrolle, Benutzerkontrolle, Eingabekontrolle, etc.

Administration

Prüfungsaufgaben zum Thema Administration beziehen sich hauptsächlich auf die *Einrichtung und das Management von Netzwerkbetriebssystemen* und auf die *Administration von Datenbanken*. Angesichts der in der Praxis recht unterschiedlichen Eigenschaften und Leistungen von Netzwerkbetriebssystemen können hier auch nur allgemein gehaltene Aufgabenstellungen kommen.

Aufgabe Administration

Im Rahmen Ihrer Tätigkeit wirken Sie bei der Administration und Betreuung des Servers und der darauf installierten Unternehmens-Datenbanken mit.

a. Nennen Sie fünf vorbereitende administrative Tätigkeiten zur Einrichtung des Netzwerk-Betriebssystems.

b. Bei den Zugriffsberechtigungen auf die SQL-Unternehmens-Datenbanken unterscheidet man die hierarchische Gliederung in DBA-, die RESOURCE- und die CONNECT-Ebene. Nennen Sie zu jeder Ebene ein Beispiel von Zugriffsrechten.

Lösung:

a. Einrichtung Netzwerkbetriebssystem
    Überprüfen der Systemvoraussetzungen
    Erstellen der Bootmedien
    Starten der Installations-Routine
    Festlegen des Servertyps
    Installation der Hardware-Treiber
    Einrichten der Benutzer-Konten
    Anbindung der Workstations
    o. ä.

b. Datenbankzugriffsrechtehierarchie:
    DBA
    Vergeben und Entziehen von Tabellenzugriffsrechten
    Tabellen, Indizes und Views für andere Benutzer erzeugen und löschen
    Datenbank löschen
    Datenbankzugriffsrechte gewähren und entziehen
    RESOURCE
    Basistabellen erstellen, ändern und löschen
    Index erstellen, ändern und löschen
    Recht auf Tabellenzugriff gewähren und entziehen
    CONNECT
    Bestehende Tabellen abfragen, ändern und löschen, sofern das erforderliche Tabellenzugriffsrecht eingeräumt wurde
    Erstellen, Ändern und Löschen von Views

Bearbeitungshinweise

Die Schritte zur Einrichtung eines Netzwerkbetriebssystems können auch in Zusammenhang mit einer Aufgabenstellung aus dem Bereich von *Lernfeld 7* „Vernetzte IT-Systeme" abgefragt werden. Das „o. ä." weist Sie darauf hin, dass Sie hier auch eine andere sinnvolle Darstellung wählen können. Bei der Aufgabe zu den *Zugriffsrechten* sollen Sie die genannten SQL-Bezeichnungen DBA, RESOURCE und CONNECT verwirren, wenn Sie sich jedoch die Lösung anschauen, sollten Sie die Hierarchie plausibel erkennen können.

Eine solche Aufgabe kann auch in Kombination mit einer *Datenbankaufgabe* (*Lernfeld 6*) auftreten oder praxisbezogen in Kombination mit einem *Organigramm* (*Lernfeld 2*), z. B. zur Definition von Zugriffsrechten auf eine Weiterbildungsdatenbank für Mitarbeiter der Personalabteilung und „normale" Mitarbeiter.

Recherche-Empfehlung

Recherchieren Sie die Schritte zur *Installation eines Netzwerkbetriebssystems* und die verschiedenen *Zugriffsrechte auf Datenbanken*. Ferner recherchieren Sie im Zusammenhang mit der Administration von Netzwerken die Begriffe „*Change Management*", „*Performance Management*", „*Fault Management*" und „*Security Management*" und prägen Sie sich zu jedem der Begriffe drei bis vier wesentliche Tätigkeiten ein.

10.3.2 Dokumentation und Kundenbetreuung

Prüfungsaufgaben zur *Dokumentation von Produktinformationen, Konfiguration und Abläufen* können nur sehr allgemein gehalten sein. Merken Sie sich, dass „Dokumentation" an vielen Stellen bei „*Nennen Sie*"-Aufgaben eine Antwortmöglichkeit ist, die meist gut passt. Möglich ist auch, dass bei einer komplexen Aufgabe, wenn Sie z. B. für einen Kunden ein Betriebssystem installiert und eingerichtet haben, zum Schluss gefragt werden kann, welche Dokumentationen Sie dem Kunden übergeben.

Schulung

Hinzu kommt dann eventuell die Frage nach der *Konzeptionierung* einer Schulung oder Mitarbeitereinweisung an dem neuen System. Gehen Sie nach dem *Phasenkonzept* vor (Tab. 10.2):

Als *didaktisches Konzept* für eine Schulung können Sie die *Stoffvermittlung* und das *praktische Üben* anhand von Beispielen unterscheiden. Schulungen lassen sich auch „*on the job*", d. h. direkt am Arbeitsplatz des Mitarbeiters, oder „*off the job*", also in einem speziellen Schulungsraum durchführen.

Tab. 10.2 Schulung

1. Ist-Analyse	Über welche Kenntnisse verfügen die Mitarbeiter?
2. Soll-Konzeption	Welche Kenntnisse und Inhalte sollen vermittelt werden?
3. Planung der Durchführung	Zeitbedarf, Reihenfolge der Inhalte, Kosten der Schulung
4. Durchführung und Ergebnis	Wurde das Schulungsziel erreicht?

10.3.3   Serviceleistungen

Das Thema Serviceleistungen knüpft an *Lernfeld 8* „Markt- und Kundenbeziehungen" an, und zwar im *Marketing-Mix* [BWL für IT-Berufe 3.2.4] bei den *Kundendienstleistungen*. Serviceleistungen können sein: *Wartung und Instandhaltung* sowie *Kundenberatung*, aber auch die *Einrichtung* von Hard- und Software kann unter den Begriff Service gefasst werden.

Qualitativ hochwertige Serviceleistungen sind ein Instrument der *Verkaufsförderung und Kundenbindung*, aber sie verursachen *Kosten*, die kalkuliert werden müssen. Denken Sie z. B. an die in *Lernfeld 9* behandelte Einrichtung einer Hotline bzw. eines Call Centers zurück.

Am Anfang steht der *Service-Vertrag*, in dem beide Vertragsparteien, die Art des Services und das eventuell vereinbarte Entgelt genannt werden müssen. Juristisch gesehen ist grundsätzlich zu unterscheiden zwischen *Werkvertrag* (der Leistende schuldet den Erfolg) und *Dienstvertrag* (der Leistende schuldet einen Dienst). Welche Vertragsform gewählt wird, hängt von der zu erbringenden Serviceleistung ab. Beim Entgelt lässt sich unterscheiden zwischen *Einzelvergütung* und *Pauschalvergütung*. Überlegen Sie sich, worin die Vor- und Nachteile dieser beiden Entgeltformen liegen. [BWL für IT-Berufe 2.3.2 und 2.3.3]

Bei der *Kalkulation* von Service-Verträgen können Sie grundsätzlich in *Materialkosten* und *Personalkosten* (Mannstunden) unterscheiden. Üblich ist die Anwendung der *Zuschlagskalkulation* (siehe *Lernfeld 11*), d. h. alle der Serviceleistung nicht direkt zurechenbaren Kosten werden über pauschale Gemeinkostenzuschlagssätze den Einzelkosten aufgerechnet. Vergessen Sie den Gewinnzuschlag nicht! [BWL für IT-Berufe 9.3.1]

Recherche-Empfehlung

Erkundigen Sie sich in Ihrem Ausbildungsbetrieb nach *Service-Verträgen*, z. B. Wartungsverträgen für Kopierer, und recherchieren Sie im Internet nach Inhalten von Serviceleistungen, z. B. von IT-Supportern. Überlegen Sie dazu auch die „*Make or Buy*"-*Frage*, z. B. soll die Betreuung des Netzwerks an einen externen Dienstleister ausgelagert werden? Welche Vorteile und welche Nachteile ergeben sich daraus? Sie können hier auch das Instrument der *Kosten-Nutzen-Analyse* einsetzen, d. h. ermitteln Sie, welche Kosteneinsparung sich bei einer *Fremdvergabe* ergibt (Administrator-Mannstunden) und welche Risiken sich dadurch ergeben, die im Service-Vertrag berücksichtigt sein müssen.

10.4   Vertiefung

10.4.1   Vertiefung IT-Systemelektroniker und Fachinformatiker

Die folgende Abbildung zeigt den identischen Rahmenlehrplan für IT-Systemelektroniker und Fachinformatiker. Dass Fachinformatiker der *Fachrichtung Systemintegration* über tiefergehende Kenntnisse der *Administration* von IT-Systemen und des Einsatzes von

Tab. 10.3 Übersicht Rahmenlehrplan IT-System-elektroniker und Fachinformatiker

Warten und Instandhalten		
Hard- und Software-komponenten	Datenträger, Datenformate und Datenaustausch	Störungs-analyse und -beseitigung
Datenschutz und Datensicherung		
Maßnahmen zur Daten-sicherung und -archivierung	Virenschutz und Virenbeseitigung	Urheber-recht
Dokumentation und Kundenbetreuung		
Dokumentation von Produktinformationen, Konfiguration und Abläufen	Visualisierung, Präsentation	Unterweisung, Schulung
Serviceleistungen		
Serviceverträge	Kalkulation und Abrechnung	

Experten- und Diagnosesystemen verfügen sollen, geht aus den Rahmenlehrplänen nicht hervor (Tab. 10.3).

[www.bueffelcoach.de/IHK-IT-Berufe/LF10_Synopse.PDF]

Inhaltlich ist dieser Rahmenlehrplan so gut wie identisch mit dem für IT-Systemkaufleute und IT-Kaufleute, es gibt nur ein paar *Formulierungsunterschiede*: so wird statt von „*Systembetreuung*" von „*Warten und Instandhalten*" gesprochen und statt „*Fehlerana-lyse*" heißt es „*Störungsanalyse*". „Datenschutz und Datensicherung" ist als eigener Abschnitt formuliert, und dieser enthält zusätzlich noch die Position „*Urheberrecht*", das für die IT-Systemkaufleute und die IT-Kaufleute in *Lernfeld 7* vorkam.

Fachinformatiker der Fachrichtung Systemintegration sollten sich etwas tiefergehender mit *Administration* und mit *Experten- und Diagnosesystemen* beschäftigen. Erstellen Sie sich eine Liste von Administrationsaufgaben und nehmen Sie zu jeder gefundenen Aufgabe eine kurze schriftliche Grobcharakterisierung vor. Notieren Sie sich anhand von *Produktbeschreibungen* die wesentlichen Merkmale der von Ihnen eingesetzten Diagnose-Tools.

10.4.2 Vertiefung IT-Systemkaufleute und IT-Kaufleute

Die folgende Abbildung zeigt den fast identischen Rahmenlehrplan für IT-Systemkaufleute und IT-Kaufleute. Der einzige Unterschied liegt darin, dass die Position „Unterweisung, Schulung" bei den IT-Systemkaufleuten fehlt, was aber nicht bedeutet, dass diese nicht auch über Grundkenntnisse und Erfahrungen in der Unterweisung und Schulung von Benutzern verfügen brauchen (Tab. 10.4).

[www.bueffelcoach.de/IHK-IT-Berufe/LF10_Synopse.PDF]

Inhaltlich ist dieser Rahmenlehrplan so gut wie identisch mit dem für IT-Systemelektroniker und Fachinformatiker, es gibt nur ein paar Formulierungsunterschiede: so wird

Tab. 10.4 Übersicht Rahmenlehrplan IT- Systemkaufleute und IT- Kaufleute

Systembetreuung		
Softwarekomponenten	Datenträger, Datenformate und Datenaustausch	
Maßnahmen zum Datenschutz und zur Datensicherung, Datenarchivierung	Fehleranalyse und -beseitigung	Virenschutz und Viren- beseitigung
Dokumentation und Kundenbetreuung		
Dokumentation von Produktinformationen, Konfiguration und Abläufen	Konzeption von Kundeneinweisungen und -schulungen	(Unter- weisung, Schulung)
Serviceleistungen		
Servicekonzepte und -verträge	Kalkulation und Abrechnung	

von „*Systembetreuung*" gesprochen statt von „*Warten und Instandhalten*", es werden nur die *Softwarekomponenten* genannt, und statt „*Störungsanalyse*" heißt es „*Fehleranalyse*".

Der Themenbereich „Datenschutz und Datensicherung" ist hier der Systembetreuung untergeordnet, und die Position „*Visualisierung, Präsentation*" gibt es hier nicht, aber die wurde ja bereits in *Lernfeld 3* zur Genüge abgehandelt.

Im Bereich „Serviceleistungen" sind noch die *Service-Konzepte* genannt, aber eine Serviceleistung im Grundansatz konzeptionieren können, müssen auch die anderen Berufsbilder beherrschen.

Zusammenfassung

Das Wichtigste: Verfahren der Kostenrechnung anwenden und Kennzahlen ermitteln

In diesem Lernfeld geht es hauptsächlich um das Thema *Controlling*, das ist *Planung, Steuerung und Kontrolle*, oder Führung des Unternehmens anhand von betrieblichen *Kennzahlen*, oder auch *Management*. Die betrieblichen Kennzahlen werden aus dem Rechnungswesen gewonnen, aus den Zahlen der *Buchführung*, die durch die *Kostenrechnung* aufbereitet, verdichtet und ergänzt werden, um für den jeweilig gewünschten Informationsbedarf des Managements als Controlling-Kennzahlen zur Verfügung gestellt werden zu können.

Während *Lernfeld 8* „Markt- und Kundenbeziehungen" den Blick eher nach außen richtet auf Kunden, Lieferanten und Konkurrenz, wendet sich Lernfeld 11 der *Analyse des Unternehmens* selbst zu. Voraussetzung dafür ist das Grundverständnis der Struktur und der Abläufe in einem Unternehmen, die Sie in *Lernfeld 2* „Geschäftsprozesse und betriebliche Organisation" erworben haben.

Aufgrund Ihrer Kenntnis der beiden *Teilbereiche des betrieblichen Rechnungswesens*, Buchführung (externes Rechnungswesen) und Kostenrechnung (internes Rechnungswesen), beherrschen Sie einfache *Kostenrechnungsverfahren* und können betriebliche *Kennzahlen* definieren und ermitteln. Das gilt für alle vier Berufsbilder. *IT-Systemkaufleute* und *IT-Kaufleute* beherrschen zudem noch einfache Buchungssätze der doppelten *Buchführung*.

Controlling ist ein großes Wort. Begreifen Sie es einfach als *Informationsbeschaffung* zur Vorbereitung betrieblicher Entscheidungen mittels verschiedener Methoden und Verfahren.

[BWL für IT-Berufe Kap. 9 und 7]

© Springer Fachmedien Wiesbaden 2014
M. Wünsche, *Prüfungsvorbereitung für IT-Berufe,*
DOI 10.1007/978-3-658-04414-5_11

11.1   Prüfungsrelevanz des Lernfelds

IT-Systemkaufleute und *IT-Kaufleute* finden in fast jeder Fachqualifikations-Klausur (Ganzheitliche I), meist als letzten Handlungsschritt, eine *Buchführungsaufgabe*. Mehrfach kam die Skonto-Buchung und die Umsatzsteuerbuchung, aber auch einfache Abschlussbuchungen können gefragt werden. Seltener sind Aufgaben zur *Prozesskostenrechnung*, und diese fragen vor allem das Grundverständnis dieses Denkansatzes ab.

Für *alle Berufsbilder* wird meist in der Kernqualifikations-Klausur (Ganzheitliche II) eine mehr oder minder schwere *Kostenrechnungsaufgabe* oder/und die Ermittlung von gängigen betrieblichen *Kennzahlen* gefragt. Es hat aber auch schon Kostenrechnungsaufgaben in der Fachqualifikation (Ganzheitliche I) gegeben, in erster Linie zur *Kalkulation*, aber auch der *Betriebsabrechnungsbogen* der *Kostenstellenrechnung* und einfache Aufgaben zur *Betriebsergebnisrechnung* sind bereits gefragt worden. Aufgaben zur *Plankostenrechnung* tauchen eher selten auf.

11.2   Übersicht Lernfeldinhalte

Die folgende Abbildung zeigt die im Rahmenlehrplan festgelegten Inhalte des Lernfelds, die für alle vier Berufsbilder identisch sind. [www.bueffelcoach.de/IHK-IT-Berufe/LF11_Synopse.PDF] (Tab. 11.1)

In der Vertiefung in Abschn. 11.4 finden Sie den etwas umfangreicheren Rahmenlehrplan für *IT-Systemkaufleute* und *IT-Kaufleute*. Dort kommen vor allem die Themen *Buchführung* und die *Prozesskostenrechnung* hinzu, die laut den Rahmenlehrplänen für Fachinformatiker und IT-Systemelektroniker nicht relevant sind. Insbesondere die *Prozesskostenrechnung*, die an *Lernfeld 2* „Geschäftsprozesse und betriebliche Organisation" anknüpft, ist aber für die Praxis ein immer wichtiger werdendes Instrument der Kalkulation von Geschäftsprozessen, weshalb sich Fachinformatiker und IT-Systemelektroniker diesem Thema nicht ganz verschließen sollten. [BWL für IT-Berufe 9.3.3]

Tab. 11.1 Übersicht Rahmenlehrplan zu Lernfeld 11

Teilbereiche und Aufgaben des betrieblichen Rechnungswesens		
Kosten- und Leistungsrechnung		
Aufgaben der Kosten- und Leistungsrechnung	Kostenbegriffe	Kostenarten, Kostenstellen, Kostenträger
Unterschied zwischen Voll- und Teilkostenrechnung	Grundzüge der Deckungsbeitragsrechnung	
Controlling		
Kennzahlen, grafische Aufbereitung, Auswertung	Plankostenrechnung und Abweichungsanalyse	

Das erste Thema „*Teilbereiche und Aufgaben des betrieblichen Rechnungswesens*" ist nicht weiter untergliedert und dient auch nur dazu, eine Grundstruktur für die folgenden Themen festzulegen. Dass im Thema „*Controlling*" ein Kostenrechnungsverfahren steht, die Plankostenrechnung, zeigt Ihnen, wie eng diese beiden Themen miteinander verwoben sind. Die *Kostenrechnung* ist ein Lieferant von Zahlen für das *Controlling*, d. h. zur Bildung betrieblicher *Kennzahlen*. Vergleicht man nun Plan-Zahlen mit Ist-Zahlen (z. B. Vor- und Nachkalkulation), so ergeben sich aus der ermittelten Abweichung wichtige Informationen. [BWL für IT-Berufe 9.5]

11.3 Begriffe und Musteraufgaben

11.3.1 Teilbereiche und Aufgaben des betrieblichen Rechnungswesens

Das betriebliche Rechnungswesen hat *zwei Aufgaben*: die *Erfassung* und die *Aufbereitung* von betrieblichen Informationen. Dies beginnt mit der tagtäglichen Erfassung aller Geschäftsvorfälle mittels der doppelten *Buchführung*. Doppelt bedeutet dabei, dass jeder Vorgang zweimal erfasst wird. Wird z. B. die Miete für die Geschäftsräume vom Bankkonto überwiesen, so wird dies auf dem Konto „Mietaufwand" und auf dem Konto „Bank" erfasst. Wir unterscheiden dazu *aktive* Bestandskonten (Vermögen), *passive Bestandskonten* (Schulden), sowie *Aufwands- und Ertragskonten*.

Externes Rechnungswesen
Am Jahresende werden diese Zahlen, die das ganze Jahr über in der Buchführung auf den Konten gesammelt wurden, aufbereitet zum *Jahresabschluss*: die Bestandskonten werden in der *Bilanz* zusammengefasst, die Aufwands- und Ertragskonten in der *Gewinn- und Verlustrechnung* (GuV). Der große Vorteil der doppelten Erfassung liegt eben darin, dass am Jahresende beide Seiten der Bilanz und auch beide Seiten der GuV gleich groß sein müssen. Ist dies nicht der Fall, hat sich ein Fehler eingeschlichen, der dann gesucht werden muss.

Diese Vorgänge bezeichnet man als das „*externe Rechnungswesen*", und dafür gibt es im *Handelsgesetzbuch* und im *Einkommensteuerrecht* zahlreiche gesetzliche Vorschriften, die Sie nicht kennen müssen. Der Jahresabschluss dient dem Finanzamt zur Bemessung der Einkommen- bzw. Körperschaftsteuer [BWL für IT-Berufe 8.2] und Gewerbesteuer [BWL für IT-Berufe 8.3], und er liefert den Eigentümern (z. B. Aktionären) und Gläubigern (vor allem den Banken) wichtige Informationen über die Vermögens-, Finanz- und Ertragslage des Unternehmens.

Jahresüberschuss – Reinvermögen – Geldvermögen
Der Saldo der Gewinn- und Verlustrechnung ist der *Jahresüberschuss* (Gewinn) oder Jahresfehlbetrag (Verlust). Der Saldo der Bilanz ist das *Eigenkapital* (Reinvermögen). Das Reinvermögen setzt sich zusammen aus dem Geldvermögen und dem Sachvermögen. Das

Geldvermögen besteht aus dem *Zahlungsmittelbestand* (Kasse und Bankguthaben) und den *Forderungen* abzüglich der *Verbindlichkeiten*.

Internes Rechnungswesen

Eine weitere Aufbereitung erfolgt im „internen Rechnungswesen", das ist die *Kosten- und Leistungsrechnung.* Hier werden vor allem die *Aufwandskonten* zur weiteren Informationsgewinnung herangezogen. Dabei werden nur die Aufwendungen beachtet, die auf den *Betriebszweck* bezogen sind (Grundkosten), und dazu werden weitere Kosten ermittelt, die in der Buchführung aufgrund gesetzlicher Vorschriften nicht auftauchen dürfen (kalkulatorische Kosten). Die aufbereiteten Ergebnisse aus der Kostenrechnung bekommen nur die Führungskräfte des Unternehmens zu Gesicht, sie sind „*intern*" und dementsprechend genauer und aktueller als die Zahlen des externen Rechnungswesens. Auf Basis dieser Zahlen werden *Schätzungen für die Zukunft* vorgenommen (*Planung*), z. B. Umsatz und Kosten für den nächsten Monat oder das nächste Jahr, und nach Ablauf dieses Zeitraums werden diese *Planzahlen* mit den tatsächlichen Zahlen verglichen (*Kontrolle*). Dieser *Soll-Ist-Vergleich* mit Analyse der Abweichungsursachen ist das wesentliche Instrument des *Controlling*, also der Unternehmensführung.

Finanzrechnung

Als dritten Bereich des Rechnungswesens lässt sich die *Finanzrechnung* (ebenfalls intern) nennen: Hier geht es darum, die *Auszahlungs- und Einzahlungsströme* so zu koordinieren, dass die jederzeitige Zahlungsfähigkeit sichergestellt ist. [BWL für IT-Berufe Kap. 6]

Recherche-Empfehlungen

Ermitteln Sie die Unterschiede zwischen *Einzahlungen, Einnahmen, Erträgen und Leistungen* sowie zwischen *Auszahlungen, Ausgaben, Aufwendungen und Kosten* und recherchieren Sie alle bisher genannten Begriffe in Ihrem IT-Handbuch.

Werfen Sie einen Blick in den von Ihrem Ausbildungsbetrieb verwendeten *Kontenrahmen* und unterscheiden Sie dabei die Bestands- und die Erfolgskonten. Recherchieren Sie den Begriff „*finanzielle Lücke*".

11.3.2   Kosten- und Leistungsrechnung

Die Kostenrechnung hat einen dreistufigen Aufbau: Zunächst werden die Kosten nach ihren Kostenarten *erfasst* (Kostenartenrechnung), daraufhin werden sie auf die verschiedenen Unternehmensbereiche *verteilt* (Kostenstellenrechnung). Ziel dieser Vorarbeiten ist die dritte Stufe: die Kosten auf die Produkte und auf die Perioden zuzurechnen (Kostenträgerrechnung). Die *Zurechnung* auf die hergestellten *Produkte* (Kalkulation) dient vor allem zur Ermittlung des *Verkaufspreises*. Die Zurechnung auf die *Perioden* dient vor allem der *Gewinnermittlung* (Betriebsergebnisrechnung), aber auch der *Abweichungsanalyse* (Plankostenrechnung).

Kostenarten

Es gibt vielfältige Unterscheidungen von Kostenarten, wichtig ist, dass Sie den Unterschied zwischen fixen und variablen Kosten sowie zwischen Einzel- und Gemeinkosten kennen. *Fixe Kosten* bleiben unabhängig von der Produktionsmenge immer gleich hoch, z. B. Gebäudemiete, Geschäftsführergehalt, etc. Die meisten Kosten sind heutzutage fixe Kosten. *Variable Kosten* sind solche Kosten, die *von der Produktionsmenge abhängig* sind. Das sind nur das *Fertigungsmaterial* (= Materialeinsatz) und die *Fertigungslöhne* (= Akkordlöhne).

Einzelkosten sind direkt dem Produkt zurechenbare Kosten (Fertigungsmaterial und Fertigungslöhne), *Gemeinkosten* sind alle dem Produkt nicht direkt zurechenbaren Kosten. Die Regel, von der es aber Ausnahmen gibt, ist, dass Einzelkosten meist variable und Gemeinkosten oft genug fixe Kosten sind. [BWL für IT-Berufe 9.1]

Aufgabe Abschreibung

Ihr Unternehmen hat einen neuen Server angeschafft, zu Anschaffungskosten von 10.000 €. Die Nutzungsdauer beträgt vier Jahre. Erstellen Sie den Abschreibungsplan.
  Lösung:

Jahr	Anfangsbestand	Abschreibung	Restwert
1	10.000	2500	7500
2	7500	2500	5000
3	5000	2500	2500
4	2500	2500	0

Bearbeitungshinweise

Teilen Sie die Anschaffungskosten durch die Nutzungsdauer. Statt der *Null* am Ende können Sie auch eine *Eins* hinschreiben, das bezeichnet man als *Erinnerungswert*. Zu einer solchen Aufgabe können noch *Abschreibungsgründe* gefragt werden (*Nennen Sie!*). Im Wesentlichen begreifen Sie Abschreibung als Erfassung des *Wertverzehrs* bzw. als *Ansparen* des Kapitals für die in vier Jahren fällig werdende Ersatzinvestition.

  Weitere Aufgaben zu den Kostenarten können sich auf den Unterschied zwischen fixen und variablen Kosten beziehen, z. B. bei einem Handy-Vertrag.

Recherche-Empfehlung

Recherchieren Sie die verschiedenen *Kostenarten* in Ihrem IT-Handbuch und überlegen Sie, welche Kostenarten in Ihrem Ausbildungsbetrieb anfallen. Recherchieren Sie nochmals den Unterschied zwischen *Aufwand* und *Kosten* und die *kalkulatorischen Kostenarten*, vor allem den Unterschied zwischen *Anderskosten* und *Zusatzkosten*. Warum werden in der Kostenrechnung auch *Zinsen* auf eigenes Kapital berechnet und was verstehen Sie unter dem kalkulatorischen *Unternehmerlohn*?

Kostenstellen

Größere Unternehmen teilt man in Kostenstellen auf, um eine *genauere Kostenverrech-nung* vornehmen zu können. Das einfachste und gängigste Schema dazu ist die Unter-scheidung von *Beschaffung* (Material), *Fertigung, Verwaltung und Vertrieb*. Die Kosten-stellenrechnung wird mittels *Betriebsabrechnungsbogen* (BAB) durchgeführt und dient vor allem dazu, *Gemeinkosten-Zuschlagssätze* für die Kalkulation zu ermitteln. [BWL für IT-Berufe 9.3]

Aufgabe BAB

Im Rahmen Ihrer Tätigkeit erhalten Sie den Auftrag, eine Produktkalkulation durchzu-führen. Sie haben dazu den nachstehenden BAB erhalten, in dem bereits die Werte der Kostenartenrechnung eingetragen sind. Darunter finden Sie die Verteilungsschlüssel für die Gemeinkostenverrechnung sowie die Periodeneinzelkosten. Die Fertigungslöh-ne betragen 50.000 €, das eingesetzte Fertigungsmaterial 130.000 €. Ermitteln Sie die Zuschlagssätze, indem Sie die nachstehende Tabelle ausfüllen.

Kostenarten (in Euro)	Betriebsabrechnungsbogen			
		Material	Fertigung	Vertrieb
Löhne und Gehälter	700.000			
Sozialaufwand	200.000			
Instandhaltung	10.000			
Energiekosten	20.000			
KFZ-Kosten	15.000			
Abschreibungen	18.000			
Sonstiges	6000			
Summen				
Bezugsgrundlagen				
Gemeinkostenzuschlags-sätze				

Verteilungsgrundlagen für die Gemeinkostenverrechnung

		Material	Fertigung	Vertrieb
Löhne und Gehälter (%)		20	45	35
Sozialaufwand (%)		20	50	30
Instandhaltung (%)		10	70	20
Energiekosten (%)		14	56	30
KFZ-Kosten (%)		5	30	65
Abschreibungen (%)		15	75	10
Sonstiges (%)		30	40	30

Lösung:

Kostenarten (in Euro)		Material	Fertigung	Vertrieb
Löhne und Gehälter	700.000	140.000	315.000	245.000
Sozialaufwand	200.000	40.000	100.000	60.000
Instandhaltung	10.000	1000	7000	2000
Energiekosten	20.000	2800	11.200	6000
KFZ-Kosten	15.000	750	4500	9750
Abschreibungen	18.000	2700	13.500	1800
Sonstiges	6000	1800	2400	1800
Summen		189.050	453.600	326.350
Bezugsgrundlagen		130.000	50.000	822.650
Gemeinkostenzu-schlagssätze (%)		145,42	907,20	39,67

Bearbeitungshinweise

Zunächst verteilen Sie die Kosten aus der Kostenartenspalte gemäß der angegebenen Schlüsselung auf die drei Kostenstellen. Es kommen auch Aufgaben vor, wo die *Schlüsselung* anders gegeben ist, z. B. nach Mitarbeiterzahl oder anderen Bezugsgrößen. Teilen Sie dann die Kosten durch die Summe der Bezugsgrößen, und Sie erhalten die *Kosten pro Bezugsgrößeneinheit*. Diese können Sie dann mit der für jede Kostenstelle angegebenen Anzahl multiplizieren und haben die *Kosten pro Kostenstelle*.

Im zweiten Schritt bilden Sie die *Summen*. Dann tragen Sie die *Bezugsgrundlagen für Material und Fertigung* ein, die in der Aufgabenstellung etwas versteckt gegeben sind. Die Bezugsgrundlage für den *Vertriebsgemeinkostenzuschlag* (822.650 €) ergibt sich, wenn Sie die Gemeinkostensummen der Material- und der Fertigungskostenstelle addieren und beide Einzelkostenbeträge (Fertigungsmaterial und Fertigungslöhne) hinzurechnen. Das sind die *Herstellkosten*.

Um schließlich die *Zuschlagssätze* zu ermitteln, teilen Sie die Gemeinkosten durch die Bezugsgrundlage, sie erhalten Prozentwerte, die angeben, wie viel Gemeinkosten (also nicht direkt zurechenbare Kosten) pro Einheit der Bezugsgrundlage (Einzelkosten, direkt zurechenbar) entstanden sind.

Recherche-Empfehlung

Recherchieren Sie vor allem in Ihrem IT-Handbuch den *Betriebsabrechnungsbogen* (BAB) und die Ermittlung von *Zuschlagssätzen* und dazu auch die Begriffe „*Herstellkosten*" und „*Selbstkosten*". Recherchieren Sie ferner die Möglichkeiten, *Kostenstellen* zu bilden. Schauen Sie sich dazu noch einmal in *Lernfeld 2* „Geschäftsprozesse und betriebliche Organisation" die verschiedenen *Organisationsmodelle* (funktional, divisional) an.

Kostenträger

Kostenrechnung dient der Beschaffung von Informationen für die Unternehmensführung. Dazu ist es das Ziel der Kostenrechnung, den Kostenträgern Kosten zuzurechnen. Was

Tab. 11.2 Zuschlagskalkulation

Materialeinzelkosten		Fertigungseinzelkosten	
+ Materialgemeinkosten		+ Fertigungsgemeinkosten	
= Materialkosten		**= Fertigungskosten**	
Materialkosten + Fertigungskosten = **Herstellkosten**			
+ Verwaltungs- und Vertriebsgemeinkosten			
= Selbstkosten			

sind *Kostenträger*? Zunächst einmal die hergestellten *Produkte*, die anhand von Informationen aus der Kostenrechnung kalkuliert werden können, vor allem mit dem Zweck, den Verkaufspreis zu ermitteln. Dann können auch *Zeiträume* Kostenträger sein, wenn der Frage nachgegangen wird, ob im vergangenen Monat ein Gewinn oder ein Verlust erwirtschaftet wurde. Der Gewinnbegriff der Kostenrechnung ist das „*Betriebsergebnis*". Schließlich können auch einzelne *Prozesse* als Kostenträger definiert werden (siehe Lernfeld 2 Prozessorganisation). [BWL für IT-Berufe 9.3]

Recherche-Empfehlung

Kehren Sie noch einmal in *Lernfeld 2* zur *Prozessorganisation* und den Ereignisgesteuerten Prozessketten zurück und überlegen Sie sich, wie Sie den einzelnen Teilprozessen, insbesondere den *Funktionen* Kosten zuordnen können. Auch bei der *Netzplantechnik* in *Lernfeld 3* können Sie den einzelnen *Vorgängen* Kosten zuordnen und so die unterschiedlichen Projektkosten bei verschiedenen Netzplanvariationen ermitteln.

Kalkulation

Die beiden wichtigsten Kalkulationsverfahren sind die Divisionskalkulation und die Zuschlagskalkulation. Bei der *Divisionskalkulation* teilen Sie alle angefallenen Kosten durch die produzierte Stückzahl, dann haben Sie die Kosten pro Stück. Es kann vorkommen, dass Sie dies über *zwei Stufen* machen müssen, dann führen Sie die Division für beide Stufen durch. Bei der zweiten Stufe nehmen Sie die *Kosten pro Stück* aus der ersten Stufe mit der auf der zweiten Stufe *eingesetzten Menge* mal, um die Einsatzkosten für die zweite Stufe zu ermitteln. [BWL für IT-Berufe 9.3.2]

In der Regel kommen Aufgaben zur *Zuschlagskalkulation*. Dazu müssen Sie meist das nachfolgende Schema anwenden (Tab. 11.2):

Die Gemeinkosten werden über prozentuale *Zuschlagssätze*, wie sie oben in der BAB-Aufgabe ermittelt wurden, den Einzelkosten pro Stück zugeschlagen. Die Zuschlagssätze sind entweder in der Aufgabe gegeben, oder – was seltener vorkommt – Sie müssen sie mittels Betriebsabrechnungsbogen erst ermitteln. [BWL für IT-Berufe 9.3.1]

Aufgabe Kalkulation

Führen Sie mit Hilfe der Zuschlagssätze aus der BAB-Aufgabe (siehe Seite 207) eine Kalkulation durch. Die Materialeinzelkosten pro Stück betragen 100 €, die Fertigungseinzelkosten pro Stück betragen 200 €. Der Gewinnzuschlag soll 30 % betragen. Einem Kunden wird maximal 20 % Rabatt gewährt, er darf zudem 3 % Skonto abziehen. Ermitteln Sie den Verkaufspreis.

Lösung:

Materialeinzelkosten	*100,00*
+ Materialgemeinkosten (145,42 % von 100 €)	145,42
= Materialkosten (100 + 145,42)	245,42
Fertigungseinzelkosten	*200,00*
+ Fertigungsgemeinkosten (907,20 % von 200 €)	1814,40
= Fertigungskosten (200 + 1814,40)	2014,40
Herstellkosten (245,42 + 2014,40)	2259,82
+ Vertriebsgemeinkosten (39,67 % auf 2259,82)	896,47
= Selbstkosten (2259,82 + 896,47)	3156,29
+ Gewinnaufschlag (30 % auf 3156,29)	946,89
= Barverkaufspreis (3156,29 + 946,89)	4103,18
Barverkaufspreis (BVP)	*4103,18*
+ Skonto (3 % vom ZVP, d. h. erst BVP durch 0,97 teilen = ZVP, dann Differenz ermitteln)	126,90
= Zielverkaufspreis (ZVP)	4230,08
+ Rabatt (20 % vom LVP, d. h. erst ZVP durch 0,8 teilen = LVP, dann Differenz ermitteln)	1057,52
= Listenverkaufspreis (LVP)	5287,60
+ Umsatzsteuer (19 %)	1004,64
= Brutto-Verkaufspreis	6292,24

Bearbeitungshinweise

Sie können anhand der im Lösungsschema aufgezeigten Berechnung die einzelnen Schritte nachvollziehen. Die *Hochrechnung* „auf das Hundert" bei Rabatt und Skonto bereitet Ihnen keine Schwierigkeit mehr, wenn Sie überlegen, dass der Kunde die genannten Prozentsätze abziehen kann. Sie können sich auch mit dem *Dreisatz* behelfen: ZVP: 100 % = x, BVP: 97 % = 4103,18.

Die Reihenfolge der Begriffe BVP, ZVP und LVP können Sie sich gut merken anhand der *Eselsbrücke LZB* (Landeszentralbank), nur umgedreht. Bei einer Bezugskalkulation gibt LZB die richtige Reihenfolge an, d. h. vom *Listeneinkaufspreis* (LVP) ziehen Sie erst den *Rabatt* ab (im Einkaufsgespräch), ergibt den *Zielverkaufspreis* (ZVP), dann *Skonto* (bei rechtzeitiger Bezahlung der Rechnung), ergibt den *Barverkaufspreis* (BVP). Und vergessen Sie die *Umsatzsteuer* nicht! Niemals! Das ist eine beliebte Falle in Prüfungsaufgaben, dass sie nicht genannt wird.

Gelegentlich kommt statt dieser Produktionskalkulation auch die *Handelskalkulation*, die eigentlich einfacher ist, weil es nur einen Zuschlagssatz gibt; verwirrend sind nur die etwas anderen Begriffe: Die Einzelkosten bezeichnet man als „*Wareneinsatz*", den Gemeinkostenzuschlag als „*Handlungskostenzuschlag*". Wareneinsatz plus Handlungskosten ergeben die *Selbstkosten*.

Recherchieren Sie vor allem in Ihrem IT-Handbuch die *Kalkulationsschemata*, auch das zur *Divisionskalkulation*. Ermitteln Sie die Bedeutung des *„Rohgewinns"* in der Handelskalkulation. Schauen Sie sich in Ihrem Ausbildungsbetrieb Kalkulationen an und ermitteln Sie, woher die Zuschlagssätze stammen und wann sie zuletzt aktualisiert worden sind. Ermitteln Sie ferner den Unterschied zwischen *Vorkalkulation* (Planung) und *Nachkalkulation* (Kontrolle).

Betriebsergebnis

Bei der Betriebsergebnisrechnung, auch *Deckungsbeitragsrechnung* genannt, geht es um die Ermittlung des *„Periodenerfolgs"*, d. h. ob in der vergangenen Periode ein Gewinn erzielt wurde. [BWL für IT-Berufe 9.4]

Aufgabe Deckungsbeitrag

Die Pallberg KG in Tiefenthal stellt drei verschiedene Festplattenmodelle her, die Modelle „Pallberg X4Z", „Pallberg LA7" und „Pallberg C43". Für die abgelaufene Periode liegt das folgende Zahlenwerk vor:

Produkt	Stückerlös (€)	Verkauf (Stück)	Variable Stückkosten (€)
Pallberg X4Z	240,00	2400	110,00
Pallberg LA7	280,00	3600	160,00
Pallberg C43	350,00	1200	175,00

Die gesamten fixen Kosten betragen 851.500,00 €. Ermitteln Sie die Stückdeckungsbeiträge, die Periodendeckungsbeiträge und das Betriebsergebnis.

Lösung:

	X4Z (€)	LA7 (€)	C43 (€)
Stückerlös	240	280	350
./. variable Kosten	110	160	175
Stück-Deckungsbeitrag	130	120	175

Produkt	Stück-Deckungsbeitrag × Menge	Perioden-Deckungsbeitrag (€)
X4Z	130 € × 2400 Stück =	312.000
LA7	120 € × 3600 Stück =	432.000
C43	175 € × 1200 Stück =	210.000
Summe Perioden-Deckungsbeiträge		954.000
./. fixe Kosten		./. 851.500
= Betriebsergebnis		102.500

Bearbeitungshinweise

Der *Stückdeckungsbeitrag* ergibt sich, wenn man vom Verkaufspreis die variablen Stückkosten abzieht. Zur Ermittlung der *Periodendeckungsbeiträge* multiplizieren Sie die
Stückdeckungsbeiträge mit der verkauften Menge. Sie können auch erst den Verkaufspreis
mit der verkauften Menge multiplizieren, so erhalten Sie die Umsätze für jedes Produkt,
und dann die variablen Stückkosten mal Menge abziehen. Haben Sie nur die gesamten
variablen Kosten je Produkt gegeben, so teilen Sie diese durch die verkaufte Menge, um
die variablen Stückkosten zu ermitteln. Das *Betriebsergebnis* erhalten Sie, wenn Sie von
der Summe der Periodendeckungsbeiträge die Fixkosten abziehen.

Recherche-Empfehlung

Recherchieren Sie die Begriffe *Deckungsbeitrag* und *Betriebsergebnis* vor allem in
Ihrem IT-Handbuch. Recherchieren Sie zudem die verschiedenen Arten von *Fixkos-
ten* in der *mehrstufigen Deckungsbeitragsrechnung* und überlegen Sie sich, welche
Auswirkung es auf das Betriebsergebnis hat, wenn ein Produkt mit einem *negativen
Deckungsbeitrag* (wenn der Verkaufspreis kleiner ist als die Stückkosten), aus dem
Sortiment entfernt wird. Dies nennt man „*Sortimentsbereinigung*". Recherchieren Sie
diesen Begriff im Internet.

Voll- und Teilkostenrechnung

Immer wieder taucht als Unterfrage einer Aufgabe der Unterschied zwischen Vollkostenrechnung und Teilkostenrechnung auf. Bei der *Vollkostenrechnung* werden alle angefallenen Kosten verrechnet, bei der *Teilkostenrechnung* nur ein Teil davon. Diese etwas
seltsame Unterscheidung hat ihre Ursache darin, dass bei der *Kalkulation von Zusatzauf-
trägen* nur die zusätzlich entstehenden Kosten berücksichtigt werden. Man spricht auch
von den „*relevanten Kosten*". Kosten, die bereits anderweitig gedeckt sind, brauchen und
sollten bei solchen Kalkulationen nicht berücksichtigt werden. Oft ist ein Zusatzauftrag
nach Vollkostenrechnung nicht rentabel, aber mit nur den relevanten zusätzlichen Kosten
wird er rentabel, bringt also zusätzlichen Gewinn.

11.3.3   Controlling

Kennzahlen

Es gibt eine Vielzahl betrieblicher *Kennzahlen*, die Sie nicht alle kennen können. In der
Prüfung werden nur die gängigsten Kennzahlen gefragt, und die Aufgaben richten sich
teilweise auch darauf, ob Sie die damit verbundenen Kernaussagen verstanden haben.
Rentabilitätskennzahlen geben die Verzinsung des eingesetzten Kapitals an. *Liquiditäts-
grade* setzen Teile des Umlaufvermögens ins Verhältnis zu den kurzfristigen Verbindlichkeiten. *Anlagendeckungsgrade* geben Auskunft über die Finanzierung des Anlagevermö-
gens. *Produktivitäts- und Wirtschaftlichkeitskennzahlen* informieren über die Leistungs-

fähigkeit des Betriebs. Beachten Sie, dass bei einer Produktivitätskennzahl im Nenner nie ein Euro-Betrag stehen darf. Das ist der wesentliche Unterschied zur Wirtschaftlichkeit.

Aufgabe Kennzahlen

Die Ewald GmbH ist ein mittelständisches Unternehmen mit Sitz in Bergmannsthal, das im Kundenauftrag PCs zusammenbaut und nach Kundenwunsch konfiguriert. Sie sind Mitarbeiter der Ewald GmbH. Herr Ewald, der Geschäftsführer, zeigt Ihnen einen vereinfachten Jahresabschluss der Ewald GmbH für das vergangene Geschäftsjahr (Bilanz und Gewinn- und Verlustrechnung) mit der Bitte, für das Controlling betriebswirtschaftliche Kennzahlen zu ermitteln.

Aktiva	Bilanz der Ewald GmbH (in Euro)		Passiva
Anlagevermögen		*Eigenkapital*	
Immaterielle Vermögensgegenstände	45.560	Gezeichnetes Kapital	200.000
		Rücklagen	315.712
Sachanlagen		Jahresüberschuss	41.232
Grundstücke und Gebäude	650.000	*Rückstellungen*	
Maschinen und Anlagen	125.230	Pensionsrückstellungen	35.567
		Aufwandsrückstellungen	5.400
Betriebs- und Geschäftsausstattung	56.115	Steuerrückstellungen	1.230
Finanzanlagen	283.145	*Verbindlichkeiten*	
Umlaufvermögen		Verbindlichkeiten ggü. Kreditinstituten	570.250
Vorräte	15.230		
Forderungen aus Lief. u. Leist.	45.125	Verbindlichkeiten aus Lief. u. Leist.	63.789
Kassenbestände und Bankguthaben	13.275	Sonstige Verbindlichkeiten	500
	1.233.680		1.233.680

Soll	Gewinn- und Verlustrechnung der Ewald GmbH (in Euro)		Haben
Materialaufwand	175.912	Umsatzerlöse	370.450
Personalaufwand	110.453	Sonstige betriebliche Erträge	12.897
Abschreibungen	32.523		
Bildung von Rückstellungen	12.566	Zinserträge	1450
sonstige betriebliche Aufwendungen	8755	a. o. Erträge	500
Zinsaufwand	1736		
a. o. Aufwand	2120		
Jahresüberschuss	41.232		
	385.297		385.297

Erläuterungen:

Bei den Verbindlichkeiten ggü. Kreditinstituten handelt es sich ausschließlich um Verbindlichkeiten mit einer Restlaufzeit von mehr als einem Jahr.

Die sonstigen Verbindlichkeiten stammen aus einem Rahmenvertrag und sind erst in sechs Jahren fällig.

Die verwendete Abschreibungsmethode ist ausschließlich die lineare, die Nutzungsdauern variieren.

Bei den immateriellen Vermögensgegenständen handelt es sich hauptsächlich um den Geschäfts- und Firmenwert.

„Lief. u. Leist." steht für „Lieferungen und Leistungen".

Aufwandsrückstellungen und Steuerrückstellungen wurden für kurzfristig zu erwartende Belastungen gebildet.

a. Geben Sie für die im Folgenden genannten Kennzahlen Berechnungsformel und den sich für die Ewald GmbH ergebenden Wert an.

   aa) Umsatzrentabilität

   ab) quick ratio

   ac) current ratio

   ad) Wirtschaftlichkeit

   ae) Anlagendeckungsgrad II

   af) Verschuldungsgrad

   ag) Cash-Flow

b. Erläutern Sie Herrn Ewald kurz, warum die Verwendung von betriebswirtschaftlichen Kennzahlen aus der Bilanz nicht sinnvoll ist.

Lösung:

a. Kennzahlen

   aa) Umsatzrentabilität = Gewinn durch Umsatz x $100\% = 11,13\%$

   ab) quick ratio = Liquiditätsgrad II = (Liquide Mittel + Forderungen) durch kfr. Fremdkapital $= 0,83$

   ac) current ratio = Liquiditätsgrad III = Umlaufvermögen durch kfr. Fremdkapital $= 1,05$
   (kfr. Fremdkapital $= 5400 + 1230 + 63.789 = 70.419$)

   ad) Wirtschaftlichkeit = betriebliche Erträge durch betriebliche Aufwendungen $= 1,13$ (ohne Zinsen und a. o.)

   ae) Anlagendeckungsgrad II = (Eigenkapital + lfr. Fremdkapital) durch Anlagevermögen $= 1,00$

   af) Verschuldungsgrad = Fremdkapital durch Eigenkapital $= 1,22$

   ag) Cash-Flow: indirekte Ermittlung: Jahresüberschuss + Abschreibungen + Bildung von Rückstellungen $= 86.321$ €

b. Kennzahlen dienen der Unternehmensführung, daher sind aus der Bilanz ermittelte Kennzahlen veraltet, besser ist es, die Kennzahlen aus der aktuellen Kostenrechnung zu ermitteln, damit sie zeitnaher sind.
   [www.bueffelcoach.de/IHK-IT-Berufe/Aufgabe_Kennzahlen.xls]

Bearbeitungshinweise

Wenn Sie den Eindruck haben, dass dies eine sehr anspruchsvolle und zeitintensive Aufgabe ist, so haben Sie Recht. Zunächst erhalten Sie eine Vielzahl von Zahlen, eine schon recht umfangreiche Bilanz und eine Gewinn- und Verlustrechnung. Meist sind diese Darstellungen in der Prüfung kürzer und überschaubarer. Und nun sollen Sie eine ganze Reihe von Kennzahlen ermitteln und müssen sich dazu die richtigen Zahlen zusammensuchen. Die wichtigste Unterscheidung dabei ist die in *kurzfristiges und langfristiges Fremdkapital*. Die Erläuterungen der Aufgabenstellung helfen Ihnen dabei weiter. [BWL für IT-Berufe 6.3]

Beachten Sie, dass die *Erläuterungen zur Abschreibungsmethode*, zu den immateriellen Vermögensgegenständen und zu „Lief. u. Leist." nur der Verwirrung dienen. Beachten Sie ferner, dass *Rückstellungen* Fremdkapital sind, während *Rücklagen* zum Eigenkapital zählen.

Die Ermittlung der *Wirtschaftlichkeit* ist insofern schwierig, als Sie hier die nicht betriebszweckbezogenen Erfolgsgrößen, d. h. Zinsen und außerordentliche Aufwendungen bzw. Erträge, aus der Berechnung herauslassen müssen. Sie finden Wirtschaftlichkeit auch definiert als *Leistung durch Kosten*.

Für der Ermittlung des *Cash-Flow* prägen Sie sich das einfache *Schema* ein. Es gibt sehr viele verschiedene Berechnungswege für den Cash-Flow, falls er aber in einer Prüfungsaufgabe gefragt wird, dann mit dem Schema:

Jahresüberschuss
+ Abschreibungen
+ Bildung von Rückstellungen
= Cash-Flow

Es ist der *Zahlungsmittelzuwachs aus dem Umsatzprozess*, der nicht für Aufwendungen, die mit Auszahlungen verbunden sind, wieder abfließt, und gibt daher die *Innenfinanzierungskraft* des Unternehmens an, eine ganz wichtige Kennzahl. [BWL für IT-Berufe 6.3.1]

Manche Aufgabenstellungen beziehen sich auf die *Veränderung von Kennzahlen* durch betriebliche Maßnahmen. Überlegen Sie bei solchen Aufgaben, dass eine Erhöhung des Nenners eines Bruchs den Wert kleiner werden lässt, eine Erhöhung des Zählers lässt ihn größer werden. Und wenn Zähler und Nenner sich in der gleichen Richtung verändern, z. B. beide steigen, muss die Veränderung des Gesamtwerts exakt berechnet werden, sofern die Aufgabenstellung dies überhaupt hergibt.

Recherche-Empfehlung

Recherchieren Sie vor allem in Ihrem IT-Handbuch alle dort aufgeführten *Kennzahlen*. Berechnen Sie für die vorstehende Aufgabe noch *Liquiditätsgrad I* und *Anlagendeckungsgrad I*. Beschaffen Sie sich aus dem Internet Kennzahlenübersichten von IT-Unternehmen und recherchieren Sie die dort aufgeführten Kennzahlen. Falls Sie bei Ihrer Internet-Recherche auf zu komplizierte und zu umfangreiche Darstellungen stoßen, lassen Sie sich dadurch nicht verwirren. In der Prüfung werden nur die gängigen Kennzahlen gefragt.

Aufgabe Plankostenrechnung

Bei einem Hersteller von Netzwerkkomponenten wurden für die Kostenstelle „Montage" fixe Kosten in Höhe von 100.000 € pro Monat und variable Kosten pro Stück von 10 € geplant.

a. Ermitteln Sie die Plankosten der Kostenstelle „Montage" bei einer Planbeschäftigung von 10.000 Stück pro Monat.

b. Die Ist-Kosten im vergangenen Monat betrugen 185.000 € bei einer Ist-Beschäftigung von 8000 Stück. Ermitteln Sie die Verbrauchsabweichung und die Beschäftigungsabweichung.

c. Nennen Sie zwei Ursachen von Verbrauchsabweichungen.

Lösung:

a. Plankosten = 100.000 € + 10.000 Stück x 10 €/Stück = 200.000 €

b. Verrechnete Plankosten bei Ist-Beschäftigung:

200.000 €/10.000 Stück x 8000 Stück = 160.000 €

Sollkosten bei Ist-Beschäftigung:

100.000 € + 8.000 Stück x 10 €/Stück = 180.000 €

Beschäftigungsabweichung = Sollkosten − verrechnete Plankosten

= 180.000 € − 160.000 € = 20.000 €

Verbrauchsabweichung = Istkosten − Sollkosten

= 185.000 € − 180.000 € = 5000 €

c. Gründe für Verbrauchsabweichung

Preisschwankungen bei der Materialbeschaffung

Schwankungen beim Materialeinsatz

ungeplante Überstundenlohnzuschläge

erhöhter Schmiermittelverbrauch für Maschinen

längere Maschinenlaufzeiten, Störungen

u. a.

Bearbeitungshinweise

Die Plankostenrechnung ist ein Controlling-Verfahren, das die geplanten Kosten mit den tatsächlich entstandenen Kosten vergleicht. Die *„verrechneten Plankosten"* stellen eine recht ungenaue *Durchschnittsbetrachtung* dar, die *Beschäftigungsabweichung* zeigt den Rechenfehler an, der sich dadurch ergibt, dass sich die fixen Kosten nun auf eine geringere Produktionsmenge beziehen. Präziser sind die *Sollkosten* und die *Verbrauchsabweichung*, da sie die tatsächliche Kostenabweichung zeigen. Das Schwierige an diesem Thema, wie bei dem gesamten Gebiet der Kostenrechnung, sind die großen und umständlichen Begriffe.

Recherche-Empfehlung

Recherchieren Sie die *Plankostenrechnung*, vor allem die verwendeten Begriffe, in Ihrem IT-Handbuch. Zeichnen Sie sich ein *Diagramm* zu der Aufgabe, in dem Sie auf der *Waagerechten* die *Beschäftigung* (Produktionsmenge) und auf der *Senkrechten* die *Kosten* abtragen. Verbinden Sie den Ursprung mit den Koordinaten für die Plankosten (10.000, 200.000) und sie erhalten die *verrechneten Plankosten*. Tragen Sie eine Waagerechte für den *Fixkostenblock* und eine darauf aufsetzende Gerade für die *variablen Kosten* ein und markieren Sie bei der *Istmenge* (8000) die *Beschäftigungsabweichung* und die *Verbrauchsabweichung*.

Vergegenwärtigen Sie sich noch einmal den Unterschied zwischen *fixen und variablen Kosten* und recherchieren Sie den Begriff „*Fixkostendegression*". Informieren Sie sich durch Internet-Recherche über weitere mögliche Ursachen der *Verbrauchsabweichung*. [BWL für IT-Berufe 9.5 und 4.3.2]

Recherchieren Sie die Vorgehensweise bei der *Zielkostenrechnung* (target costing), insbesondere die Begriffe *cost driver* und *allowable costs*. [BWL für IT-Berufe 9.3.4]

11.4 Vertiefung IT-Systemkaufleute und IT-Kaufleute

Die folgende Abbildung zeigt den für IT-Systemkaufleute und IT-Kaufleute identischen Rahmenlehrplan zu Lernfeld 11.
[www.bueffelcoach.de/IHK-IT-Berufe/LF11_Synopse.PDF] (Tab. 11.3)

Tab. 11.3 Übersicht Rahmenlehrplan IT-Systemkaufleute und IT-Kaufleute

Teilbereiche und Aufgaben des betrieblichen Rechnungswesens		
Grundlage der Buchführung		
Grundsätze ordnungsgemäßer Buchführung		Vermögen und Kapital
Buchungen von einfachen Geschäftsfällen	Debitoren und Kreditoren	GuV-Rechnung und Schlussbilanz
Kosten- und Leistungsrechnung		
Aufgaben der Kosten- und Leistungsrechnung	Kostenbegriffe	Kostenarten, Kostenstellen, Kostenträger
Unterschied zwischen Voll- und Teilkostenrechnung	Grundzüge der Deckungsbeitragsrechnung	
Controlling		
Kennzahlen, grafische Aufbereitung, Auswertung	Plankostenrechnung und Abweichungsanalyse	Prozesskostenrechnung

Der Vergleich mit dem oben dargestellten allgemeinen Rahmenlehrplan zeigt, dass hier nur das Thema *Buchführung* eingefügt ist und im Bereich Controlling zusätzlich das Thema *Prozesskostenrechnung* genannt wird.

Recherchieren Sie die Begriffe *Debitoren* und *Kreditoren* und vor allem die *Skonto-Buchung*, die *Umsatzsteuerbuchung* und den *Kontenabschluss*. Kontenrahmenkenntnisse werden von Ihnen nicht verlangt. [BWL für IT-Berufe Kap. 7]

Bei der *Prozesskostenrechnung* unterscheiden Sie vor allem die *leistungsmengeninduzierten* (lmi) und die *leistungsmengenneutralen* (lmn) *Prozesskostensätze*, die Sie Prozessen zuordnen können. [BWL für IT-Berufe 9.3.3]

Die Prüfung

In allen vier Berufen besteht die Abschlussprüfung aus zwei Teilen: Der *schriftliche Teil* umfasst *drei Klausuren*, eventuell eine mündliche Nachprüfung. Der *mündliche Teil* besteht aus dem *Erstellen und Präsentieren einer betrieblichen Projektarbeit*. Im Folgenden erhalten Sie für beide Prüfungsteile Hinweise und Empfehlungen für Ihre Vorgehensweise.

Die schriftliche Prüfung

Die schriftliche Prüfung besteht aus drei Klausuren: Zwei davon dauern 90 min und eine, die letzte, 60 min. Somit zieht sich die Prüfung über einen gesamten Vormittag von 8:00 morgens bis gegen 13:00 Uhr. Die Pausen zwischen den Klausuren sind relativ kurz, meist nur 15 min, aber bis die Klausuren ausgeteilt und wieder eingesammelt sind und die Anwesenheit überprüft wurde, vergeht oft zusätzliche Zeit.

Die ersten beiden 90-minütigen Klausuren nennen sich *Ganzheitliche I* (Fachqualifikation) und *Ganzheitliche II* (Kernqualifikation). „Ganzheitlich" deshalb, weil alle Prüfungsaufgaben sich auf eine gegebene Situation, die *Ausgangssituation*, beziehen sollen. Die dritte, 60-minütige Klausur ist die *Wirtschafts- und Sozialkundeprüfung*. Auch sie hat eine solche Ausgangssituation.

Die *Kernqualifikationsklausur* (Ganzheitliche II) und die WiSo-Prüfung sind für alle vier Berufsbilder gleich. Bei der *Fachqualifikation* (Ganzheitliche I) müssen wir von *fünf Berufsbildern* ausgehen, denn hier wird auch zwischen Fachinformatiker *Anwendungsentwicklung* und Fachinformatiker *Systemintegration* unterschieden. Insgesamt sind die Unterschiede jedoch nicht sehr ausgeprägt, d. h. auch in Ihrer Fachqualifikationsklausur werden Aufgaben gestellt, die zumindest im Ansatz für die anderen Berufsbilder gelten können.

© Springer Fachmedien Wiesbaden 2014
M. Wünsche, *Prüfungsvorbereitung für IT-Berufe*,
DOI 10.1007/978-3-658-04414-5

Sowohl in der Kernqualifikation als auch in der Fachqualifikation kommen sowohl *technische* als auch *kaufmännische Aufgaben*, so dass eine Unterscheidung in eine kaufmännische und eine technische Klausur nicht richtig ist. Die *WiSo-Klausur* enthält hauptsächlich *juristische* und *volkswirtschaftliche Aufgaben*, ausschließlich als *Multiple-Choice-Aufgaben*, was gelegentliche Rechenaufgaben nicht ausschließt.

Eine schnelle und effiziente Vorbereitung auf die WiSo-Prüfung gelingt Ihnen mit meinem Buch *Wirtschafts- und Sozialkunde* – Prüfungstraining für kaufmännische und kaufmannsnahe Berufe, erschienen bei Springer-Gabler (früher Gabler-Verlag) und demnächst auch bei www.brainyoo.de als digitale Lernkarten. Die IT-Berufe werden auch als kaufmannsnahe Berufe bezeichnet.

Bewertung

In jeder der drei Klausuren sind *maximal 100 Punkte* (100 %) zu erreichen. Jede der beiden Ganzheitlichen Klausuren umfasst *sechs Handlungsschritte*, wovon jeder aus etwa drei bis sechs Teilaufgaben besteht. Die maximal erreichbare Punktzahl je Handlungsschritt sind *20 Punkte*, einen Handlungsschritt können bzw. müssen Sie also streichen. Die *WiSo-Klausur* besteht aus etwa 20 Aufgaben, für die es i. d. R. je vier bis sechs Punkte gibt.

Die *Gesamtnote* für den schriftlichen Teil setzt sich aus den einzelnen Noten der drei Klausuren zusammen, wobei die beiden ganzheitlichen Klausuren mit *je 40 %* und die Wiso-Klausur mit *20 %* in die Bewertung eingehen. Bestanden haben Sie, wenn die *gewogene Gesamtpunktzahl* über 50 % liegt und sie in keiner der drei Klausuren *weniger als 30 Punkte* erzielt haben.

Machen Sie sich diesen Zusammenhang an folgendem *Rechenbeispiel* klar: Wenn Sie in der Fachqualifikation 45 Punkte erzielt haben und in der Kernqualifikation 53, dann müssen Sie in der WiSo mindestens 54 Punkte haben, um zu bestehen. Falls Sie ganz knapp unter insgesamt 50 Punkten landen, gibt es die Möglichkeit zur *mündlichen Nachprüfung*, die meist kurz nach der mündlichen Prüfung (Projektpräsentation) stattfindet. Die Chancen, diese Nachprüfung zu bestehen, sind jedoch nicht sehr gut.

Handbuch

Sie dürfen in den ganzheitlichen Klausuren ein *Hand- oder Tabellenbuch* benutzen. In der WiSo-Prüfung ist ein Handbuch hingegen i. d. R. nicht zugelassen. Arbeiten Sie in der Prüfungsvorbereitung sehr viel mit Ihrem Handbuch, schlagen Sie Begriffe, die Ihnen begegnen, darin nach und schauen Sie es sich auch so einmal gut durch, so dass Sie es in der Prüfung nicht erst noch kennenlernen müssen. Zeit ist knapp in der Prüfung.

Ausgangssituation

Jede der beiden ganzheitlichen Klausuren beginnt mit einer *Ausgangssituation*, in der ein erfundenes Unternehmen vorgestellt und manchmal sehr umfangreich beschrieben wird. Zwei wesentliche Aspekte müssen Sie bei der Ausgangssituation beachten: Zum einen enthält die Ausgangssituation oft Informationen, die Sie zur Lösung der Aufgaben *nicht* brauchen. Nur können Sie am Anfang nicht wissen, was wichtig ist und was nicht. Lesen

Sie daher die Ausgangssituation zunächst nur recht oberflächlich durch. Zum anderen enthält die Ausgangssituation oft sogenannte „*Schocker*", wie z. B. folgende Formulierung: „*... Das Unternehmen beabsichtigt, ein CAD-System einzuführen...*" Hier darf Ihnen nicht passieren, dass Sie denken: „Oh Gott, CAD, habe ich keine Ahnung von, das war's dann wohl!" In der besagten Klausur wurde nämlich gar nichts über CAD gefragt! Also, lassen Sie sich nicht verwirren. *Bleiben Sie ruhig und gelassen!*

Zeitmanagement

Als sehr hilfreich für den Prüfungserfolg hat sich ein gutes *Zeitmanagement* erwiesen. Bei 90 min Zeit pro Klausur und 20 Punkten pro Handlungsschritt haben Sie im Durchschnitt pro Handlungsschritt *etwa 18 min* Zeit. Nehmen Sie sich aber am Anfang der Klausur fünf bis zehn Minuten Zeit, die gesamte Klausur einmal durchzuschauen, um einen Überblick zu gewinnen und zu sehen, welche Informationen aus der Ausgangssituation Sie tatsächlich später brauchen. Beim ersten Durchschauen können Sie ferner überlegen, welchen der Handlungsschritte Sie streichen könnten. Rechnen Sie daher überschlägig mit etwa *15 min Bearbeitungszeit pro Handlungsschritt*, und wenn diese Zeit um ist, ohne dass Sie gut vorangekommen sind, widmen Sie sich lieber dem nächsten Handlungsschritt, um dort Punkte zu holen.

Sie müssen die Handlungsschritte nicht in der vorgegebenen *Reihenfolge* bearbeiten. Beginnen Sie mit den Aufgaben, bei denen Sie ein gutes Gefühl haben und schnell Punkte holen können, dann können Sie entspannter an die schwierigeren Aufgaben herangehen.

Bei der *WiSo-Klausur* sollten Sie nach einer halben Stunde gut die Hälfte der Aufgaben geschafft haben. Markieren Sie die Aufgaben, mit denen Sie nicht klar kommen, für eine spätere Bearbeitung, holen Sie erst Punkte mit dem, was Sie gut können. Und vergessen Sie nicht, Ihre Ergebnisse in den *Lösungsbogen* einzutragen. Das ist auch schon vorgekommen!

Handlungsschritte

Bei den Handlungsschritten gibt es grundsätzlich *vier Arten von Aufgaben*: „Nennen Sie…", „Erläutern Sie…", „Zeichnen Sie…" oder „Berechnen Sie…".

Lautet die Aufgabenstellung z. B. „*Nennen Sie drei...*", dann schreiben Sie auch wirklich nur drei Begriffe hin (so gut sie Ihnen einfallen), mehr werden nicht gewertet. Fügen Sie später besser passende Begriffe ein, dann streichen Sie die nicht so guten. Und sparen Sie sich Erläuterungen der Begriffe, das ist nicht gefragt und kostet nur Zeit.

Bei „*Erläutern Sie...*" sollten Sie sich kurzfassen, Stichworte reichen. Achten Sie hier besonders auf Ihr Zeitmanagement. Wenn es vier Punkte gibt, haben Sie drei Minuten Zeit für die Antwort. Und schreiben Sie leserlich. Das erhöht die Motivation des Korrektors, Ihnen Punkte zu geben.

Zeichnungen sollten trotz Zeitdruck und Prüfungsstress sauber und akkurat sein. Vielleicht besorgen Sie sich eine Zeichenschablone. Und halten Sie Zeichnungen eher einfach als zu kompliziert, denn zeichnen kostet viel Zeit. Sie erhalten in der Prüfung „Konzeptpapier", auf der Sie grob vorskizzieren können.

Bei *Rechenaufgaben* sollte Ihr Rechenweg gut nachvollziehbar sein, damit nicht der Eindruck entsteht, sie hätten von einem Ihrer Leidensgenossen nur das Ergebnis übernommen. Machen Sie sich mit Ihrem *Taschenrechner* gut vertraut. Er sollte Potenzrechnen beherrschen und Hexadezimal und Dual in Dezimal umrechnen können. Prüfen Sie, ob er *Punktrechnung* vor *Strichrechnung* macht: $2 + 3 \times 2$ ist 8, und nicht 10.

Streichaufgabe

Die Erfahrung zeigt, dass viele Prüfungsteilnehmer die ersten fünf Handlungsschritte bearbeiten. Daher ist der sechste Handlungsschritt meist einfach. Als *Streichaufgaben* kommen all diejenigen Aufgaben in Betracht, *die viel Zeit kosten*. Das sind Aufgaben mit umfangreichen *Zeichnungen* oder komplizierte *Kostenrechnungsaufgaben*, aber oft genug auch Aufgaben mit *vielen Begriffserläuterungen*, für die es jeweils nur wenig Punkte gibt.

Recherche-Empfehlung

Schauen Sie sich *alte Klausuren* an und prüfen Sie, welche Informationen aus der Ausgangssituation tatsächlich zur Lösung der Handlungsschritte benötigt werden. Achten Sie auf „*Nennen, Erläutern, Zeichnen, Rechnen*" und rechnen Sie die Punktezahl in Zeitvorgaben um. Machen Sie sich Gedanken darüber, welche der Aufgaben Sie am ehesten gestrichen hätten.

Multiple Choice

In den ganzheitlichen Klausuren kommen keine Multiple-Choice-Aufgaben. Die Aufgaben der *WiSo-Klausur* bestehen aus einer Aufgabenstellung und dazu meist vier oder fünf durchnummerierten Aussagen, von denen Sie die *richtige oder* die *falsche* (Aufgabenstellung genau lesen!) ermitteln und ihre Nummer in das Kästchen auf dem Lösungsbogen eintragen.

Viele der WiSo-Aufgaben lassen sich mit gesundem Menschenverstand lösen, auch wenn Sie zu dem Thema der Aufgabenstellung nicht viel gelernt haben. Das Problem dieser dritten Klausur ist allerdings, dass es bereits auf Mittag zugeht und Ihre *Konzentration* nachlässt. Prüfen Sie alle angegebenen Aussagen in Ruhe durch. Wenn Sie nicht auf Anhieb die richtige Aussage finden, dann streichen Sie die Ziffern vor den Aussagen durch, die Ihnen falsch oder unsinnig erscheinen. Meist sind solche Aussagen falsch, in denen „*stets*" oder „*immer*" vorkommt.

Die beste Methode, sich auf die WiSo-Klausur vorzubereiten, ist viel zu üben. Trainieren Sie Ihren Blick für die Formulierungen. Üben Sie, wenn Sie schlecht konzentriert und müde sind!

Die mündliche Prüfung

Spätestens ein gutes halbes Jahr vor dem Termin Ihrer schriftlichen Prüfung sollten Sie angefangen haben, sich Gedanken über Ihre *betriebliche Projektarbeit* zu machen. Die mündliche Prüfung findet zeitlich nach der schriftlichen Prüfung statt, wobei die Regel ist, dass Sie erst nach Ihrer mündlichen Prüfung die Ergebnisse der schriftlichen Prüfung erhalten.

Ihre *Projektdokumentation* müssen Sie i. d. R zum Termin der schriftlichen Prüfung eingereicht haben. Normalerweise beträgt der Zeitraum zwischen schriftlicher und mündlicher Prüfung drei bis vier Wochen, in denen Sie sich auf *Präsentation* und *Fachgespräch* vorbereiten können. Es ist aber auch schon vorgekommen, dass dreieinhalb Monate dazwischenlagen.

Die mündliche Prüfung dauert *rund 30 min* und besteht aus *zwei Teilen*: Zunächst haben Sie 15 min Zeit, Ihre *betriebliche Projektarbeit* zu präsentieren, dann folgt ein sogenanntes *Fachgespräch* von ebenfalls 15 min, in denen Ihnen Fragen zur Projektarbeit, aber auch allgemeine Fachfragen gestellt werden. Das hängt vom Thema Ihrer Projektarbeit, aber auch von der Einstellung der Prüfungskommission ab.

Thema

Machen Sie sich frühzeitig Gedanken über das Thema Ihrer Projektarbeit. Es sollte ein *Projekt* aus Ihrem Ausbildungsbetrieb sein, am besten mit *Kundenbezug*. Für die beiden kaufmännischen Berufe ist es wichtig, dass aus dem Thema der *kaufmännische Bezug* hervorgeht. Ein Beispiel: „*Installation eines Rechner-Netzwerks*" reicht für Kaufleute nicht aus, „*Konzeptionierung eines Rechner-Netzwerks*" ist kaufmännisch!

Weitere Themen können eine *Leistungsverbesserung* oder *Kostensenkung* im Betrieb anstreben, z. B. Planung eines Fax-Servers, E-Mail-Schulung für die Mitarbeiter, Entlastung von Mitarbeitern durch IT-Lösungen, Analyse zur Anschaffung neuer Software, Server-Migration, Planen und Einrichten einer Datenbank, Verbesserung von Geschäftsprozessen oder ähnliches. Auch für *Fachinformatiker* und *IT-Systemelektroniker* machen sich kaufmännische Aspekte in der Projektarbeit immer gut, wenn Sie den Schwerpunkt nicht zu sehr darauf legen.

Ideal ist ein *kundenbezogenes Projekt*, d. h. ein Kunde stellt eine Anfrage, die Sie bearbeiten, in dem Sie den Kunden beraten, seinen Auftrag entgegen nehmen, den Auftrag projektieren, die Durchführung des Projekts planen und überwachen, Dokumentationen für den Kunden erstellen, etc.

Denken Sie bei der Ideensuche immer daran, dass diese Projektarbeit in erster Linie eine *Prüfungsleistung* ist. Die Anzahl der in der Prüfung erfolgreichen Projektarbeiten, die es in der Praxis nie gegeben hat, ist schwierig zu schätzen.

Das Projekt darf eine *Bearbeitungszeit* von 35 h (beim Fachinformatiker Anwendungsentwicklung 70 h) nicht überschreiten. Und *offiziell* darf mit der Bearbeitung erst begonnen werden, wenn der Projektantrag genehmigt ist. Achten Sie also z. B. bei Gesprächsprotokollen und eingeholten Angeboten etc. auf die *richtige Datierung*.

Recherche-Empfehlung

Recherchieren im Internet nach geeigneten *Projektthemen*. Es sind auch *fertige Projektarbeiten* im Internet zu finden, die Sie als Muster anschauen können. Beachten Sie dabei aber, dass das Internet Ihnen *keine Qualitätsgarantie* gibt. Bilden Sie sich Ihr eigenes Urteil!

Projektantrag

Etwa drei Monate vor der schriftlichen Prüfung müssen Sie auf einem *Formblatt* einen *Antrag auf Zulassung zur Projektarbeit* stellen. Mehr und mehr IHKs gehen dazu über, diesen Anmeldevorgang *elektronisch* über eine spezielle Website durchzuführen. Im Antrag müssen Sie Ihr Projekt eingehend erläutern und einen Zeitplan für Ihre geplante Vorgehensweise angeben. Sie können dem Projektantrag weitere Blätter beilegen (bzw. grafische Darstellungen hochladen), auf denen ausführlichere Erläuterungen möglich sind. Orientieren Sie sich dazu grundsätzlich an der folgenden Struktur:

Vorstellung des Betriebs
Ist-Analyse/Problemstellung
Soll-Konzeption/Ziele des Projekts
Anforderungskatalog/Pflichtenheft
Durchführung (Grobkonzept, Feinkonzept)
Dokumentation
Präsentation

Machen Sie aus der *Vorstellung des Betriebs* keinen Werbeprospekt, sondern sagen Sie in zwei, drei Sätzen, um was für ein Unternehmen es sich handelt: Branche, Mitarbeiterzahl, grundlegende IT-Ausstattung.

In der *Ist-Analyse* bzw. Problemstellung beschreiben Sie die Situation, die zu dem Projekt geführt hat.

In der *Soll-Konzeption* formulieren Sie, was mit dem Projekt erreicht werden soll. Daraus lässt sich dann ein konkreter Anforderungskatalog in Form eines *Pflichtenhefts* erstellen.

Bei Ihren Angaben zur *Durchführung* wird vor allem geprüft, ob das Vorhaben in der Zeit von 35 bzw. 70 h auch durchführbar war. Gliedern Sie Ihre Durchführungsplanung in ein *Grob- und* ein *Feinkonzept*.

Planen Sie die Erstellung einer *Dokumentation*, in die Sie alle angefallenen Dokumente, z. B. Gesprächsprotokolle, Anforderungskatalog, Testberichte, Schulungsskript, technische Dokumentationen, Gebrauchsanweisungen für den Kunden, etc. aufnehmen.

Ideal ist die *Präsentation* mit Präsentationssoftware und Beamer. Erkundigen Sie sich rechtzeitig, ob die Prüfungskommission oder Ihr Ausbildungsbetrieb die notwendige Ausrüstung bereitstellt und geben Sie dies dann entsprechend in Ihrem Antrag an.

Die *Formularmaske* bei elektronisch durchgeführter Antragsstellung gibt Fragen und Themenbereiche vor, die mitunter nicht so leicht mit der oben dargestellten *Projektstruk-*

tur in Einklang zu bringen sind. Achten Sie darauf, dass aus Ihren Eintragungen *deutlich* hervorgeht, welches Projekt sie vorhaben und wie sie dabei vorgehen wollen. Wichtig ist, dass Ihr Antrag in sich *schlüssig und überzeugend* ist, auch wenn Sie bestimmte Schritte Ihres Projekts zum Zeitpunkt der Antragstellung noch nicht im Detail vorhersehen können.

Projektarbeit

Führen Sie Ihr *Projekt* durch und erstellen Sie gleichzeitig die *Projektdokumentation*, d. h. sammeln Sie alle Unterlagen und notieren Sie alle Schritte und Tätigkeiten, die Sie unternehmen. Führen Sie ein Gespräch, dann erstellen Sie ein *Gesprächsprotokoll*, testen Sie Software, dann schreiben Sie einen *Testbericht*.

Beschreiben Sie Ihre *konzeptionelle Vorgehensweise* bei der Durchführung Schritt für Schritt. Nutzen Sie *tabellarische* und *grafische Darstellungsmöglichkeiten*, wie z. B. Nutzwertanalysen, Entity-Relationship-Modelle, Ereignisgesteuerte Prozessketten.

Die Projektarbeit soll bei Schriftgrad 11 insgesamt *zehn Seiten plus Anhang* nicht übersteigen. Informieren Sie sich im Internet über die genauen Anforderungen Ihrer IHK. Der *Anhang* dient der Erläuterung Ihrer Projektarbeit. Haben Sie z. B. in Ihrem Projekt eine *Berechnung* durchgeführt, dann schreiben Sie das Ergebnis Ihrer Berechnung mit Auswertung in die Projektarbeit und die Berechnung selbst in den Anhang, mit Verweis darauf. Gleiches gilt für eine *Nutzwertanalyse* oder eine *Planskizze*. Betrachten Sie diesen Hinweis aber flexibel, d. h. wenn Sie vorne keine zehn Seiten zusammenbekommen, ziehen Sie Teile aus dem Anhang in den Text mit hinein. Wenn Sie vorne mehr als zehn Seiten haben, lagern Sie Teile davon in den Anhang aus.

Schreiben

Betrachten Sie Ihre Aufzeichnungen zu dem Projekt zunächst als *Entwurf* und schreiben Sie, was Ihnen durch den Kopf geht, einfach auf. Wenn Sie jeden Tag eine Seite schreiben, haben Sie Ihre Dokumentation in zehn Tagen fertig. Zum *Verbessern* haben Sie dann immer noch Zeit. Schreiben Sie keine theoretische Abhandlung, die Projektarbeit ist *praxisbezogen*, sie soll für Praktiker gut verständlich sein. Prüfen Sie jeden Satz, ob er wichtig ist und ob er unter der richtigen Überschrift steht. Schreiben Sie nicht in der *Ist-Analyse* schon von dem, was geschehen soll. Das Wörtchen „*soll*" gehört in die *Soll-Konzeption*.

Verwenden Sie *Formatvorlagen*, um ein einheitliches Schriftbild zu erreichen und die automatische Gliederungsfunktion nutzen zu können. Vertrauen Sie der *Rechtschreibprüfung* nicht: Fehler wie z. B. „uns" statt „und" findet sie nicht! Denken Sie an *Fuß- und Kopfzeile*: Seitenzahl, Name, Thema. Holen Sie Informationen zur Gestaltung des *Deckblatts* über das Internet ein. Vergessen Sie nicht die *Gliederung* und das *Verzeichnis der Anlagen*.

Fügen Sie einen *Zeitnachweis* über die tatsächlichen Zeiten für die einzelnen Projektphasen bei. Dazu können Sie den Zeitplan aus dem Projektantrag übernehmen. Haben sich in Ihrem Projekt gegenüber dem Antrag *schwerwiegende Änderungen* ergeben, weisen Sie in einem extra Gliederungspunkt „*Änderung gegenüber dem Antrag*" darauf hin, aber nur bei wirklich für das Projekt als Ganzes bedeutsamen Änderungen.

Falls Sie Ihre Projektarbeit *online als PDF* einreichen müssen, prüfen Sie die *Qualität der Umwandlung* und welche Informationen in den *Eigenschaften* der PDF-Datei stehen. Mittlerweile gibt es sehr gute Freeware für die Umwandlung. Entfernen Sie bei *Hyperlinks* Farbe und Unterstrich (in den Formatvorlagen), sofern Ihr PDF-Konverter Hyperlinks nicht unterstützt.

Präsentation

Machen Sie Ihre Präsentation *nicht zu bunt,* bauen Sie Animationen eher zurückhaltend ein, präsentieren Sie wie ein Profi, *schlicht und elegant.* Sie haben 15 min für Ihre Präsentation. Also sollte Ihre Präsentation auf nicht mehr als 10 bis 15 Folien vor allem die *Kernaussagen* Ihres Projekts enthalten. Der Prüfungsausschuss hat ja Ihre Projektarbeit gelesen. Überlegen Sie sich zu jeder Folie, was Sie dazu sagen wollen, versuchen Sie, frei zu sprechen, *Karteikarten* oder ein *Konzeptpapier* mit Stichworten geben Ihnen den *roten Faden,* dem Sie folgen können.

Arbeiten Sie nicht mit *Hyperlinks.* Stehend und in der Aufregung ist es oft schwierig, mit der Maus den Link zu treffen. Wenn Sie z. B. eine Übersichtsfolie mehrfach zeigen wollen, bauen Sie diese Folie mehrfach in Ihre Präsentation ein. Sie können auch am linken Rand Ihrer Präsentation eine *Navigation* einbauen, die einen Überblick und das Fortschreiten Ihrer Präsentation zeigt.

Vor der Prüfung erhalten Sie Zeit, Ihre Ausrüstung, z. B. Laptop und Beamer, aufzubauen. *Üben Sie* dies und auch Ihren Vortrag mehrfach. In der Aufregung der Prüfungssituation haben Sie dann etwas Routine. Informieren Sie sich über *Körpersprache,* aber versuchen Sie nicht krampfhaft, sich daran zu halten. Schauen Sie beim Vortrag die Prüfer an, nicht zum Fenster hinaus oder zu oft zu der Wand, an die Ihre Präsentation gestrahlt wird. Versuchen Sie, ruhig und deutlich zu sprechen. Der Prüfungsausschuss hat Verständnis dafür, dass Sie aufgeregt sind.

Fachgespräch

An Ihre Präsentation schließt sich das *Fachgespräch* an. Es dauert ebenfalls etwa 15 min. Meist werden darin Fragen zu Ihrem Projekt gestellt, aber vor allem auch *Fachbegriffe,* die Sie verwendet haben. Prüfen Sie daher Ihre Projektdokumentation und Ihre Präsentation auf Fachbegriffe, die gefragt werden könnten.

Das Wichtigste im Fachgespräch ist, dass Sie *nicht stumm bleiben.* Wenn Sie zu einem gefragten Thema spontan nichts sagen können, ordnen Sie das Thema in einen Grobzusammenhang ein. Ein Beispiel: *„Was verstehen Sie unter einem Router?"* – *„Ein Router ist eine Netzwerk-Komponente..."* Oft fällt Ihnen dann noch mehr dazu ein. Manchmal hilft auch ein einfaches *„Ich weiß es nicht!"* Dann können Sie bei anderen Fragen punkten.

Nach dem Fachgespräch verlassen Sie den Raum zunächst, die Prüfer beraten sich, dann werden Sie wieder hereingerufen und es wird Ihnen die Note verkündet, oder Sie bekommen erst später schriftlich Bescheid.

Ich wünsche Ihnen viel Erfolg!

Literatur

Die im Folgenden angegebenen Literaturhinweise können nur einen *kleinen Ausschnitt* aus der Vielzahl an Literatur darstellen, die es zu den Themen der IT-Ausbildung gibt. Zudem haben Sie die ungeheure *Vielfalt und Aktualität des Internet* und in der Prüfungsvorbereitung wenig Zeit, aber das eine oder andere Nachschlagewerk kann über Wissenslücken hinweghelfen oder Denkanstöße für die Internet-Recherche geben.

Das *IT-Handbuch* (Westermann) hat wohl die weiteste Verbreitung gefunden. Es gibt eines für Fachinformatiker und IT-Systemelektroniker und eines für IT-Systemkaufleute und IT-Kaufleute, beide sind aber fast identisch, und etwa zu 50 % für die Prüfung brauchbar. Es enthält viele englisch-sprachige Begriffe, aber teilweise zu theoretische Darstellungen.

Die einzige einen Anspruch auf Vollständigkeit erhebende Darstellung zu den IT-Berufen ist die acht- bzw. zehnbändige Reihe *IT-Ausbildung* des *Medieninstituts Bremen*. Sie orientiert sich begrifflich am Rahmenlehrplan, ist insgesamt aber sehr theoretisch, etwas weitschweifig und ungenau geschrieben. Die insgesamt nahezu tausend Wiederholungsfragen enthalten einige interessante Aspekte; sie sind nicht als typische Prüfungsfragen gestaltet, aber für den „letzten Schliff" kurz vor der Prüfung, sofern noch Zeit bleibt, gut zu gebrauchen.

Gleiches gilt für *Thomas Schneider „Prüfungsbuch für IT-Berufe"* (Holland + Josenhans), das sich teilweise an den Lernfeldern des Rahmenlehrplans orientiert und ebenso aus ca. tausend kurzen Fragen besteht, mit teilweise guten stichwortartigen Antworten, interessanten Berechnungen und knappen grafischen und tabellarischen Übersichts-Darstellungen. Dieses Buch wird jedoch offensichtlich nicht mehr aufgelegt und ist nur noch indirekt erhältlich. Gleiches gilt für seine „*Fachbegriffe für IT-Berufe"*.

Ein kurzes Buch mit guten Übersichten ist *Kracke/Beilschmidt „Kernqualifikationen"* (Gehlen), aus dem auch schon Musterlösungen für die Prüfung entnommen wurden und das sich auch weitgehend am Rahmenlehrplan orientiert, aber nicht die Fülle des gesamten

© Springer Fachmedien Wiesbaden 2014
M. Wünsche, *Prüfungsvorbereitung für IT-Berufe*,
DOI 10.1007/978-3-658-04414-5

Lernstoffs abdecken kann und nur noch gebraucht erhältlich ist. Von den beiden Autoren gibt es als Nachfolger ein dickes Buch *IT-Basiswissen* (Bildungsverlag Eins), aktuell in der dritten Auflage und noch immer ohne Bewertung bei Amazon.

Empfehlenswert wegen der Verständlichkeit der Darstellung und den vielen guten Praxisbeispielen ist *Stahlknecht/Hasenkamp „Einführung in die Wirtschaftsinformatik"* (Springer), ein Buch, dass eigentlich für BWL-Studenten geschrieben ist. Es stellt eine wichtige Quelle für die Entstehung des Rahmenlehrplans dar.

Insbesondere für das Verständnis der kaufmännischen Denkweise *sehr* empfehlenswert ist *Manfred Wünsche, BWL für IT-Berufe* (Springer-Vieweg, früher Vieweg + Teubner), da es *für die Prüfung geschrieben* ist und anhand zahlreicher, klar verständlicher Beispiele aus der IT-Branche genau das vermittelt, was Sie für Prüfung und Praxis an kaufmännischem Wissen benötigen.

Eine schnelle, umfassende, leicht zu lesende Vorbereitung auf die *WiSo-Prüfung* mit ausführlich erläuterten Musteraufgaben und Übungsaufgaben zur Vertiefung bietet *Manfred Wünsche, Wirtschafts- und Sozialkunde* (Springer-Gabler).

Zum Einstieg in das Thema *Programmierung* eignet sich *Greg Perry, Jetzt lerne ich Programmieren* (Markt & Technik), da es einfach verständlich geschrieben ist und einen guten Überblick über Programmiersprachen und die Vorgehensweise verschafft, aber leider auch nicht mehr neu aufgelegt wird. Insgesamt ist aber die „Jetzt lerne ich"-Reihe von Markt + Technik empfehlenswert.

Speziell für den Einstieg in das Thema IT-Systeme empfehlen sich gängige, praxisbezogene Lexika und Nachschlagewerke von Data Becker oder Markt + Technik, oder z. B. auch der *Nickles PC Report* (Franzis), die jährlich neu aufgelegt werden und angesichts des Zwangs zur knappen Erklärung den manchmal etwas weitschweifigen Wikipedia-Artikeln insofern überlegen sind.

Den besten Zugang zu *praxisbezogenem IT-Wissen* jedoch vermitteln das *„magazin für computertechnik"* (die „c't") des Heise-Verlags (*www.heise.de*) und die Online-Enzyklopädie *Wikipedia* (*de.wikipedia.org*), vor allem in Kombination, d. h. c't lesen und die Fachbegriffe bei Wikipedia nachschlagen. Im Heise-Artikel-Archiv [http://www.heise.de/artikel-archiv/] lassen sich auch themenspezifische Suchen durchführen.

Sachverzeichnis

© Springer Fachmedien Wiesbaden 2014
M. Wünsche, *Prüfungsvorbereitung für IT-Berufe*,
DOI 10.1007/978-3-658-04414-5